Patron Hennes

AF162972

Johannes Schröer

Patron Hennes

Die Geißbocklegende des 1. FC Köln

GREVEN VERLAG KÖLN

© Greven Verlag Köln, 2021

Lektorat: Ludger Claßen, Essen
Redaktion: Amelie Soyka, Köln
Gestaltung: Thomas Neuhaus, Billerbeck
Satz: Angelika Kudella, Köln
Gesetzt aus der Excelsior und der Museo
Lithografie: prepress, Köln
Papier: Fly 06 extraweiß
Druck und Bindung: Eberl & Koesel Gmbh & KG, Altusried-Krugzell
Alle Rechte vorbehalten.
ISBN 978-3-7743-0936-4

Detaillierte Informationen über alle unsere Bücher finden Sie unter:
www.greven-verlag.de

Inhalt

Prolog — 9
Der Himmel über Köln

Audienz bei Hennes — 11
Ein Besuch im Zoo

Hennes I. — 21
Große Ziele | Überlebt – Circus Williams und seine Ziege | Hennes ein »Immi«? | Zauberwelt im Nachkriegsköln – Der Williamsbau | Krätzchensänger Ludwig Sebus erinnert sich an den Karneval im Williamsbau | Die Hennes-Idee wird geboren | Hipp, Hipp, Hippebock – Die Inthronisation von Hennes I. im Williamsbau | Mit Kölsch und Spülbürste – Die Taufe von Hennes I. | »Wir machen uns doch lächerlich« – Hennes am Scheideweg

Hennes II. — 69
Ist Hennes heilig? | Hennes ist tot, es lebe Hennes II. | Der Geißbock im Kölner Stadtwappen | Oskar, Heinzchen oder Hennes? – Namensfindung | Hennes, Spiegel der Kölner Seele – Ein Gespräch mit Stephan Grünewald | Hennes II. ermordet? – Eine Rache der Gladbacher?

Hennes III. — 110
Habemus Capram | »Jeile Zick« – Wie es ist, Hennes zu sein

Hennes IV.   134
»Unser Bock ist Meister!« | Hennes und die Milka-Kuh | Dein Verein sucht dich aus – Fantreue ist angeboren | »Tooor in München!« – Ein Schicksalsspiel für Hennes IV.

Hennes V. | Hennes VI.   178
»Mach et, Otze!« | Ponys, Äffchen und Löwen – Lebendige Maskottchen in der Bundesliga | Auf der Comedy-Bühne – Filmstar Hennes

Hennes VII.   193
SK Kölsch ermittelt | Hennes im Herzen – Ein Gespräch mit Manuel Andrack und Guy Helminger | Trainer kommen und gehen – Hennes bleibt

Hennes VIII. | Hennes IX.   216
Blut ist dicker als Wasser

Epilog   231
Die Mutter Gottes, die Kirche, der Karneval und mein Weg zur Geißbock-Elf

PROLOG
Der Himmel über Köln

»Konrad Adenauer, Willy Millowitsch, Hennes Weisweiler.« Wenn man die Menschen auf der Kölner Domplatte fragt, welche drei legendäre Heilige neben den vielen Fürstbischöfen und Kardinälen im Dom beerdigt sind, dann hört man häufig diese drei Namen. Dabei sollte doch allen klar sein, dass es Caspar, Melchior und Balthasar sind, das Dreigestirn der Heiligen Könige, die im goldenen Schrein ihre letzte Ruhe gefunden haben.

Zu den Heiligen im Himmel hat der rheinische Katholizismus eine angeborene, entspannte und großzügige Einstellung. Jeder Kölner weiß, wo die Drei Könige und die 11 000 Gefährtinnen der Heiligen Ursula untergekommen sind, da muss – Gott sei Dank – viel Platz sein. Alle Ikonen der Stadt tummeln sich da. Natürlich auch Adenauer, Millowitsch, Weisweiler, Tünnes und Schäl. Und weil der 1. FC Köln zweifelsohne in der Ewigkeit erstklassig ist, hat Geißbock Hennes im Himmel eine eigene Hütte.

Das prominente Maskottchen ist das einzige Lebewesen, das im Jenseits und auf Erden lebt. Hennes steht so in der Tradition der politischen Theologie des Mittelalters, die Ernst Kantorowicz in seinem Buch *Die zwei Körper des Königs* 1957 erläutert hat. Er schreibt, dass der mittelalterliche Monarch neben seinem sterblichen natürlichen immer auch einen unsterblichen politischen Körper besaß, durch den er die Würde und Macht der Monarchie verkörperte und der von seinem Nachfolger übernommen wurde.

2019 trat Hennes VIII. aus Altersgründen von seinem Amt zurück. Hennes IX. wurde zum neuen Maskottchen gekürt. Fast zwei Jahre lang lebten die Geißböcke gemeinsam in einem Gehege im Kölner Zoo. Man munkelte, dass sich die beiden FC-Würdenträger ihren Status als pensionierter und amtierender Hennes von den beiden Päpsten Benedikt XVI. und Franziskus abgeschaut haben – die ebenfalls in friedlicher Eintracht im Vatikan leben. Am 20. April 2021 musste Hennes VIII. aus gesundheitlichen Gründen eingeschläfert werden. Jetzt grast er gemeinsam mit den sieben verstorbenen Stammhaltern im Himmel.

August 2020: Hennes IX. in seinem
Gehege im Kölner Zoo.

Über Jahrzehnte lebte der Geißbock in der Nähe des Stadions auf verschiedenen Bauernhöfen und kurzzeitig auch in einem Stall am Geißbockheim. Seit 2014 können alle Hennes-Pilger den tierischen Schutzheiligen des 1.FC Köln jederzeit im Zoo besuchen. Dort bewohnt er seine eigene »Kapelle«, das »Kleine Geißbockheim«. Täglich kommen ungezählte FC-Fans, um ihn zu sehen.

Hennes ist einmalig. Kein anderer Fußballverein in Deutschland hat ein lebendiges vierbeiniges Maskottchen. Sein Status als Schutzpatron des FC ist unbestritten. Hennes ist weltbekannt.

AUDIENZ BEI HENNES
Ein Besuch im Zoo

Ich tue es Tausenden Pilgern gleich, die in jedem Jahr zum Hennes in den Kölner Zoo wallfahren, und breche an einem strahlenden Sommertag im August 2020 zum »Kleinen Geißbockheim« im Tierpark auf. Ich bin mit Bernd Marcordes verabredet. Er ist für die Ziegen im Zoo zuständig. »Kurator und Tiertransportbeauftragter« ist sein offizieller Titel.

Hennes wohnt auf einem bergischen Bauernhof, Clemenshof genannt. Das ist im Zoo der Nachbau eines traditionellen Hofes mit Kühen, Pferden, Gänsen und eben auch Ziegen. Auf dem Weg zum Hennes-Gehege komme ich an pechschwarzen Hühnern vorbei. »Bergischer Schlotterkamm« steht auf einem Schild, »eine Kreuzung aus Bergischen Krähern mit spanischen Rassen, früher auf allen bergischen Höfen zu Hause, beliebt wegen ihrer großen weißen Eier«. Der Auslauf der laut gackernden Schlotterkämme befindet sich in direkter Nachbarschaft zur »Ziegen-WG« von Hennes, wie Marcordes die Gemeinschaft der drei Böcke nennt, die dort zu Hause sind. Nein, das Gegacker der erhaben stolzierenden Hühner störe die Ziegenböcke nicht, erklärt Marcordes, dann und wann lasse man auch Gänse ins Gehege der Ziegen. Absolut unproblematisch sei das, die drei Böcke würden sich über die Gesellschaft des Federviehs sogar freuen.

Die drei Ziegenböcke, das sind Hennes VIII., Hennes IX. und der kleine Thor, ein Zwergziegenbock. Wie die beiden Päpste im Vatikan leben die beiden Hennesse hier in friedlicher Eintracht zusammen, der betagte Hennes VIII. und das amtierende Maskottchen, sein residierender Nachfolger Hennes IX.

Müde sieht sein Vorgänger aus. Der Ziegenbart des achten Hennes ist grau und spärlich. Beim Aufstehen mühe er sich, die Gelenke täten ihm weh, Arthrose, aber sonst nehme er noch regen Anteil an seiner Umwelt, sagt Marcordes. Die Ehefrau des zuständigen Hennes-Pflegers arbeitet als Tierärztin im Zoo, so bekommt der alte Geißbock eine Betreuung erster Klasse. (Hennes VIII. stirbt am 20. April 2021, einen Tag vor dem Druck dieses Buches.)

Während wir auf einer Bank vor dem Holzzaun des Geheges sitzen und über die Stärken und Schwächen von Hennes plaudern, ziehen die Pilger am Geißbock-Gehege vorbei. Kinder zücken ihre Handys. »Guck mal, da wohnt er«, sagt ein Junge. »Vielleicht sollte man ihm Krafttraining empfehlen, damit er im nächsten Jahr die Meisterschale hochhalten kann«, meint sein Vater. Vor dem Hennes-Gehege darf der Kölner Fan träumen. Berechtigterweise, denn wenn das neunte Maskottchen einen so anschaut, so selbstbewusst, mit dem imposanten Gehörn auf dem Schädel, wenn er einem den stolzen Hipster-Ziegenbart entgegenstreckt und entschlossen schnaubt, dann gibt es keinen Grund, sich vor Bayern München zu fürchten. Den Bock stößt so schnell keiner um.

»Mit unserem Tiertrainer übt er auch schon mal, gegen einen Ball zu treten«, erzählt Marcordes. »Der neunte Hennes ist so gelehrig und neugierig, ich bin mir sicher, wenn man den auf dem Fußballfeld frei laufen lässt, stürmt er sofort auf den Ball zu.« Der Tierpfleger schwärmt von den besonderen Fähigkeiten des aktuellen FC-Glücksbringers. Ohne Leine könne er mit ihm im Zoo herumlaufen, und wenn Hennes am Wochenende zu den Heimspielen abgeholt werde, dann freue er sich, stolziere ohne Probleme in das Hennes-Mobil und genieße seinen Ausflug ins Stadion.

Dort bleibt das Maskottchen übrigens nicht die volle Spielzeit, sondern verlässt nach gut sechzig Minuten die Arena. Es wäre für ihn zu anstrengend, nach dem Spiel eine Ewigkeit im Stau der abwandernden Fans zu warten. Für späte Gegentore kann man ihn also nicht verantwortlich machen.

»Kleines Geißbockheim« steht auf einer Holztafel über dem Stall, der zum Gehege gehört. Daneben ist ein Porträt des amtierenden Hennes zu sehen, eine kleine Hilfe für die, die ihn im Gehege nicht sofort erkennen. An der Stallwand hängt ein Briefkasten mit dem bekannten FC-Wappen. »Hennes Post«, steht darauf. Kinder können hier ihre gemalten Geißbockporträts einwerfen – mit schönen Grüßen und besten Wünschen. Das komme häufig vor, erklärt Marcordes, die Briefe reiche er dann an den Verein weiter. Manchmal komme auch eine frankierte Postkarte regulär mit der Briefpost, adressiert an »Hennes / Zoo Köln«. Da schreibt dann zum Bei-

Herbst 2014: Hennes VIII. in seinem neuen Zuhause im Kölner Zoo.

spiel Mikell in krakeliger Kinderschrift: »Lieber Hennes! Ich mag Dich sehr gern leiden. Dein Mikell.«

Im Zoo-Shop gibt es eine ganze Wand mit Hennes-Devotionalien – besonders für Kinder. Bataillone kleiner und großer Hennes-Kuschelziegen, Hennes-Schnuller, Hennes-Lätzchen, Hennes-Söckchen, Hennes-Babybücher, Mützchen, natürlich auch Hennes-Fläschchen. Wer so ausgestattet aufwächst, entkommt dem Verein nicht. Die Liebe zum FC wird ihm in die Wiege gelegt.

Als Hennes VIII. im August 2014 in den Kölner Zoo einzog, war Marcordes davon überzeugt, dass die Kölner spinnen. »Jetzt haben sie ihrem Geißbock die Hörner komplett rot eingefärbt«, so seine erste Wahrnehmung des FC-Ziegenbocks. Später stellte sich heraus, dass die rote Farbe der Hörner nicht dem Spleen der Kölner-Fan-Seele geschuldet war, sondern eine Folge seiner bisherigen Unterkunft. Bei Bauer Schäfer im Stall waren die Wände in Vereinsfarben mit dominantem Rot gestrichen. Mit Vergnügen habe Hennes seine Hörner an den Wänden gewetzt und sie dabei rot gefärbt. Im Zoo änderte sich das schnell. Die Hörner wurden grün, weil die Stalltür, an der Hennes sich nun rieb, grün war.

Der Umzug in den Zoo 2014 sorgte in ganz Köln für Furore. Das war ein großer, einschneidender Tag für Hennes VIII. und für den Fußballverein. 44 Jahre hatte der Geißbock, von Hennes III. bis Hennes VIII., auf dem Hof von Bauer Schäfer in Köln-Widdersdorf gelebt. Mit dem Umzug ging diese Ära zu Ende. Hilde Schäfer hatte nach dem Tod ihres Mannes Willi im Jahr 2006 die Betreuung des Maskottchens übernommen. Sie hatte das als ein Erbe von ihrem Willi betrachtet. Für sie war es eine Selbstverständlichkeit, sich um den Geißbock zu kümmern. Als der Verein beschloss, das Tier in den Zoo umzusiedeln, war die Witwe Hilde Schäfer gar nicht begeistert. »Hennes klebt doch an mir«, sagte sie im WDR-Fernsehen.

Es gibt einen Film über das Richtfest des neuen »kleinen Geißbockheims« im Kölner Zoo. Da ist zu sehen, wie Hilde Schäfer eindringlich auf den damaligen Präsidenten des Vereins, Toni Schumacher, einredet, als könne sie den Umzug noch aufhalten. Als Monate später der Einzug des

Geißbocks in den Zoo mit einem bunten Fest inszeniert wurde, war natürlich auch Hilde Schäfer dabei.

Zur Einzugsparty im Zoo hatte der 1. FC Köln alles mitgebracht, was dem Beginn einer neuen Ära würdig ist; angefangen bei den zwei Dutzend Cheerleaderinnen in ihren rot-weißen Outfits, die Hennes und seine Begleitung auf einem roten Teppich empfingen. Der Geißbock trug seine Amtsinsignien, die rote FC-Satteldecke, auf der er im Wappen des Vereins zu sehen ist.

Der große Bahnhof wurde von zahlreichen Pressevertretern aus Zeitung, Funk und Fernsehen begleitet. Hunderte Fans schwenken rot-weiße Fahnen. »So etwas gibt es nur in Köln«, schwärmte Toni Schumacher und erklärte einem Reporter, wenn in Zukunft über dem neuen Zuhause von Hennes, dem »Kleinen Geißbockheim«, die FC-Fahne wehe, dann bedeute das, er sei nicht im Zoo, sondern im Stadion.

Während ich mit dem Leiter des Clemenshofes, dem freundlichen Herrn Marcordes, plaudere, vergnügt sich Hennes IX. an einer Art Waschstraße in Kleinformat. Das ist eine Sonderanfertigung für Ziegen, ein Gestell mit zwei Rundbürsten, die – im rechten Winkel angeordnet – sich zu drehen beginnen, sobald Hennes seinen Rücken, seine Schnauze oder sein Hinterteil an diese struppigen Walzen hält. Die waagerechte Bürste schrubbt ihn von oben und die senkrechte von der Seite. Hennes scheint das zu genießen, er verändert fortwährend seine Position, um alle Körperteile gestriegelt zu bekommen. Und wie sollte es anders sein, die Rundbürsten haben rote und weiße Borsten, sie sind in den Farben des FC gemustert.

Diese Sonderanfertigung zur automatischen Tierpflege sei die Spende eines treuen FC-Fans, sagt Marcordes und lacht. Die alte automatische Bürste sei eines Tages kaputt gewesen und da hätte die Männer-WG der Ziegen lautstark und ausdauernd gemeckert, sodass man froh gewesen sei, schnell eine neue Striegelmaschine bekommen zu haben. Die Fellpflege zahlt sich aus, besonders das dichte braune Haar von Hennes IX. glänzt in der Sonne. Keine struppige Unterwolle, keine verfilzten Haarklumpen.

Mit Hennes IX. hat der Zoo noch viel vor, er ist noch vergleichsweise jung. Drei Töchter hat er seit seiner Amtsführung bereits gezeugt. Ein

direkter männlicher Stammhalter sei aber noch nicht in Sicht, sagt Marcordes. Ich schüttele nachdenklich den Kopf, wie soll das gehen, wenn Hennes, wie geplant, eine Geißbock-Dynastie als FC-Wappentier begründen soll? Dafür sollte doch ein Geißbock, das heißt ein männlicher Ziegenbock auf die Welt kommen? Der Tierpfleger winkt ab, da könne man beruhigt sein, in den nächsten fünf Jahren werde man Hennes noch häufiger mit seiner Ilse »vergesellschaften«. Ein schönes Wort für den Liebes- oder Paarungsakt. Bei häufig zwei Ziegenkindern pro Wurf sei die Wahrscheinlichkeit sehr groß, dass man bald mit einem männlichen Nachfolger rechnen könne.

Während wir in der Sonne vor dem Gehege sitzen, schauen immer wieder Familien am »Kleinen Geißbockheim« vorbei, immer wieder wird Hennes fotografiert und immer wieder blickt Marcordes stolz in Richtung seines Geißbocks. »Wahrscheinlich der beste und wichtigste Neuzugang des FC der letzten Jahre«, schwärmt er. Ein außergewöhnlich kluges und gelehriges Tier sei das, dem das Training mit den Tiertrainern im Zoo großen Spaß mache. »Wenn die Trainer kommen und er die hohen Töne der Tiertrainerpfeife hört, dann führt Hennes Freudentänze auf«, sagt Marcordes. Auf Kommando springe er auf Bänke und Baumstümpfe, wackele dann munter mit dem Ziegenbart, bis er seine kulinarische Belohnung bekomme. Danach bedanke er sich, verbeuge sich auch, könne sich sogar auf Geheiß der Trainer auf die Hinterpfoten stellen und sich stolz aufrichten.

»Bevor Hennes das Amt des Kölner Maskottchens übernommen hat und auf den Namen Hennes IX. getauft wurde, hieß er schon Johannes«, erzählt Marcordes, als sei ihm durch diesen ursprünglichen Namen seine Berufung schon in die Wiege gelegt worden. Der Ziegenbock-Betreuer hatte maßgeblichen Anteil an der Auswahl von Geißbock Johannes als neuntem Hennes. Der Leitung im Zoo und dem Fußballverein sei schon vor einiger Zeit klar geworden, dass der kränkelnde Hennes VIII. bald einen Nachfolger nötig hätte. Der FC habe den Zoo darum gebeten, nach einer geeigneten Ziege Ausschau zu halten. Marcordes reiste daraufhin zu einem Bio-Ziegenhof, mit dem der Tierpark schon seit Langem zusammenarbeitet,

2009: FC-Cheerleaderinnen
vor dem Geißbock-Logo.

und schaute sich nach einem stattlichen und klugen jungen Bock um. Seine Wahl fiel auf Johannes. Der wurde in den Kölner Zoo geholt, um dort genauer begutachtet zu werden – musste also eine Art Langzeit-Probetraining absolvieren, bis seine Betreuer sich einig waren, dass er die nötigen Fähigkeiten und das Charisma für die Rolle der bekanntesten Fußballziege der Welt mitbringt. Dann wurden die Vereinsbosse dazugerufen, die zustimmten, und so stand der Amtsübergabe nichts mehr im Weg.

In unserem Gespräch sind wir bei den ernsteren Themen angekommen. Was passiert mit dem betagten Hennes VIII., wenn er das Zeitliche segnet?

»Alle Tiere, die im Zoo sterben, kommen in die Landesuntersuchungsanstalt nach Krefeld«, erklärt Marcordes. Das sei eine vorgeschriebene Maßnahme, danach dürften die Tiere auch nicht zurückkehren, die würden dann, wie es bürokratisch vorgeschrieben sei, fachgerecht entsorgt.

Aber ob das dann auch bei dem prominenten Hennes VIII. so wäre, will ich wissen. Sein Vorgänger Hennes VII., »Fahrstuhl-Hennes« genannt, weil er in seiner Amtszeit vier Auf- und Abstiege erlebt hatte, wurde nach seinem Tod zu einem bekannten Tierpräparator in die Eifel gebracht und ausgestopft. So lebt er als sein Abbild weiter. Haben zukünftige Hennesse nach ihrem Tod nicht einen Ehrenplatz auf einem Tierfriedhof verdient? So etwas gibt es doch.

»Wie wäre es mit einem Tierfriedhof im Zoo?«, schlage ich dem Tierpfleger vor. Schließlich seien doch einige Tiere im Tierpark den Kölnern sehr ans Herz gewachsen. Man denke nur an die Elefanten, die alte Elefantenmama Shu Thu Zar zum Beispiel und ihre vielen Elefantenkinder. Nein, das sei nicht in Planung, winkt Marcordes ab. Tiere zu beerdigen und sie damit noch mehr zu personalisieren, das heißt zu vermenschlichen, sei problematisch, weil damit eine Erwartungshaltung aus menschlicher Perspektive entstünde, die der Tierart und ihrer Lebensweise nicht gerecht werde.

»Aber Hennes gehört doch nicht nur zur Tierart der Ziegenböcke, sondern ist weit mehr, ein Wappentier, ein Maskottchen und Glücksbringer der Kölner. Der Schutzheilige des FC!«, werfe ich überzeugt ein. »Muss da nicht eine Ausnahme möglich sein?«

Noch sei es ja nicht so weit, meint der Tierpfleger. Hennes VIII. sei noch sehr agil. Er fresse gut, die Arthrose habe man mit Schmerzmitteln im Griff, da müsse man sich keine Sorgen machen.

Und wenn es gar nicht mehr ginge, die Mühsal und Qual für ihn zu groß würden, dann würde man den Verein benachrichtigen und ihn auch erlösen. Was mit ihm weiter passiere? Marcordes zuckt die Schultern. »Mal sehen.«

»Darf ich ins Gehege? Darf ich Hennes streicheln?«, frage ich den Tierpfleger. »Sicher, kein Problem«, sagt er und öffnet mir das Gatter. Hennes dreht sich um, schaut mich und den Pfleger an, galoppiert los und springt auf einen Baumstumpf, der wie ein natürliches Zirkuspodest aus dem Sandboden ragt.

»Hennes weiß, dass es jetzt Leckerlis gibt – und nickt in freudiger Erwartung«, sagt Marcordes und nimmt mir die Illusion, dass ich es bin, der den Geißbock so freundlich herumhüpfen lässt. Der Pfleger greift in die Tasche seiner Weste und gibt dem Tier einige Trockenfutterperlen (Ziegenpressfutter mit Haferflocken).

»Sie können ihn ruhig streicheln.« – »Sicher? Und der beißt nicht?« Mit lebendigen Ziegenböcken kenne ich mich nicht aus und will Hennes nicht erschrecken. Vorsichtig taste ich mich an das Tier heran, das noch immer auf dem Baumstumpf steht und dort auf mich zu warten scheint. Ich strecke ihm freundlich die Hand entgegen. »Tach Hennes.« Hennes nickt mir zu, legt den Kopf auf die Seite, spitzt die Ohren. Ich fühle mich dadurch ermuntert, ihm meine Hand auf die Schulter zu legen; er beschnüffelt mich, wahrscheinlich vermutet er in meiner Hosentasche Leckerlis. Jetzt stehe ich an seiner Seite, kraule ihm den Hals. »Hennes, mein Freund, du stolzes Maskottchen«, sage ich und meine zu sehen, wie er mir gutmütig und neugierig zublinzelt. Auf seinem Baumstumpf posiert er wie eine Statue, er weiß die Würde seines Amtes zu tragen.

Zum Abschied werfe ich noch einen Euro und fünf Cent in den Münzprägeautomaten, der vor dem Hennes-Stall steht, und präge mir eine Souvenir-Medaille. Auf der Münze ist noch der alte Hennes abgebildet. »Hennes VIII.« steht da geschrieben; der pensionierte Senior freut sich, nicht vergessen zu werden. Er hat sich diese Münzprägung redlich verdient – in Erinnerung an seine glorreiche Amtszeit.

»Ich kann mir den FC nicht ohne das Wappentier vorstellen!« Als ich den Zoo verlasse, habe ich diesen Satz von Tierpfleger Marcordes im Ohr. Hennes gehört zum 1. FC Köln, er ist ein Teil seiner Geschichte und Identität und hat für die Kölner den Status eines Schutzpatrons ihrer Stadt.

HENNES I.
(Amtszeit: 13. Februar 1950 bis 4. November 1966)

Die Karnevalsgesellschaft »Kölsche Funke rutwiess« zog durch die Ruinenstraßen vor das Haus des Bürgermeisters, gefolgt von tausenden närrisch verkleideten Menschen und den Elefanten des Zircus Williams. Dazu spielte die Musik den Treuen Husaren und den Zünder dieses Faschings: »Wenn jitz die Heinzelmänncher kömme und he de Brassel övernömme«. Die Kölner Funken zelebrierten zum eigenen 125. Geburtstag in rot-weißer Litewka den traditionellen Paradetanz, den »Stippeföṭje«, und die Militärregierung hatte gegen diese militante Verbrämung, wie auch gegen friedrizianische Spitzhüte, Holzgewehre und Rekrutenverteidigung nichts einzuwenden.

Der Spiegel Nr. 7/1948 über den improvisierten Rosenmontagszug durch Köln 1948.

Große Ziele

Am 13. Februar 1948 wurde der 1. FC Köln gegründet – in dem Jahr, als der Karneval und die Kirche in Köln große Jubiläen feierten: 125 Jahre Kölsche Funke rut-wieß, 125 Jahre Festkomitee des Kölner Karnevals und 700 Jahre Grundsteinlegung Kölner Dom. Besonders das runde Jubiläum der Kathedrale elektrisierte die Stadt. Ganz Köln war am 15. August 1948 auf den Beinen, als die Heiligen Drei Könige in einer feierlichen Prozession zurück in den Dom gebracht wurden – endlich waren sie nach dem Krieg und der notwendigen Auslagerung wieder zu Hause im Altarraum der Kathedrale. Für das zerbombte Köln bedeutete die Rückführung des Dreikönigsschreins den Beginn einer Auferstehung.

Auch der Karneval lebte wieder. Ein erster noch provisorischer Rosenmontagszug bahnte sich seinen Weg durch die Trümmer. Der Karnevalssänger Karl Berbuer dichtete 1948 trotzig im Trizonesien-Song: »Nein, so was gibt's nicht in Chinesien, darum sind wir auch stolz auf unser Land.«

Die Kölnerinnen und Kölner feierten ihre reiche Geschichte und machten sich durch das Erinnern an ihre großen Traditionen Mut beim Wiederaufbau der im Krieg zertrümmerten Stadt. Colonia, der Dom und der Karneval ließen sich nicht unterkriegen.

Persönlichkeiten mit Visionen waren in dieser Zeit gefragt. Konrad Adenauer war so eine Persönlichkeit – und der aufstrebende Unternehmer Franz Kremer. Der gelernte Kaufmann und Sohn eines Lokomotivführers war ein begeisterter Anhänger des Fußballsports. Seine Vision: ein Verein für die ganze Stadt. Doch wie sollte das gehen? Fritz Plate, aus dem Vorstand von Sülz 07, schlug vor, zwei Vereine, den Klettenberger KBC und Sülz 07, zusammenzulegen. Ein gewagter Vorschlag, denn von ihrer Tradition und ihrem Milieu hatten die beiden Clubs nichts Gemeinsames.

»Nein, eine Zusammenführung ist Unfug«, soll Kremer zunächst gesagt haben. Seit gut einem Jahr war er Vorsitzender des Klettenberger Vereins und wusste, wie problematisch es war, hier etwas zusammenzuschustern, was eigentlich nicht zusammenpasste. Der Gegensatz zwischen den Fußballern aus den Arbeitervierteln in Sülz mit dem gutbürgerlichen Milieu in Klettenberg schien ihm einfach zu groß. Akademikerclub gegen Arbeiterverein – in benachbarten Stadtteilen, nur durch eine Straße getrennt und spinnefeind. »Da machen die Vereine nicht mit. Das wird nicht klappen«, hatte Kremer abgewunken. Dazu kam, dass Sülz 07 sportlich damals viel erfolgreicher war als der Lokalrivale aus Klettenberg. Kremers KBC stand auf dem letzten Platz der dritten Rheinbezirksklasse – und damit auch noch eine Klasse unter dem in der Rheinbezirksliga spielenden Sülz. Als der Vorschlag von Fritz Plate öffentlich wurde, pinselte ein Unbekannter auf das Firmentor des Unternehmers Plate in großen schwarzen Buchstaben: »Hier wohnt der Mörder von Sülz 07.« Die Stimmung drohte zu explodieren.

»Wenn wir ein gemeinsames Ziel haben, dann können wir das schaffen.« Plate hielt an seinem Vorschlag fest und versuchte, Kremer auf seine Seite zu ziehen. Denn wirtschaftlich war dieser Zusammenschluss mehr als sinnvoll, das musste auch dem Geschäftsmann Kremer einleuchten. Beide Vereine hatten zusammen nicht nur ein größeres Einzugsgebiet, also auch viel mehr Fans und Fußballer hinter sich, sondern konnten gemeinsam auch leichter Sponsoren für den größeren Fußballverein werben.

Mit der Vereinsneugründung konnten Stadtteilgrenzen überschritten werden und der Fußballclub unter der einen Fahne der Großstadt Köln segeln. Kremer fand Geschmack an der Vision, einen Verein für die Stadt auf die Beine zu stellen, und schloss sich dem Vorschlag von Fritz Plate an. Kremer war es dann, der die Stadtfarben von Köln, Rot und Weiß, als Vereinsfarben vorschlug. Das erste Vereinswappen war ein kreisrundes Emblem mit den beiden Domtürmen – und auf einer dicken roten Banderole, die sich quer über die Türme zog, stand 1. FC. Die selbstbewusste Eins sollte für das angestrebte Ziel stehen, die Nummer eins in Köln und die Nummer eins in Deutschland zu werden. Dieser Optimismus gefiel den Fans der beiden Vereine, die sich hier zusammenschließen sollten.

Kremer und Plate wussten damals auch, dass der Name 1. FC Köln für alle anderen Kölner Fußballvereine eine Provokation sein musste. Die Behauptung, man sei die Nummer eins in der Stadt, löste bei den anderen Clubs heftige Proteste aus. Einige Vereine kündigten daraufhin an, sie würden gegen den »Emporkömmling« mit dem anmaßenden Namen nicht antreten, denn sie seien doch viel, viel länger da, viel, viel älter, sie hätten eine lange Tradition – und seien kein Hirngespinst und aus dem Boden gestampftes Kunstprodukt.

Aber darum gehe es bei der Eins im Namen 1. FC Köln doch nicht, versuchte Kremer, die aufgebrachten Fans aus den anderen Stadtteilen zu beschwichtigen, die Eins im Vereinsnamen formuliere nur das Ziel, und das sei die Meisterschaft. Ganz ehrlich war er dabei nicht, denn natürlich wollte er mit dem neuen Verein die anderen Clubs in den Schatten stellen und ganz Köln erobern.

Franz Kremer war ein Mann der Tat, ein Mann, der andere begeistern konnte, ein Kapitän. Seinen Spitznamen »Boss« mochte er. Denn jede Mannschaft benötigte doch einen Spielführer, einen Gestalter, einen, der den Ball mit langen Pässen nach vorne treiben konnte.

Die Vereinsgründung fand kurz nach Karneval 1948 statt – genauer gesagt, am Freitag nach Rosenmontag, also in der beginnenden Fastenzeit. Karneval 1948 war ein eher trauriges Fest in Trümmern, der vorsichtige Versuch, der komplett zerstörten Stadt einen Funken Leben einzuhauchen. Ein improvisierter Karnevalszug fuhr durch die Steinwüste – das war wie in einem Traum, einem surrealistischen Film, die Trümmerberge als Tribünen – und das Lachen der Menschen maskierte die Not für einen kurzen Augenblick. Notdürftig zusammengezimmert wirkte der Rosenmontagszug und die Kinder in kaputten Schuhen hängten sich zerrissene Gardinen um und taten so, als wären sie Ritter.

Die Zeitungen damals berichteten über Kindergruppen, die sich mit selbst gefertigten Musikinstrumenten den Weg zu den einigermaßen freigeschaufelten Ringstraßen bahnten. Ihre Gesichter bemalt, Arm in Arm zogen sie singend durch die Straßen. Viele Erwachsene schlossen sich ihnen an. Nach dem Umzug stolperten die Menschen wieder über die Trümmerberge in ihre unbeheizten Kellerlöcher. Irgendwie geht es ja immer weiter. Muss ja. Aber die Kölner wussten, dass die alte rheinische Weisheit, »et hätt noch immer jot jejange«, jede Bedeutung verloren hatte.

Am 13. Februar 1948 wurde der neue Verein gegründet und Franz Kremer zum ersten Vorsitzenden gewählt. Er war stolz darauf, dass die beiden Tonangeber der Vereine Sülz und Klettenberg, die Spielausschussobmänner Fritz Plate und Franz Bolg, ihn als ersten Präsidenten vorgeschlagen hatten.

»Sie, lieber Franz Kremer, haben das Format, hier etwas Großes auf die Beine zu stellen«, so ähnlich hatte Fritz Plate das gesagt. Das gemeinsame Ziel hatte Franz Kremer dann auch in einer überzeugenden Parole formuliert; er hatte eine längere Pause gemacht, die die Erwartung auf das, was er nun sagen würde, steigerte. »Wollt ihr mit mir Deutscher Meister werden?«, hatte er nach einem Augenblick gespannter Stille, in der man eine Stecknadel hätte fallen hören, mit fester Stimme gefragt. Diese Frage beinhaltete natürlich sein Versprechen, dass er diesen Wunsch möglich machen konnte, anders gesagt: Mit mir werdet ihr Deutscher Meister, also zögert nicht lange!

Die Klettenberger Fans musste Kremer ohnehin nicht überzeugen, die waren von der Vision eines Großvereins schnell begeistert. Schließlich hatten auch die kritischen Anhänger und Fußballer aus dem Arbeiterviertel Sülz mehrheitlich dem Zusammenschluss zugestimmt; nicht zuletzt weil Franz Kremer sie beeindruckt hatte.

Die erste Saison des neuen Vereins bestätigte »Boss« Kremer furios. Der Aufstieg in die damals höchste Spielklassse, die neu eingeführte Oberliga West, gelang sofort. Allein hätten Sülz oder Klettenberg das nie geschafft. Und dann die Zuschauerzahlen: Inzwischen kamen zu jedem Heimspiel des neuen Clubs über 12 000 Fußballfans und jubelten ihrem 1. FC Köln zu.

Überlebt – Circus Williams und seine Ziege

Hennes' Mutter kam aus dem thüringischen Neustadt an der Orla. Dort hatte der Circus Williams sie aufgelesen. Ausgemergelt hatte sich die Ziege in der Nähe der Wohnwagen und Zelte herumgetrieben. Hustend und humpelnd, geschwächt von einem langen Weg, war sie kaum noch in der Lage, Gras und Blätter zu fressen. Das Fell war verfilzt, sie schnaufte laut und litt unter Atemnot.

»Die hat sich eine Lungenentzündung geholt«, diagnostizierte der alte Seiffert, der sich im Zirkus um die Gesundheit der Tiere kümmerte. »Wahrscheinlich hat sie in feuchtem Stroh geschlafen und zu viele faule Rüben gefressen. Das kann schnell passieren, wenn es keinen trockenen Stall und kein ordentliches Futter gibt.«

»Und?«, fragte die Zirkusdirektorin Carola Williams, die ein großes Herz für Tiere hatte. »Was machen wir jetzt mit dem armen, halbtoten Mädchen?«

»Gnadenschuss, die ist kaputt«, schlug Seiffert vor.

»Ach was, reden Sie nicht so«, schimpfte die Direktorin, »geben wir dem Ziegengeschöpf drei Tage. Dann sehen wir weiter. Aber sperren Sie das Tier nicht zu den Schafen, die stecken sich nur an. Drei Tage Quarantäne im Kulissenzelt. Trockenes Stroh und frisches Gemüse«, mit diesen Worten ging die Chefin in Richtung Manege.

Es war mehr der Stolz und der Ehrgeiz eines tüchtigen Tierarztes, der ihn packte, weniger das Mitleid mit dem armen Tier. Und, was ebenso viel wog: Seiffert war abergläubisch. »Die Ziege wird uns noch Glück bringen«, hatte Carola Williams ihm bedeutungsschwanger beim Weggehen zugerufen. »Das wird unsere Glücksziege.« Und so beschloss er, das kranke Zicklein zu retten.

Seiffert nannte das verwahrloste Tier, das er nun aufpäppeln sollte, Felicitas, die Glückliche – denn Glück hatte sie gehabt, in den Nachkriegsmonaten, in denen es so viel Hunger und Elend gab. Jeder andere, der sie aufgelesen hätte, hätte kurzen Prozess mit dem Tier gemacht, hätte sie ohne zu zögern geschlachtet und ihr jeden Fetzen Fleisch vom Leib gerissen, um es für eine dürftige Mahlzeit aufs Feuer zu legen.

Für Seiffert wurde das Überleben der Ziege zur Ehrensache. Felicitas, oder Feli, wie er sie nun nannte, erholte sich schnell und entschädigte die Zirkusleute mit viel frischer Ziegenmilch.

Der traditionsreiche Circus Williams stand nach dem Krieg vor einem Neuanfang. Die letzten Kriegsjahre hatte er schwer gelitten und es grenzte an ein Wunder, dass es ihn überhaupt noch gab. Die Nationalsozialisten hatten schon früh alle Zirkusunternehmen gleichgeschaltet. Der Auftritt von Juden und Schwarzafrikanern wurde strikt verboten. Die Artisten mussten ausländisch klingende Namen ablegen. Artfremde Kostüme wurden untersagt. Ohnehin war das kosmopolitische Milieu der fahrenden Künstler den Nazis suspekt. Einige Zirkusdirektoren versuchten, sich den neuen Verhältnissen anzupassen. Hans Stosch-Sarrasani jun. erklärte sich als treuer Kämpfer für Adolf Hitler und trat früh der NSDAP bei. Der Zirkus Krone in München stellte seinen Bau den Nationalsozialisten als Veranstaltungsraum zur Verfügung.

Für Carola Williams, die aus der Althoff-Zirkus-Dynastie stammte, galt das nicht. Sie und ihr Bruder Adolf Althoff machten sich mit den Nazis nicht gemein, ganz im Gegenteil, sie versteckten jüdische Artisten und versuchten, trotz aller Repressalien und Verbote, den Zirkusbetrieb aufrechtzuerhalten, so gut es eben möglich war. 1941 heiratete Carola Althoff den Tierdompteur und Dressurreiter Harry Williams und übernahm dessen Namen.

Die ›Grande Dame‹:
Carola Williams (1903–1987).

1944 war dann endgültig Schluss. Nichts ging mehr für den Zirkus. Die Nationalsozialisten verkündeten ein absolutes Verbot für alle Vergnügungsveranstaltungen. Mit kleinen Dienstleistungen wie Reparaturarbeiten oder Aushilfen auf Bauernhöfen hielten sich die Zirkusbetriebe irgendwie über Wasser.

Nach dem Krieg wurde schnell bekannt, dass die Althoffs vielen Juden das Leben gerettet hatten. »Sie können alle herkommen, das kriegen wir schon hin«, soll Adolf Althoff gesagt haben, als verfolgte Artisten bei ihm anklopften. Aber nicht nur wegen ihres unangepassten Widerstands, sondern auch weil Harry Williams einen britischen Pass hatte, bekam der Circus Williams nach dem Krieg schnell eine Auftrittsgenehmigung im Westen. Dorthin war der Zirkus vor der russischen Front geflohen. Von Oberschlesien über Thüringen nach Köln. Tiere hatte der Zirkusbetrieb 1945 kaum noch, keine Elefanten, Tiger oder Löwen, nur einige Pferde, die die Wagen zogen, und Kleintiere, Schafe, einen Stall mit Hasen, einige Hühner und wenige Ziegen. Die zugelaufene Ziege Felicitas, die allen im Zirkus viel Freude bereitete, war für die Zirkusleute wie ein Hoffnungszeichen; denn die magere, todkranke Geiß machte sich prächtig. Sie hatte schon bald mit großem Appetit das frische Weidegras gefuttert, das zum Glück in freier Natur reichlich vorhanden war. Jetzt sprang sie voller Energie und Lebenslust über die Wiese, tollte mit den Schafen herum, neckte die Kaninchen. Ihr Fell glänzte und es stellte sich heraus, dass sie im besten Alter war und keine müde Ziegengreisin.

Im Frühling 1949, kurz nach Beginn der Frühlingssaison, war der Circus Williams im Westen Deutschlands unterwegs. Er tourte bevorzugt durch Nordrhein-Westfalen; in Bonn, in Düsseldorf oder im Ruhrgebiet wurde das Zelt aufgebaut. Mit dabei war auch Felicitas aus Orla, die mit ihren Kunststücken besonders die Kinder begeisterte. Nicht nur weil sie durch Reifen springen, Männchen machen und auf der Wippe balancieren konnte. Die tänzelnde Ziege schlich sich auch gewitzt von hinten an die Clowns heran und stibitzte ihnen bunte Tücher, Trillerpfeifen oder Jonglierbälle aus den weiten Hosentaschen und brachte sie den Kindern im Publikum. Sie konnte sich sogar auf den Hinterläufen so weit aufrichten, dass sie imstande war, einem nichtsahnenden Clown die Blumen von der Melone zu fressen.

Harry Williams hatte eine Menge Spaß, der gelehrigen Ziege all die Kunststücke beizubringen. Für ihn war das Trainingsspiel mit Felicitas eine willkommene Abwechslung. Denn er hatte viel mit seinen geliebten Pferden zu tun. Der Zirkus Willams war auch dank seiner Pferdedressuren berühmt. Harrys ganzer Stolz waren seine schwarzen und weißen Araberhengste.

Der Zirkus blühte rasch auf, auch weil die Menschen in den kargen Nachkriegszeiten ein wenig Abwechslung suchten. Denn der Mensch lebt nicht vom Brot allein, und wenn kein Brot da ist, dann gilt das erst recht. Der Circus Williams versprach die ersehnten Stunden der Leichtigkeit, hier konnte man die Not vergessen, denn der Krieg war vorbei, es fielen keine Bomben mehr und es kamen keine Todesnachrichten mehr von der Front, obwohl es noch viele Verschollene und Vermisste gab. Die Menschen räumten die Trümmer beiseite, legten Wege frei, bauten ihre Stadt wieder auf. Über das Weihnachtsprogramm des Circus Williams 1948 heißt es pathetisch: »Im grellen Scheinwerferlicht, inmitten buntschillernden Flitters, auf glattgestriegelten, breiten Pferderücken, zwischen zottigen Bären und reitenden Ballettmädchen rollte ein Programm ab, das die Augen entzückte und die Herzen schneller schlagen ließ. Akrobatik auf rollenden Kugeln. Jonglieren mit acht Ringen auf schwankendem Schlappseil, ein Stand-Saltomortale mit verbundenen Augen, affenartige Kletter-Clownerien. Und schließlich noch die mit sicherer Hand vorgeführten Freiheitsdressuren mit erstklassigen Pferden«.

Hennes ein »Immi«?

Im Sommer 1949 stellte Harry Williams fest, dass seine Lieblingsziege schwanger war. Er wollte es zunächst nicht glauben, denn Tierarzt Seiffert hatte die wenigen Geißböcke aus der Ziegenherde, genau genommen waren es nur drei, kastriert. Irrtum ausgeschlossen, bei denen ging gar nichts mehr.

Wo war der zeugungsfähige Bock also hergekommen? Vom Zeitpunkt her lässt sich der Ort des Zeugungsgeschehens genau rekonstruieren. Bei einem Gastspiel in Düsseldorf muss es passiert sein – auf der Rheinwiese, wo es sonst keine Kleintiere gab. Ein Ziegenbock muss sich an Felicitas herangemacht haben. Eine kurze, aber sehr heftige Liebe im Maienmonat 1949. Vielleicht dauerte sie nur einige Minuten. Aber es war eine Liebe mit Folgen, die damals noch keiner erahnen konnte.

Der verbriefte Stammbaum des prominenten Geißbocks wird immer lückenhaft bleiben, denn die mit viel Hingabe gepflegte Feindschaft zwischen Düsseldorf und Köln wird verhindern, dass der Vater des Kölner Hennes als Düsseldorfer Ziegenbock im Stammbaum aufgeführt wird.

In den Jahren nach dem Krieg hielten sich viele Rheinländer in ihren Schrebergärten Kleintiere, nicht nur Hühner und Hasen, sondern auch Schafe, Ziegen oder sogar ein Schwein. Die Tiere wurden dann vor dem Winter geschlachtet. Möglich ist also, dass sich ein Geißbock aus einer Gartenlaube davongestohlen hat, angelockt von den Frühlingshormonen, die Felicitas in die Welt sandte. Manche Nacht verbrachte sie angepflockt auf einem Wiesenstreifen, der viel frisches Futter versprach – kein Zaun, kein Gatter, kein Hindernis für einen Düsseldorfer Bock auf nächtlicher Tour. So passierte, was uns hier und jetzt beschäftigt: Hennes wurde gezeugt – ein historisches Ereignis, denn so viel steht fest: Der weltberühmte Geißbock war keine Jungfrauengeburt.

Ende Oktober 1949 kam das gesunde Jungtier zur Welt. Ein Einzelkind. Hennes, der zunächst keinen Namen bekam, war ein munteres Kitz mit dunkler Blesse und hellen Flecken auf dem glänzend braunen Fell. Eine Streunerin aus Thüringen und ein Bock – wahrscheinlich aus Düsseldorf – waren die Eltern, mehr lässt sich nicht sagen.

Eindeutig war aber, dass die Ziege ein Ziegenbock war und nicht in der Zirkusherde bleiben konnte. Drei kastrierte Böcke waren genug, die kriegten sich nur ständig in die Wolle und Milch würden sie auch nicht geben, hatte Harry Williams gleich zu Tierarzt Seiffert gesagt. »Wir lassen das Kitz erst einmal bei der Mutter. Dann müssen wir uns etwas anderes ausdenken.«

Zauberwelt im Nachkriegsköln – Der Williamsbau

Angefangen hatte alles im Karneval zwischen dem 11.11.1947 und der darauffolgenden Session 1948. Das Festkomitee des Kölner Karnevals und die Kölsche Funke rut-wieß feierten damals gemeinsam ihren 125. Geburtstag im »Williamsbau«. Unter dem Namen »Williamsbau« kennt jeder ältere Kölner diesen ersten großen Veranstaltungsort der Stadt nach dem Krieg. Denn die Saalnot war groß, auch der in der Karnevalszeit besonders beliebte legendäre Gürzenich war zerstört.

In diesem Zusammenhang lohnt ein Blick in die Zirkusgeschichte, auch um besser zu verstehen, warum der Circus Williams und besonders Carola Williams für Köln so wichtig wurde und warum die Alliierten es duldeten, dass sich hier so kurz nach dem Krieg über 2500 Kölner und Kölnerinnen im Williamsbau treffen durften, um zu feiern und Ablenkung zu finden.

Das Festkomitee des Kölner Karnevals einigte sich mit dem Zirkusehepaar Williams darauf, in der Session 1947/48 das wetterfeste Zelt für die Sitzungen zu nutzen. Ein Coup, der gelingen konnte, weil der Williamsbau mehr war als ein normales Zirkuszelt – eher eine Mischung aus Zelt und Festhalle. Während der Zirkus vom Frühling bis zum Herbst durch das westliche Deutschland tourte, benötigte man für die kalten Monate im Winter eine feste Bleibe. Köln war für den Circus Williams ein idealer Ort, zentral gelegen und mit Menschen, die den fremden Zirkusleuten mit ihren Tieren und farbenfrohen Wagen offen gegenüberstanden. Der Williamsbau wurde auf einem festen Betonsockel errichtet. »Düngekräftige Elefantenköttel« wurden dabei gegen Baumaterial eingetauscht. Scherzhaft sagten die Kölner, der Zirkus sei auf Mist gebaut. Diese Formulierung war liebevoll gemeint, ein augenzwinkernder Witz, denn das Verhältnis zwischen den Kölnern und dem Circus Williams war herzlich.

Über 2500 Menschen fanden im beheizbaren Rund Platz. Im Inneren hatte das Zelt fast etwas Gemütliches, denn das Dach, der Baldachin, war mit weiten Stoffplafonds verhängt. Die wallenden Tuchbahnen sorgten dafür, dass sich die Besucher unter dem bunten Himmelszelt wie in einer Märchenwelt aus 1001 Nacht geborgen fühlten. Aber wie groß muss der

Kontrast gewesen sein? Viele Kölner lebten noch in Notunterkünften, in provisorischen Kellerlöchern – in einer Stadt, die einer Trümmerhalde glich. In ungezählten Loren wurde der Schutt der zerstörten Häuser über provisorische Feldbahnschienen aus der Innenstadt gefahren und an den Ausfallstraßen aufgeschüttet, um Platz für Neubauten zu schaffen. Direkt gegenüber vom Zirkuszelt, an der Aachener Straße, befand sich damals einer der größten Schuttberge Kölns. Den kolossalen Bruchsteinhaufen im Rücken stand der Zirkusbesucher vor dem imposanten Eingang des Williamsbaus. Er durchquerte zunächst eine großzügige Vorhalle. Hoch und weit waren die Eingangsportale und hatten etwas Sakrales. Man verließ das Unglück auf Erden und betrat eine Zauberwelt, um alle Sorgen zu vergessen und ein Zipfelchen vom himmlischen Paradies zu erhaschen. Im Saal spielte die Musikkapelle und alle sangen mit: »Kölle bliev Kölle«, ein Mutmacherlied, dessen Schlusszeilen lauten: »Han mer vill Leid, vill Sorg und Ping, / Alaaf uns Kölle he am Rhing.«

Ab 1947 fanden im Williamsbau nicht nur Zirkusvorstellungen statt, sondern auch Opern, Theater und Konzerte. Berühmte Sängerinnen und Sänger traten auf, Marika Rökk, Lionel Hampton und Louis Armstrong, Kölns Boxerlegende Peter »de Aap« Müller kämpfte unter der Zirkuskuppel. Da war es naheliegend, dass man hier 1947/48 auch zum ersten Mal nach dem Krieg wieder Karneval im großen Stil feierte. Alaaf statt Allez hopp. Klatschmarsch statt Tschingderassabum.

Krätzchensänger Ludwig Sebus erinnert sich an den Karneval im Williamsbau

In Köln gibt es nicht mehr viele Menschen, die damals dabei waren und aus erster Hand berichten können, wie sie eine Karnevalssitzung im Williamsbau erlebt haben. Von 1947 bis 1956 fanden hier Prinzenproklamationen und Karnevalsfeiern statt. Ludwig Sebus ist damals in der Manege aufgetreten. In Köln gehört er zur Stadtprominenz und wurde vor über sechzig Jahren als »Krätzchensänger« im Williamsbau umjubelt.

Das »Krätzchen«, so steht es im Lexikon, ist eine humorvolle Erzählform für lustige Streiche, die auch als Gesang vorgetragen werden. In anderen Regionen spricht man von Schwank oder Schnurre, wenn man Krätzchen meint. Diese Schnurren trägt im Kölner Karneval der Krätzchensänger vor, vergleichbar den Moritatensängern in vorigen Jahrhunderten.

Ludwig Sebus hat – wie damals üblich – seine Texte selbst geschrieben und auch die Melodien dazu komponiert. Sebus nennt das »Dreifaltigkeit«: Der Sänger komponierte, textete und trug sein Lied selbst vor. Von ihm stammt das in Köln legendäre Krätzchen »Jede Stein en Kölle es e Stöck von mir«. Sebus ist ein Kölner Urgestein. Mit seinen 95 Jahren steht er dann und wann immer noch auf der Karnevalsbühne und singt die alten Schnurren. In Köln gibt es sogar einen Ludwig-Sebus-Fan-Club, in dem sich vor über vierzig Jahren seine Bewunderer zusammengefunden haben.

Der Altmeister des Kölner Karnevals hat mich zu sich nach Hause eingeladen. Über mein Interesse am Williamsbau und die Zeit damals hat er sich gefreut. Ein Termin ist schnell gefunden.

Der alte Mann mit den schlohweißen Johannes-Heesters-Haaren wohnt in einer schlichten Doppelhaushälfte im Kölner Westen, typische Nachkriegsarchitektur der 1950er-Jahre. Ein Haus ohne architektonische Spielereien, so wie Kinder es malen, wenn man sie bittet, ein Haus zu zeichnen. Vier Wände, Dach, Schornstein, fertig.

Ludwig Sebus öffnet mir die Tür, ein kleiner Flur, Gästetoilette links und gleich rechts die Treppe nach oben. Er lässt mich vorangehen – ins Obergeschoss, dort ist sein Arbeitszimmer, seine bescheidene Komponistenwerkstatt.

Gleich merke ich, dass er ein Grandseigneur alter Schule ist, dass er auf gute Manieren hält, jemand, der weiß, was sich als Gastgeber gehört. Für meinen Besuch hat er zur Auswahl je eine Flasche Wasser und Apfelsaft bereitgestellt. Dazu ein Kölschglas mit dem Emblem der aktuellen Session. »Uns Sproch es Heimat« steht auf dem Glas, ein Motto, das Sebus aus dem Herzen spricht.

»Was genau wollen Sie denn wissen?«, fragt Sebus nach vorn gebeugt aus seinem Sessel und schaut mich mit lachenden Augen an. Er trägt Freizeitkleidung, einen dunkelblauen Pullover, darunter ein kariertes Hemd. Ich erkläre ihm, dass ich über den Nachkriegskarneval in Köln recherchiere und wissen möchte, wie die Kölner damals in einem Zirkuszelt Karneval feiern konnten. Er selbst sei ja noch im Williamsbau aufgetreten. Wie sei es da zugegangen? Was wurde getrunken? Was gesungen? Und wie hat es gerochen?

»Nach Zirkus«, sagt Sebus ohne zu zögern, »nach Stallmist und Tierfutter. Das war Manegenluft, die selbst von den qualmenden Zigaretten nicht in den Hintergrund gedrängt wurde.« Die Zirkusatmosphäre sei überall im Festsaal zu spüren gewesen. »Das gab es ja nirgendwo«, erzählt er, »dass ein Zirkus als Festsaal für den Karneval genutzt wurde.« Der Rundbau, die Kuppel, die Manege – und dann der Geruch, das »Aroma«, wie er es nennt, der Elefanten, Löwen und Pferde, gemischt mit dem Futtergestank.

»Apropos Tiere«, frage ich gleich nach. Wie sei das denn 1950 mit dem Geißbock gewesen, der in einer Karnevalssitzung dem 1. FC Köln von der Zirkusdirektorin Carola Williams geschenkt worden sei. »Ja, der Fußball«, erinnert sich Sebus, »der war damals großes Gesprächsthema. Da hat jeder mitgeredet und da wurde auch viel gemeckert – wie das eben so ist im Fußball.« Genau wisse er das nicht, er sei in der Karnevalssitzung des 1. FC Köln nicht dabei gewesen, aber er könne sich vorstellen, dass Carola Williams, die auch für ihren Humor bekannt gewesen sei, gedacht habe, so ein meckernder Ziegenbock sei genau das richtige Symbol für den jungen Fußballverein 1. FC Köln.

»Und dann hat man den Geißbock im Zirkuszelt mit reichlich Kölsch auf den Namen Hennes getauft?«, frage ich weiter.

»Ganz bestimmt nicht«, antwortet Sebus. Kölsch wurde bei Karnevalssitzungen nicht ausgeschenkt. »Es herrschte Weinzwang«, sagt er. Denn zum Kölsch gehöre Schnaps und damit habe man im Sitzungskarneval damals schlechte Erfahrungen gemacht. Krawall-Wasser habe man den Knolli-Brandy, den selbst gebrannten Zuckerrüben-Schnaps, in der Nach-

August 1954: Hennes I.

kriegszeit genannt. Man wollte keine volltrunkenen Zuschauer. Deshalb habe es Wein und Sekt gegeben – manchmal mit einem Spritzer Zitrone. »Diese Bowle hieß dann Kalte Ente«, erklärt er.

Überhaupt könne man den Partykarneval heute nicht mit dem Sitzungskarneval von damals vergleichen. »Die Sänger und Büttenredner wurden mit viel mehr Respekt behandelt«, erinnert er sich. Im Zirkuszelt sei die Lautsprecheranlage eher dürftig gewesen, aber alle Karnevalisten hätten so konzentriert zugehört, dass jedes Wort im Publikum verstanden worden sei.

Und dann schwärmt der Krätzchensänger von der besonderen Stimmung im Saal und der großen Ehre für ihn, als junger Mann hier auftreten zu dürfen. »Wenn man im Williamsbau auf die Bühne durfte, hatte man es geschafft«, sagt Sebus. Er macht eine Pause, um den Satz wirken zu lassen. Dann fragt er höflich. »Möchten Sie noch etwas trinken?« Während er mir einschenkt, erzählt er weiter. »Ja, im Williamsbau, das waren Zeiten«. Er erinnert sich an die alten Büttenredner, zum Beispiel an Hans Süper, der später mit dem Colonia Duett als »Ei und Zimmermän« berühmt wurde, damals trat er allerdings noch mit seinem Bruder Paul »Charly« Süper als die Zwei Schnürreme im Williamsbau auf.

»Aber«, frage ich nach, »wie haben Sie das damals erlebt? Wie konnten die Kölner in der komplett zerbombten Stadt Karneval feiern? Der Krieg musste den Menschen doch noch in den Knochen stecken. So viel Not und Elend – und dann Karneval im Zirkuszelt?«

Ich habe mich vorher informiert und weiß, dass Ludwig Sebus – wie viele Männer aus Köln – in russischer Kriegsgefangenschaft war. Erst 1949 durfte er zurück in seine Heimatstadt. Ist es da so einfach möglich, den Hebel umzulegen? Von den Minusgraden der Kriegserlebnisse und -gefangenschaft plötzlich auf hundert Prozent Spaß umzuschalten, auf Alaaf und Ausgelassenheit, auf lautes Lachen und buntes Treiben im Zirkuszelt?

Ludwig Sebus kam am 5. September 1925 in Köln als Sohn eines Vergolders auf die Welt. Acht Jahre Volksschule, Messdiener in St. Michael, ab 1940 kaufmännische Lehre mit vorgezogener Handelsgehilfenprüfung. An Heiligabend 1943 schickten ihn die Nazis an die Ostfront, 18 Jahre war

Sebus damals alt. Er wurde zum Funker ausgebildet. Beim Einsatz in der Tschechoslowakei geriet er in Kriegsgefangenschaft. 1949 wurde er freigelassen und kam zurück nach Köln.

Viele ehemalige Kölner Kriegsgefangene erzählen: Erst als sie mit dem Zug über den Rhein in den Bahnhof eingefahren seien und die Domtürme gesehen hätten, sei ihnen klar geworden, dass es doch noch ein Zuhause geben könnte und dieses Zuhause kein Fantasiegespinst war, kein unerreichbarer Sehnsuchtsort, keine Fata Morgana.

Ludwig Sebus benutzt im Gespräch zwei Worte, die ich nicht kenne. »Skoro domoj«, sagt er.

»Was heißt das?«, frage ich ihn.

»Bald nach Hause«, heißt das. Diese beiden Worte hörten die Kriegsgefangenen immer wieder über die Lautsprecheranlagen des russischen Lagers. »Skoro domoj«; die Hoffnung schwebte über ihren Köpfen, damit habe man den Soldaten glauben machen wollen, dass sie ihre Familien bald wiedersehen würden.

Das Heimweh nach Köln war im Krieg und kurz nach dem Krieg allgegenwärtig. Zu Fuß, mit Karren-, Boller- oder Kinderwagen kehrten auch die aus der zerbombten Stadt geflohenen Kölner zurück. »Ich mööch zo Foß noh Kölle gon« war das Karnevalslied der Stunde. »Wenn ich su an ming Heimat denke, un sin d'r Dom su vür mer stonn …«, dichtete Willi Ostermann schon 1936. Im und nach dem Krieg drückte das Lied aus, was viele Kölner empfanden. Der Dom steht für Köln, für Heimat, für Mutter und Vater, für Freunde aus der Stadt.

Aber neben aller gemütsschweren Melancholie gab es auch erste Anzeichen von aufkeimender Lebensfreude, Selbstbewusstsein, Tatendrang und auch Trotz. »Am Dom zo Kölle, zo Kölle am Rhing« ist ein Lied aus dem Jahr 1947, das weit über Köln hinaus bekannt wurde. In dem Lied geht es nicht um wehmütige Sehnsucht, sondern um den unerschütterlichen Optimismus der Kölner. »He welle mer blieve, he sin mer zo Huus, / He kritt uns kei Deuvel, kei Deuvel erus.« Aber die Stadt, in der man bleiben wollte, glich zu Beginn der 1950er-Jahre einer apokalyptischen Landschaft.

Kölner sind stolz auf ihre Heimatstadt, mit der sie eng verbunden sind, sie ist Teil ihrer Identität und die kann man nicht hinter sich lassen. Im Krieg drohte Köln unterzugehen, die Stadt wurde zu neunzig Prozent zerstört, sodass der Nachkriegsbürgermeister Konrad Adenauer unmittelbar nach dem Krieg darüber nachdachte, Köln auf den Wiesen zwischen der zerbombten Stadt und Düsseldorf ganz neu und jenseits der Schuttberge zu errichten. Für die Kölner war das nie eine Option – sie waren schon längst zurück, suchten in den Trümmern nach ihrem Zuhause, sie krochen in die Kellerlöcher, richteten sich in den Schuttbergen ein.

Im Gespräch mit Ludwig Sebus wird schnell klar, dass Köln auch für ihn ein sinnstiftender Teil seines Lebens ist, seine Heimat, seine Stadt, die nie untergeht, dafür steht der Dom und der Karneval, die er in seinen Liedern immer wieder besingt.

Deshalb war auch der Williamsbau so wichtig. Hier konnten die Kölner sich wiederbeleben, sich erinnern, wie das war – vor dem Krieg. Hier durften sie singen und lachen, obwohl es da draußen weiß Gott nichts zu singen und zu lachen gab. Und vielleicht würde ja bald alles wieder so sein wie vor dem Krieg? Schließlich gab Adenauer, der 1949 Bundeskanzler wurde, den Deutschen das Gefühl, einfach da weitermachen zu können, wo die Weimarer Republik aufgehört hatte – diese unseligen Jahre zwischen 1933 und 1945 einfach zu streichen, zu verdrängen, zu vergessen.

Nach dem Krieg gehörte Sebus nicht zur schweigenden Mehrheit, sondern hat die Verbrechen der Nazis immer wieder beim Namen genannt. Er sieht sich auch heute noch als Zeitzeuge dieser furchtbaren Jahre. 2020 unterstützte er die Kampagne »Kein Veedel für Rassismus«.

Wie sehr der Karneval zur Wiederbelebung der durch den Krieg vernichteten Stadt beigetragen hat, kann man deutlich an der rasanten Entwicklung des Rosenmontagszugs sehen. 1950 säumten schon über eine Million begeisterte Kölner den Zugweg. Als Sensation wurde in dem Jahr eine fahrbare Sprühfontäne gefeiert. Die Schauspielerin Trude Schneider thronte als »Duftkönigin« in einem riesigen Kleid auf einem blumenumkränzten Wagen. Sie ließ tausend Liter Eau de Cologne auf die Jecken niederregnen. Die standen 1950 immer noch auf den Schutthaufen der Stadt. Trümmerberge als Tribünen, aber der Kölsche Duft versprach, dass es bald besser sein würde.

Die Versorgung der Stadt begann sich allerdings nur langsam zu stabilisieren. Immerhin wurden 1950 schon fünf Zentner Kamelle vom Rosenmontagszug geworfen. Aber sonst fehlte es noch an allem – zum Beispiel an Papier. »Jede Seite war kostbar«, erzählt Ludwig Sebus, »nichts wurde weggeworfen.«

Der Volkssänger schaut auf seine alte Schreibmaschine, auf der er viele Jahrzehnte seine Liedtexte getippt hat, ein robustes silbernes Modell der Firma Adler. Heute sieht man solche schweren Maschinen nur noch in Trödel- und Antikläden. Wie weit das digitale Zeitalter hier entfernt ist und wie nah das vergangene 20. Jahrhundert.

Daneben steht auf einem weiteren Tisch ein eher kleines Keyboard, das fast wie ein Kinderspielzeug aussieht. Zu seinen Komponistenwerkzeugen gehört außerdem eine Blockflöte. Manchmal fliege ihm immer noch eine Melodie durch den Kopf, sagt er, dann setze er sich an das Keyboard und komponiere drauflos.

Der Karneval im Williamsbau war damals übrigens reine Männersache. »Herrensitzung« hieß das. Bis auf wenige Servierdamen und die Tanzmariechen waren keine Frauen im Saal. Und selbst das war in der Nachkriegszeit eine Neuerung. Tanzmariechen wurden vorher – genau wie die Jungfrau im Dreigestirn – von Männern gespielt.

Das alles gehört zur Kölner Karnevals- und Stadtgeschichte, von der auch die vielen Urkunden und Auszeichnungen im Arbeits- und Komponistenzimmer von Ludwig Sebus erzählen.

»Ich habe 101 Ehrungen bekommen«, sagt er stolz. Damit meint er die zahlreichen Ehrenmitgliedschaften und Verdienstorden, die ihm im Karneval verliehen worden sind. In nahezu allen Karnevalsgesellschaften Kölns ist er Ehrenmitglied oder sogar Ehrensenator. Weiter ist er Karnevalsobrist des Reiter-Korps Jan von Werth, Oberleutnant der Treuen Husaren Blau-Gelb, Rittmeister der EhrenGarde der Stadt Köln oder wie seine ungezählten Titel sonst noch heißen. Dazu gab es stets eine ordentlich gerahmte und verzierte Urkunde. Sebus hat sie alle aufbewahrt und sein Zimmer damit tapeziert.

Auf einer Urkunde sehe ich den Federschmuck eines Indianers und wundere mich. Ludwig Sebus erklärt mir, dass er 1974 Ehrengast auf der Steubenparade, dem traditionsreichen Umzug in New York gewesen sei, auf dem US-Amerikaner deutscher Herkunft an ihr Land erinnern. Damals bekam Sebus diese amerikanische Erinnerungsurkunde.

Seinen Nachlass hat er bereits dem Kölner Karnevalsmuseum übergeben, da seien die Zeugnisse seiner Karnevalsgeschichte besser aufgehoben.

»Wissen Sie«, sagt er, »was mir mehr bedeutet hat als all diese Auszeichnungen und Orden?« Ich bin gespannt. »Als ich zum ersten Mal als junger Kerl 1954 im Williamsbau aufgetreten bin, kam nach meinem Vortrag Carola Williams zu mir in die Garderobe und beglückwünschte mich zu meinem Lied. Das war für mich wie ein Ritterschlag und mehr wert als jede andere Auszeichnung.«

Ein Lob der Grande Dame der Kölner Gesellschaft galt damals viel. Die Zirkusdirektorin war eine Persönlichkeit in Köln, hochgeschätzt, nicht nur weil sie ihren Zirkusbau für den Karneval zur Verfügung stellte. Immer wieder während unseres Gesprächs kommt Ludwig Sebus auf Carola Williams zu sprechen.

»Sie hatte wirklich ein Herz für den Karneval«, betont Sebus. Ohne zu zögern und ohne irgendeinen finanziellen Vorteil habe sie 1947 den kölschen Karnevalisten ihr Zirkuszelt überlassen. Immerhin mussten deswegen einige Zirkusaufführungen ausfallen.

»Sie wusste genau, was den Kölnern der Karneval bedeutet«, sagt Sebus. »Sie war Kölnerin durch und durch.« So habe sie im Jahr 1949 Pferde und sogar einen Elefanten für den Rosenmontagszug zur Verfügung gestellt. Mit einem Glänzen in den Augen erinnert sich Sebus an die stets elegante und vornehme Frau, die der Zirkusdynastie der Althoffs entstammte. Eine selbstbewusste, attraktive Dame sei sie gewesen, mit großem Ansehen in Köln und weit darüber hinaus. Und großzügig. So habe sie den Wiederaufbau der Kirche St. Aposteln und Krankenhäuser finanziell unterstützt, sich um Kriegswaisen und kinderreiche Mütter gekümmert und Benefizveranstaltungen im Zirkus zum Wiederaufbau der Kölner Oper durchgeführt.

In Köln gehört Carola Williams zur Geschichte der Stadt und wird auf einer Stufe mit Millowitsch und Adenauer verehrt. 2019 hat man sogar einen Park nach ihr benannt. Im Carola-Williams-Park, dort wo früher der Zirkusbau stand, erinnert eine Stele an die prominente Zirkusdirektorin.

Die Hennes-Idee wird geboren

Sie saßen zu dritt zusammen: Carola und Harry Williams sowie Johann Thelen, den die beiden Zirkusbesitzer zur Unterstützung als Direktor eingestellt hatten. Der Salonwagen war der prächtigste unter den bewohnten Anhängern. Im eigentlichen Sinne war er nicht bewohnt, sondern wurde als gute Stube der Williams benutzt. Im Salonwagen konnten sie auch prominente Ehrengäste empfangen. Es gab einen Tisch mit Stühlen und in einer anderen Ecke ein grünes Sofa mit zwei leichten Sesseln, die vom Stil schon das Design der 1950er-Jahre vorwegnahmen. Über einer Hausbar mit einem reichhaltigen Getränkeangebot (Scharlachberg Meisterbrand, Pommery, Söhnlein Brilliant, Frauengold) rankte sich ein Strauß Tütenlampen. Vier Lampenschirme in Tulpenform schlängelten sich in die Höhe. Diese Lampen konnte man je nach Bedarf an den Metallgliederarmen ausrichten. Überhaupt hatte die Einrichtung des Salonwagens etwas Flexibles. Ein kleiner Nierentisch ließ sich von der Mitte des Raumes rasch an die Seite stellen. Die Möbelmode der Nachkriegsjahre kam den engen Bedürfnissen eines Zirkuswagens entgegen. Wuchtige Tische hätten hier keinen Platz gefunden, die grazilen Beine der Nierentische und der leichten Cocktailsessel aber hatten etwas Halodrihaftes, Verspieltes und gefielen Carola Williams, die den alten Nazi-Stil der protzigen Reichskanzleistuben mit ihren klobigen Schreibtischen verabscheut hatte.

Die drei Zirkusleute hatten es sich gemütlich gemacht. Sie gönnten sich einen doppelten Doornkaat und rauchten amerikanische Chesterfield-Zigaretten. Auf dem Tisch stand ein Schleuderaschenbecher der Marke

Roulette. Auf Knopfdruck öffnete sich das Innenleben und die ausgedrückten Kippen wurden in den Bauch des Aschers geschleudert.

»Kreuz Ouvert«, verkündete Carola, die schon zum dritten Mal hintereinander das Spiel an sich gezogen hatte und nun ihre Karten, wie beim Ouvert üblich, offen auf den Tisch legte, weil sie sich ihrer Sache so sicher war. Die Zirkuschefin strahlte Entschlossenheit aus, war resolut, eine Macherin, die die Dinge an sich zog. Oft traf sie Entscheidungen aus dem Bauch heraus, nicht selten spontan, stand dann aber dafür gerade und tat alles, um andere davon zu überzeugen. Es war nicht nur Konrad Adenauer, der durch seine Ausstrahlung eine Leitplanke für das kaputte Nachkriegsdeutschland wurde. Beim Neuaufbau waren charismatische Persönlichkeiten wie der Kölner Fußball-»Boss« Franz Kremer und die Grande Dame Carola Williams besonders gefragt.

Und sie war die ungekrönte Königin beim Skatspiel. Wie so oft sammelte sie auch an diesem Abend die meisten Punkte. Bei jedem Spiel hatte sie alle Karten, die schon gespielt waren, im Kopf und konnte so ausrechnen, was die Gegenspieler noch an Trümpfen und Assen im Ärmel hatten. Carola häufte einen Stich nach dem anderen vor sich auf. Und nebenbei ging sie auch noch den Zeitplan der einzelnen Karnevalssitzungen, die in diesem Jahr geplant waren, mit den beiden Männern durch.

»Am 13. Februar kommen wieder die Fußballer vom 1. FC Köln«, sagte sie. Im letzten Jahr hatte die Prunksitzung des neu gegründeten Clubs Premiere gefeiert und war so gut angekommen, dass man kurz danach einen zweiten Termin für die kommende Session ausgemacht hatte. Der 13. Februar, der Montag, genau eine Woche vor dem Rosenmontag, sollte es sein. Für den jungen Verein ein besonderes Datum, denn an diesem Tag feierte er seinen zweiten Geburtstag.

»Schneider, Fehlanzeige«, Johann Thelen zählte die spärlichen Punkte zusammen, die er und Harry gegen das Kreuz Solo von Carola gesammelt hatten. »Und dann noch Ouvert.« Thelen seufzte, knöpfte sich die Manschetten der Hemdsärmel auf und krempelte sie hoch

»Was macht eigentlich das Ziegenkitz von deiner Ziege aus Thüringen?«, fragte die Zirkuschefin unvermittelt.

»*What?* Was ist der Grund? Warum fragst du?« Harry wusste, dass es da ein Problem gab. Das Zicklein war in den vergangenen vier Monaten kräftig gewachsen und schon lange kein Kitz mehr. Bald musste es aus der Ziegenherde mit den drei kastrierten Böcken verschwinden. Die zankten sich eh schon genug – ein vierter Bock würde für zu viel Radau sorgen und die Herde ins Chaos stürzen. Für eine separierte Ziegenbox war aber kein Platz im Zirkus. Harry Williams zog an seiner Zigarette.

Wohin nun mit dem Kind von Felicitas? Der Kölner Zoo hatte schon abgewunken. Kein Bedarf mehr für Ziegen. Nicht exotisch genug, die hat doch fast jeder im Garten, meinte der Zoodirektor, als Harry Williams bei einem zufälligen Treffen vorgefühlt hatte, ob dort noch Platz für einen Ziegenbock sei.

»Ich hab's«, sagte Johann Thelen plötzlich. »Gehört zum Geburtstag nicht ein ordentliches Geburtstagsgeschenk? Wo wir doch gerade über die Sitzung des 1. FC Köln gesprochen haben. Wie wäre es, wenn wir dem Club zum zweiten Geburtstag ein Maskottchen schenken – unser kleines Zicklein?«

»You are kidding«, lachte Harry Williams, »ein Zieglein, a goat as mascot, as lucky charme. That's a phantastic carnival joke. Funny idea.«

Carola hatte gemischt und, nachdem Johann einmal abgehoben hatte, die Karten neu verteilt. Jetzt schaute sie stirnrunzelnd auf ihr Blatt.

»Lass mal, Harry. Ist doch gar nicht so lachhaft. Die Idee gefällt mir. Eine Ziege als Maskottchen. Der Franz«, so nannte sie Franz Kremer, mit dem sie seit der Prunksitzung des FC im vergangenen Jahr per Du war, »der Franz muss die dann aber auch behalten. Ich bin gespannt, wie der Boss reagiert. 18.« Sie begann auf ihre Karten zu reizen.

»Ich passe«, sagte Harry.

»20.« – »2?« – »4?« – »7?« – »30.«

»Passe. Ich steige aus«, auch Thelen hatte schlechte Karten. Schon wieder machte Carola das Spiel, Herz sei Trumpf, verkündete sie und dazu Schneider angesagt.

»Das mit der Ziege als Geschenk für den Club werde ich mir überlegen. Ist doch eine selten schöne Überraschung – für den Franz und seinen FC«,

meinte sie, nachdem sie zwei Karten aussortiert und, wie man im Skat sagt, gedrückt hatte. Wer Carola Williams genau kannte, konnte ihrem Gesichtsausdruck ansehen, dass sie für sich schon beschlossen hatte, den *funny joke* in die Tat umzusetzen.

Johann hatte doch recht, so ein Verein benötigte ein Maskottchen, einen Glücksbringer, da war sie aus tiefster Überzeugung seiner Meinung. Und das war nicht nur scherzhaft gemeint. Sicher spielte da auch eine Rolle, dass Carola eine überzeugte Katholikin war – mit einem rheinischen Hang zum Aberglauben. So hätte sie jede Zirkusvorstellung abgesagt, wenn sie kurz zuvor gesehen hätte, wie einer ihrer Mitarbeiter mit einem Besen die Manege fegt. Es ist ein ehernes Zirkusgesetz, dass man mit einem Besen das Glück hinausfegt. Da verstand die Zirkusdirektorin keinen Spaß.

Hipp, Hipp, Hippebock – Die Inthronisation von Hennes I. im Williamsbau

Der 13. Februar 1950, ein Montag, war die offizielle Inthronisation des Ziegenbocks vom Circus Williams als Maskottchen des 1. FC Köln. Am Sonntag zuvor hatte der 1. FC Köln den Lokalrivalen Preußen Dellbrück in einem denkwürdigen Match 2:0 besiegt. Die Spiele zwischen den Oberliga-Spitzenteams von Preußen Dellbrück, das heute Viktoria Köln heißt, und dem FC waren damals Großereignisse in der Stadt. Vergleichbar den Derbys in den 1970er-Jahren – zwischen Fortuna und dem FC Köln. Mit dem absoluten Höhepunkt, dem stadtinternen DFB-Pokalfinale 1983 zwischen dem Underdog, dem Südstadtverein Fortuna und dem »Real Madrid des Westens«, wie der FC zu seinen besten Zeiten genannt wurde.

Aber zurück in das Jahr 1950. »Ein prächtiger Sieg des 1. FC Köln« titelte damals der *Kölner Stadt-Anzeiger* nach dem 2:0 des FC gegen Preußen Dellbrück: »25 000 Zuschauer umsäumten das herrliche Rasenviereck.« Eine Stunde rot-weißen Glücks hätten die Fans erlebt, hieß es in der Zeitung weiter. Die Sprache des Sportberichterstatters scheute vor Pathos nicht zurück. Die Rot-Weißen hatten die Kraftprobe um die Kölner Fuß-

Hennes I. und FC-Torwart Fritz Ewert.

ballherrschaft gewonnen, denn Dellbrück und der FC waren die beiden Mannschaften aus der Domstadt, die in der damals höchsten Fußballliga, der Oberliga, mitspielten. Alle FC-Fußballer und FC-Fans waren nach dem Sieg im Derby bester Laune, der Zirkusbau war bis auf den letzten Platz gefüllt.

»Unter dem Baldachin aus grünen, gelben, roten und weißen Tuchbahnen«, heißt es in einem Zeitungsartikel von damals, »zwischen bunten Papierbespannungen und Fahnendekorationen saßen am 13. Februar 1950 über 2500 FC Köln Karnevalisten.« Das Sessionsmotto damals lautete: »Kölle, wie et es un wor, zick 1900 Johr«. Die Geschichte und Tradition der Stadt Köln wurde mit diesem Motto beschworen, denn man feierte 1950 Stadtjubiläum, den 1900. Geburtstag von Köln.

Gleich am Eingang hatten Kellner an alle Personen mit Aktentaschen Handzettel verteilt. Auf den Zetteln wurde darauf hingewiesen, dass sie ihre Taschen an der Garderobe abzugeben hatten. Das war neu, denn bislang durfte man die Taschen zu den Tischen mitnehmen. Als aber Einlasskontrollen eingeführt und die Karnevalisten dazu aufgefordert wurden, den Inhalt ihrer Taschen zu zeigen, war es zu Tumulten gekommen – denn mitgebrachte Schnaps- und Weinflaschen wurden kurzerhand konfisziert. So hatte man sich darauf geeinigt, dass die Taschen an der Garderobe blieben.

Fünf Mark kostete damals eine Flasche Wein im Zelt. Das war ein Vermögen, davon konnte man jede Menge Kohlen, Butter und Brot kaufen. Die Kölner gaben jetzt zwar ihre Taschen ab, fanden aber Mittel und Wege, in ihren weiten Anzugjacken und Röcken Getränke, Schokolade und US-amerikanische Zigaretten zu verstecken. So bestellte man sich eine Flasche Wein, platzierte die Flasche gut sichtbar auf dem Tisch – und bediente sich mit bester Laune am mitgebrachten Schabau, so hieß der Schnaps damals in Köln, der undercover ausgeschenkt wurde.

»Alaaf, leev Jecke.« Vorn an der Bühne saßen die Honoratioren, die Ehrengäste und natürlich die Fußballspieler, bunt gemischt, das Präsidium und die Spieler nebeneinander, unter ihnen: Franz Kremer, der Präsident und Gründungsvater des FC, Spielertrainer Hennes Weisweiler und Hans

Schäfer, der am Wochenende zuvor beide Tore gegen den Lokalrivalen Dellbrück geschossen beziehungsweise geköpft hatte.

Dazu hatte der Club prominente Gäste aus der Welt des Fußballs eingeladen. Helmut Schön war gekommen, der Nationalspieler aus Dresden. Er war in der Stadt, weil Bundestrainer Sepp Herberger »Kursisten«, wie man das damals nannte, aus ganz Deutschland nach Köln eingeladen hatte, um sie in der Domstadt als Fußballlehrer auszubilden. Helmut Schön und auch Hennes Weisweiler gehörten zu dieser von Trainerlegende Herberger auserwählten Fußballelite.

Die Männer an den Fußballertischen trugen Schlips und Kragen, verkleidet war niemand. Undenkbar, dass sich damals die Karnevalisten auf einer Prunksitzung als Ritter, Clown oder Pirat maskiert hätten. Überhaupt ging man mit den Kostümen sehr viel sparsamer um als heute. Die Kinder, die hatten Spaß, sich einen alten Zylinder auf den Kopf zu setzen, ein Bettlaken um die Schulter zu werfen und als Gespenst oder Husar zu gehen. Aber für Erwachsene war das Kostümieren damals nicht üblich. Das heißt, man warf sich schon in Schale, man machte sich chic. Wenn man nicht zu einem Tanzcorps, zu den Funken oder Mariechen gehörte, die ihre Uniformen trugen, holte man den feierlichsten Anzug aus dem Schrank oder lieh ein entsprechendes Stück aus.

Auf den Tischen der Fußballer und Ehrengäste standen reichlich Flaschen. Kein billiger Knolle-Brandy oder selbst gebrannter Schabau, sondern Sekt und Wein, amerikanischer Whiskey und französischer Cognac. Präsident Franz Kremer hatte sich nicht lumpen lassen, die edelsten Getränke aufzufahren. Schließlich galt es nicht nur den Derbysieg gegen Dellbrück zu feiern, sondern auch den zweiten Geburtstag des Vereins.

»Kein Rosenkranz pfiff, als der erfolgreichste Torschütze Schäfer die ihm zugedachten Nylonstrümpfe gegen einen Vollblut-Fußballerkuss beim Tanzmariechen einhandelte«, schrieb der *Kölner Stadt-Anzeiger* zwei Tage später über die Sitzung. Karl Rosenkranz war damals im Rheinland eine Schiedsrichterikone, vergleichbar mit Walter Eschweiler, Pierluigi Collina oder heute Deniz Aytekin. Rosenkranz war in der Fußballszene für seine Strenge bekannt. Der ließ nichts durchgehen und ahndete jede kleine Rempelei mit einem Freistoß. Also: Wenn Rosenkranz nicht pfiff, dann war alles in Ordnung und man musste sich nicht davor fürchten, dass hier über die Stränge geschlagen wurde.

Dass es für den erfolgreichsten Torschützen Hans Schäfer Nylonstrümpfe zur Belohnung gab, klingt bizarr. Was sollte ein Fußballer mit Nylonstrümpfen? Auf dem Schwarzmarkt waren Nylonstrümpfe in der Nachkriegszeit eine eigene Währung wie amerikanische Zigaretten, Schokolade oder Schnaps.

Der Torschützenkönig Schäfer war auf dem Fußballplatz ein Genie, eigenwillig und kaum zu bändigen in seinem Torhunger und Durchsetzungsvermögen, weshalb er auch »De Knoll«, der Dickkopf, genannt wurde. Privat war der 23-jährige junge Mann schüchtern und stand, so ist überliefert, eher ratlos mit den Nylonstrümpfen in der Hand auf der Karnevalsbühne. Was sollte er mit Damenstrümpfen anfangen. Hilflos schaute Schäfer zum Elferrat hoch. Was soll ich jetzt machen? Er zuckte die Achseln.

Da winkte Karnevalspräsident Thomas Liessem das Tanzmariechen der Prinzengarde herbei, das ihm zuzwinkerte. »Na, de Strümp für en Bützchen?«, rief der Präsident. Das Publikum johlte und dem Vollblut-Stürmer Schäfer schoss die Röte ins Gesicht, als das Mariechen ihm mit dem Vollblut-Kuss auf die Wange aus dem Strumpfdilemma erlöste. Tusch – und Musik. »Wer soll das bezahlen, wer hat das bestellt, wer hat so viel Pinkepinke, wer hat so viel Geld.« Alle klatschten und sangen mit.

Nach dem tosenden Applaus für die Musiker stand Karnevalspräsident Thomas Liessem auf und wartete so lange, bis die Gespräche im Zirkusbau verstummt waren. Er räusperte sich laut. »M'r fiere hück Jebootsdaach«, begann Liessem mit heiserer, aber fester Stimme, »unsere FC weed hück zwei Johr alt. Un do hamm'r uns jedaach, hä sull och e Jeschenk krieje. Ich bitte um die Fanfaren!«, rief Liessem jetzt den Musikern zu, die seine entschlossene Bitte sofort erfüllten.

Als die Trompeten verklungen waren, schwieg der Karnevalspräsident drei bedeutungsschwangere Sekunden, um die Spannung zu steigern. Dann sagte er: »Zement«, schwieg erneut, um schließlich fortzufahren: »Unsere Verein bruch e aanständich Stadion! Ich bin froh, üch sare zu künne, dat m'r ene noble Spender jefunge han, dä uns tonnenweise Zement steftet, domet m'r en Zokunft uns Sieje en ener jroßen Arena fiere künne. E dreifach kräftich Kölle Alaaf op unsere Stifter und op unsere Verein.«

Und dann, direkt nach dem dritten Alaaf, bat Liessem, stellvertretend für alle Spieler und Fans, den Präsidenten Franz Kremer und Hennes Weisweiler, den Spielertrainer, auf die Bühne – vermutlich sollten die beiden jetzt noch ein symbolisches Säckchen Zement überreicht bekommen, damit die Fotografen das Zementgeschenk für die Zeitungen auch ins Bild setzen konnten. Aber dazu kam es nicht.

Liessem schmunzelte und Kremer schwante, dass es noch eine zweite Überraschung geben könnte. Hennes Weisweiler schaute auf seine blank geputzten Schuhe und malte mit der rechten Schuhspitze, seinem Spielbein, einen kleinen Halbkreis auf die Bühne. Seinen ausweichenden Blicken war anzumerken, dass er sich auf dem Fußballfeld wohler fühlte. Er war kein Mann der großen Worte und hoffte, dass sein Bühnenauftritt bald vorbei war; obwohl der junge Weisweiler nicht schüchtern war, denn er wusste genau, was er wollte, und er wollte gewinnen. Er feierte auch gern, trank mit den Kumpels bei passender Gelegenheit, ließ sich dann und wann auch zu Zechtouren überreden und konnte nächtelang Skat spielen. Aber auf der großen öffentlichen Showbühne fühlte sich der Spielertrainer unwohl. Was sollte er hier? Hätte man ihm einen Fußball zugeworfen, so hätte er damit jonglieren können, den Ball in der Luft zu halten, das war kein Problem für ihn – aber so, als Kulisse für die Späße von »Boss« Kremer und Karnevalspräsident Liessem, fühlte er sich unerwünscht und nackt. Zudem war Weisweiler müde, ein anstrengendes Fußballwochenende lag hinter ihm, den hart erkämpften Sieg gegen Lokalrivalen Dellbrück hatte sein Team noch reichlich begossen. Und morgen musste er früh raus, um bei Sepp Herbergers Kursisten-Lehrgang fit zu sein.

»Ich bitte nun Johann Thelen, den Zirkusdirektor zu uns. Neben Carola und Harry Williams haben wir es auch ihm zu verdanken, dass wir heute Abend hier feiern dürfen. Ein dreifaches Kölle Alaaf auf das Ehepaar Williams und auf Johann Thelen.« Nach dem Karnevalsruf und nachdem

Thelen die Bühne betreten und sich verneigt hatte, bekam er gleich noch einen Tusch und Applaus geschenkt. »Johann, do bes dran!«

»Liebe Karnevalisten, liebe Fußballer und Fans des 1. FC Köln. Sie feiern heute nicht nur Karneval, sondern auch den zweiten Geburtstag des Clubs«, begann Thelen feierlich. »Und wer hätte gedacht, dass der FC gleich im ersten Jahr den Aufstieg in die Oberliga schafft? Aber bis zur deutschen Meisterschaft ist es noch weit.«

Während er redete, schaute Johann Thelen immer wieder zum rechten Bühnenaufgang. Dort tat sich etwas. Geräusche waren hinter den Kulissen zu hören, die nicht von einem Menschen, eher von einem Tier stammten. Eine Art Schnauben, Hufescharren, ein »Mäh« oder war es ein Meckern und Blöken?

»Aber dem Club fehlt noch etwas«, fuhr Thelen fort. »Die Mannschaft ist nahezu perfekt, das ist es nicht. Wir haben ein erstklassiges Team. Und doch gehört noch mehr dazu. Fortune, Glück, ein gutes Omen und Gottes Segen. Und da der Club noch keinen Glücksbringer und Schutzheiligen hat, schenken wir ihm vom Zirkus Harry Williams heute als Neuzugang einen« – lange Pause – »lebendigen Talisman!«

Ein Raunen und Tuscheln ging durch den Saal. Ein lebendiger Talisman? Was mochte das sein? Ein Glückstier? Ein Glückshase? Ein Glücksschwein? An so etwas dachten die Zuschauer. Einen Löwen, Tiger oder Elefanten würden sie jetzt sicher nicht auf die Bühne holen. Obwohl die Tiere im Zirkuszelt auf ihre Art allgegenwärtig waren, denn in der Manegenluft lag auch bei den Karnevalssitzungen der Geruch von Pferden und anderen Zirkustieren, die hier sonst ihre Runden drehten.

»Hipp, hipp, hurra – auf den 1. FC Köln. Hier ist unser Maskottchen, ein Hippebock, ein Geißbock – unser Glücksbringer.« Johann Thelen trat einen Schritt zurück und herein kam ein braun-weiß gescheckter Ziegenbock, der irritiert vom Lärm und den vielen johlenden Menschen zunächst den Kopf hin und her warf und dann angespornt durch Harry Williams an seiner Leine schon recht forsch über die Bühne stürmte. Es sah so aus, als habe der Bock ein Ziel. Er zog an der Leine, drängte direkt auf Hennes Weisweiler zu, der dem neugierigen Geißbock seinen Handrücken zum

Schnuppern entgegenstreckte. Die Ziege reckte ihren Kopf in die Höhe und versuchte, Witterung aufzunehmen. Konnte sie den Männern an diesem für sie ungewöhnlichen Ort trauen? Sie ging weiter auf Weisweiler zu, sodass sich die beiden jetzt gegenüberstanden. Das Böckchen machte einen krummen Rücken und richtete seine Hörner auf den Spielertrainer – es war nicht klar, ob es angreifen oder sich verteidigen wollte. Mit der rechten Klaue klopfte die Ziege vor sich auf den Bühnenboden, zweimal, dreimal, als würde sie vor einem zugefrorenen Weiher stehen und prüfen, ob das Eis hält. »Komm nur«, flüsterte Weisweiler ihr zu, »hab keine Angst vor mir, ich tue dir nichts.« Er, der auch auf den Spitznamen »De Boor«, also der Bauer hörte, kam vom Land und kannte sich mit Tieren aus.

Er wusste, dass Ziegen nicht menschenscheu sind, dass sie frech und neugierig sein können. Um ihr Zutrauen zu gewinnen, muss man sie schnuppern lassen und Weisweiler wusste, dass Ziegen meistens nur eines im Sinn haben: Sie wollen fressen, auf der Suche nach Futter knabbern sie an allem herum, was irgendwie genießbar sein könnte, gerne auch an Hemden und Hosen.

Der Geißbock roch und merkte, dass hier ein Mann stand, dem er trauen konnte. Er versuchte sogar, sich an dem freundlichen Mann, der ihm die Hand entgegenstreckte, aufzurichten, es sah so aus, als wolle das neue Maskottchen an Weisweiler hochklettern, es stützte seine Vorderläufe auf die Brust des Spielertrainers und schaute ihm interessiert ins Gesicht. Weisweiler nahm die Vorderhufe und stellte sie wieder vorsichtig auf den Bühnenboden; er bückte sich und redete beruhigend auf das Tier ein. Fast fühlte er sich solidarisch mit dem Geißbock. Was haben wir hier auf der Bühne, bei diesem Kasperletheater verloren, schien er der Ziege zuzuflüstern. Als Weisweiler sich wieder aufrichtete, wirkte es, als ob sich der Geißbock für einen Moment sogar bei ihm anlehnen, ausruhen, an ihm abstützen würde.

»Gleich macht de fiese Möpp dem Weisweiler an de Botz«, rief einer laut. Der Zwischenruf löste Gelächter und Getuschel aus. Später wurde daraus das Gerücht, der Geißbock habe auf der Bühne Hennes Weisweiler an die Hose gepinkelt. Nichts davon ist wahr. Das hätte die Ziege niemals getan.

»Wir haben einen neuen Rasenmäher – ein hoch auf unseren Neuzugang im FC-Kader, ein Hoch und Kölle Alaaf op unsere Hippebock«, begann Thomas Liessem vom Präsidentenstuhl eine spontane Ansprache. »Et Meckere övver d'r Foßball künne m'r jetzt dem Jeißbock övverlooße.« Der Sitzungspräsident zählte nun die Vorzüge des neuen Maskottchens auf. »Unser Trainer Hennes Weisweiler wird hocherfreut sein, dass ihm diese unangenehme Aufgabe abgenommen wird. Am Spielfeldrand wird sich der Bock hervorragend machen. Er wird unser Sündenbock für jeden Fehlpass und Schnitzer unserer Spieler sein, da muss sich dann keiner ärgern«, Thomas Liessem flogen die Gedanken zu, er hatte Spaß, den Geißbock in den Himmel zu loben. »Hipp, Hipp – Hippebock. Hochleben lassen möchte ich schließlich auch die Sturheit und Entschlossenheit, die so einen Bock auszeichnet – und genau diese sture Entschlossenheit benötigt unsere Mannschaft auf dem Weg, die Nummer eins in Köln, ja, die Nummer eins in ganz Deutschland zu werden.« Tusch, dreimal ein Tusch.

»Im Namen des 1. FC Köln bedanke ich mich herzlich beim Circus Williams für diesen wertvollen Neuzugang«, sagte Präsident Franz Kremer und verbeugte sich vor Harry Williams und Johann Thelen. »Wie soll er denn heißen, der Hippebock?«

Ja, einen Namen benötigte das Maskottchen, das war allen klar, einen einprägsamen Namen, der den Charakterzügen des Geißbocks und des Vereins gerecht wurde. Während wieder im Zirkuszelt getuschelt wurde und der ein oder andere Vorschlag die Runde machte, »Tünnes« oder »Schäl« wurden dabei sehr häufig genannt, schien sich die Ziege inzwischen mit Hennes Weisweiler angefreundet zu haben. Immer wieder zupfte sie an seiner Anzugjacke und wollte ihre Schnauze in seine Hosentasche schieben, in der sie etwas Essbares vermutete. Weisweiler tätschelte ihr den Kopf und Rücken.

»Na, Hennes, was meinen Sie?«

Der überraschte Trainer war auf diese Frage nicht gefasst, was sollte er da sagen? Vielleicht »Puskás«. Der Name schoss ihm durch den Kopf. Von Ferenc Puskás schwärmten gerade alle Fußballfans. Fünfzig Tore hatte der Ungar in einer Saison für seinen damaligen Club Budapest geschossen und ganze Abwehrreihen schwindelig gespielt. Vielleicht war das ein gutes Omen, den FC Köln Ziegenbock »Puskás« zu nennen. Weisweiler musste schmunzeln, so eine Schnapsidee, wie er nur darauf kam – einen Ziegenbock auf den Namen »Puskás« zu taufen, warum nicht gleich »Alfredo«, das war noch höher ins Regal gegriffen, »Alfredo« nach Alfredo Di Stéfano. Die Fußballkunst des Argentiniers hatte sich bis nach Europa herumgesprochen. Es gab Bilder von dem Ballkünstler in den Wochenschauen. Ein Ziegenbock namens »Alfredo«, tsss. Wahrscheinlich hatte er doch ein Glas »Kalte Ente« zu viel getrunken.

Weisweiler schaute auf das Tier, das kräftig den Kopf schüttelte. Hast recht, dachte Weisweiler, was spinne ich mir da zusammen. Der Geißbock setzte seine Suche nach Leckerlis fort und scharwenzelte weiter um ihn herum, um mit seiner Schnauze auch in der anderen Hosentasche des Spielertrainers herumzuschnüffeln.

»Hennes!?« Franz Kremer schaute den Trainer erneut an. »Hennes?!«, rief er ihm noch einmal herausfordernd zu, als wolle er einen Schüler in einer unruhigen Schulklasse zu einer Antwort ermahnen. Aber Weisweiler ließ sich nicht ermahnen, er schenkte seine Aufmerksamkeit dem Ziegenbock, das reichte ihm. Doch das neugierige Tier hatte die »Hennes«-Weckrufe von »Boss« Kremer gehört und drehte den Kopf in Richtung des Präsidenten. Die Ziege scharrte mit den Hufen, als wollte sie sagen, jetzt komme ich zu dir und schau mal, was du in deinen Taschen hast.

»Da, haben wir es doch.« Als das Maskottchen ihn so herausfordernd anguckte, hatte Kremer einen Gedankenblitz. »Hennes, wir nennen den Geißbock Hennes.«

Lautes Lachen im Saal, ein mildes Lächeln von Hennes Weisweiler. Auf einen Wortwechsel mit »Boss« Kremer hatte er hier und jetzt keine Lust. »De Boor« war müde, wollte endlich von der Bühne entlassen werden und nach Hause fahren. Alles, was diesen Auftritt hier beendete, war ihm recht. Den Geißbock nach ihm zu benennen, war eine Schnapsidee, darauf würde niemand eingehen, dieses ganze Theater würde morgen ohnehin vergessen sein, dachte Weisweiler. Davon würde nicht mehr als eine kleine Notiz in der Zeitung bleiben, also machen wir gute Miene zum bunten Treiben.

S. 54/55
13. Februar 1950: Hennes Weisweiler, Thomas Liessem, Franz Kremer und Johann Thelen bei der Übergabe von Hennes I. im Williamsbau.

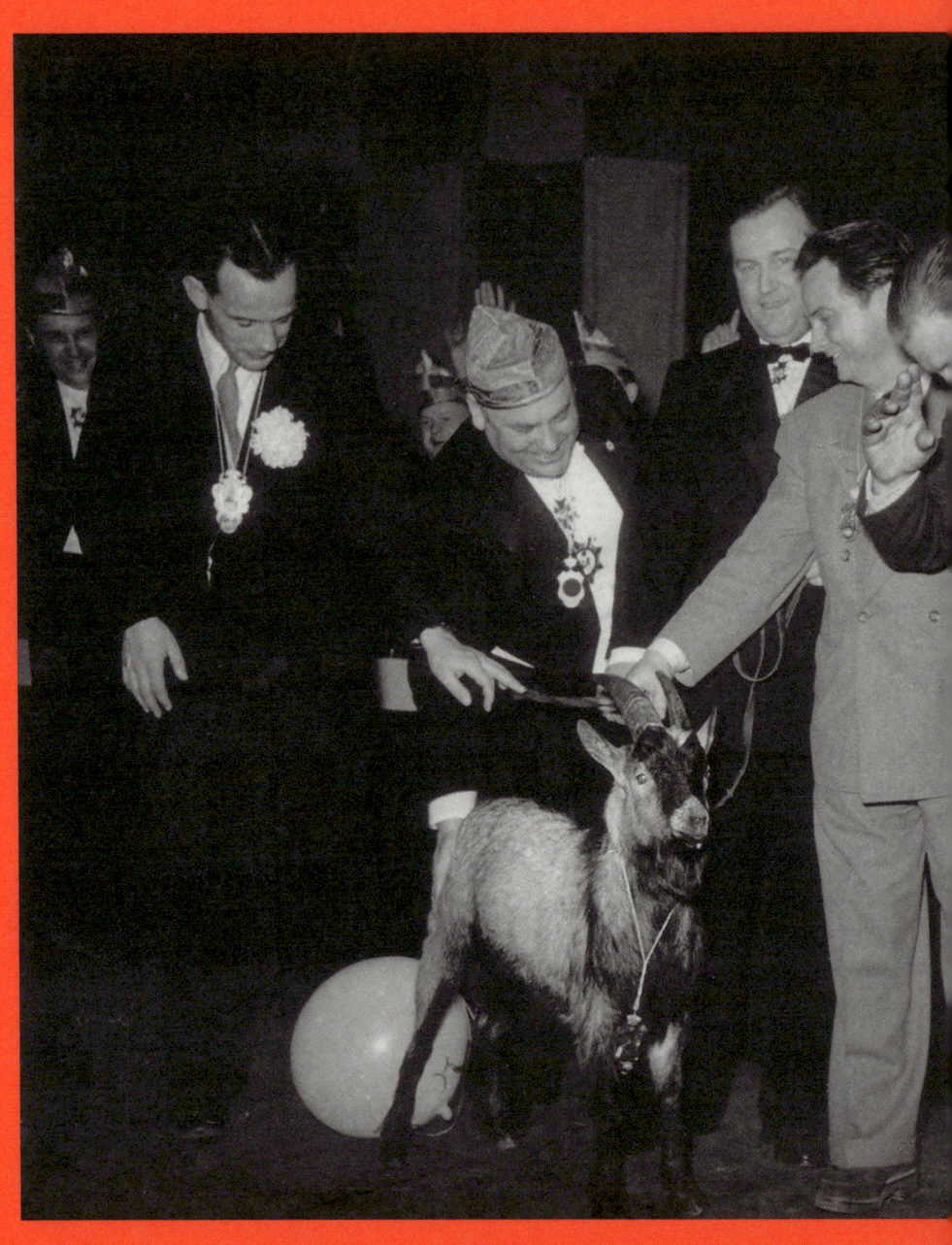

Geduldig ertrug der Spielertrainer, was nun folgte. Denn der Sitzungspräsident griff den Vorschlag von Franz Kremer auf und rief unter tosendem Applaus: »Ich taufe dich op dä Name Hennes. Op dä Hennes e dreifach kräftich Kölle Alaaf!« Tusch – Applaus. »Auf Hennes ein dreifach kräftiges Hipp, Hipp, Hurra.« Das »Hurra« donnerte durch den Saal. »Auf Hennes ein dreifach kräftiges Kölle Alaaf« – und obwohl die Karnevalssitzung schon einige Stunden gedauert hatte und sich die meisten müde getrunken hatten, klappte auch das noch wie am Schnürchen. Zu Ehren des frisch getauften Glückstiers waren alle aufgestanden und applaudierten.

»Leeven Johann, leeven Harry, mer bedanke uns bei üch. Ävver wo sull dat Dierche dann wohne?« Thomas Liessem richtete die Frage an den Präsidenten des Vereins, der jetzt für das Wohl und Wehe von Geißbock Hennes verantwortlich war.

»Ich werde gleich die vertraglichen Aspekte unseres Neuzugangs mit Zirkusdirektor Thelen aushandeln«, scherzte Kremer, »ich werde ihn bitten, Hennes noch einige Zeit im Zirkus ein Obdach zu gewähren, bis wir ein eigenes Geißbockheim gefunden haben.«

Den meisten Karnevalisten war an diesem bedeutungsvollen 13. Februar 1950 nicht bewusst, was sie gerade erlebt hatten. Wenn überhaupt, dann dachten sie: War das jetzt ernst gemeint? Ein Ziegenbock als Glücksbringer? Hufeisen oder Kleeblätter waren als gute Geister, die Glück bringen konnten, bekannt, Schornsteinfeger auch. Und Maskottchen – das waren doch bunte Püppchen oder Amulette? Aber ein Geißbock namens Hennes? Was soll das denn? Ein Gag, eine Posse, eine Karnevalsclownerie. Mehr nicht. Gewiss, gleich kam die Ziege zurück in den Stall und morgen war der Spaß vergessen, oder höchstens noch eine kleine, witzige Anekdote auf Kosten von Spielertrainer Weisweiler. Dass der Kremer den auch immer so auf dem Kieker hatte, so dachten die Besucher im Zirkuszelt. Da konnte der Geißbock als mögliches Maskottchen des FC während der Sitzung zwar große Begeisterung auslösen, viel Gelächter und Applaus, aber das bedeutete auf Karnevalssitzungen nicht viel – oder doch?

Hennes Weisweiler war viel zu bodenständig, als dass er glaubte, ein Fußballverein habe ein Maskottchen nötig, um Spiele zu gewinnen? Alles

Quatsch, dachte er, ein Kölner Jux, mehr nicht. »De Boor« kam vom Land, in Lechenich war er geboren und aufgewachsen, er stammte vom Niederrhein mit seinen erdigen Menschen. Sein Arbeitsethos war von Pflichterfüllung, Opferbereitschaft und Disziplin geprägt. Wer diesen Tugenden folgte, würde siegen und benötigte gewiss keine launische Ziege als Maskottchen. Diese Mentalität unterschied ihn von den Kölnern mit ihrem frohen Katholizismus, der etwas Augenzwinkerndes hat – und ein zugleich spielerisches, aber auch ernstes Verhältnis zum Aberglauben. Nie weiß man genau, wie man bei den Kölnern dran ist. Wenn sie lachen, können sie auch traurig sein, und wenn sie weinen, machen sie einen Witz.

Sitzungspräsident Thomas Liessem hatte dem 1. FC Köln noch eine erfolgreiche Saison gewünscht. Die besten Voraussetzungen für viele gewonnene Spiele seien ja hier im Willamsbau an diesem legendären Abend getroffen worden, hatte er abschließend gesagt. »Wat sull denn jetz noch passeere? Herein mit dem Ball in et Tor, Jungs!«, hatte er unter erneut tosendem Applaus gerufen. »Besten Dank an alle hier und an dä Circus Williams, dat m'r he fiere kunnte. Un kutt jot noh Huss, Lückscher!«

Danach spielte die Kapelle noch einmal den Ostermann-Klassiker »Och wat wor dat fröher schön doch en Colonia«, noch einmal hakten sich alle Karnevalisten unter, sangen mit und schunkelten, bis der letzte Ton verklungen war.

Mit Kölsch und Spülbürste – Die Taufe von Hennes I.

Von wegen nach Hause. Die Fußballer des 1. FC Köln waren in so guter Laune, dass sie beschlossen, noch weiterzuziehen. Die Sitzung hatte am Nachmittag um 15 Uhr begonnen und es war nicht spät. Also konnte man weiterfeiern, der Abend war noch lang, da war noch Luft nach oben. Ins Haus Unkelbach sollte es gehen. Das Brauhaus in Köln-Sülz war das Stammlokal der FC-Spieler und -Fans.

»Und ä Jeißbock kütt met«, rief Linksaußen Willi Weyer, genannt Bubi, »dä bruch noch en echte Taufe, met allem dröm un dran.«

Hennes Weisweiler war von dieser Idee nicht begeistert. Er hatte am nächsten Morgen pünktlich beim Trainerlehrgang von Sepp Herberger auf der Matte zu stehen und hoffte nun, sich unauffällig verdrücken zu können. Eigentlich zog er gern mit den Spielern um den Block, aber heute war es einfach zu viel des Guten.

»Hennes, kommste noch mit«, fragte de Knoll Hans Schäfer.

»Ne, lass gut sein. Aber ihr habt ja den da, den anderen Hennes, der kann mich gut vertreten.« Hennes Weisweiler zeigte auf den Ziegenbock, den Johann Thelen an der Leine in die Vorhalle des Zirkusbaus geführt hatte.

Thelen hatte sich von den Spielern überreden lassen, den Geißbock »Hennes« mitzunehmen, aber dann, das war klar, würde Thelen auch mitkommen. Er würde dafür sorgen, dass dem Maskottchen nicht zu viel zugemutet wurde, zudem konnte er die Ziege am Ende des Tages zurück in den Zirkus bringen.

Ohne Probleme brachte er das Tier dazu, hinten in sein Auto einzusteigen. Er musste nur ein Stück Brot auf den Rücksitz legen und Hennes hopste mit einem Satz auf den Sitz. Es war kurz nach 19 Uhr und dunkel – für den Geißbock also ein ungewöhnlicher Ausflug in einem PKW. Diese abenteuerliche Tour ins Haus Unkelbach sollte weiß Gott nicht die letzte Fahrt des Geißbocks in einem Auto sein.

Kalle, der Besitzer des Lokals, freute sich, seine FC-Kicker zu sehen, schließlich kamen sie häufiger zu ihm und die meisten Spieler duzte er. Der Wirt hatte schnell zwei, drei Kränze mit Kölsch gefüllt.

»Jet zu müffele kann ich üch nit maache. Hück es Mondach, do hät minge Koch frei. Ävver ich froch ens das Henriette, ov et noch en Plaat Halve Hahn jit. Kütt dä Hennes och?«, fragte der Wirt, der sich besonders freute, wenn Trainer Weisweiler auch dabei war, weil er es liebte, mit ihm über Fußball, Mannschaftsaufstellungen und Taktik zu fachsimpeln.

»Äh, nee, oder doch, ja, Hennes kommt. Ist eine Überraschung.« Alle lachten über den Witz, den Bubi Weyer gemacht hatte und den der Wirt nicht verstehen konnte.

Da ging auch schon die Tür auf und voran ging Hennes, der Johann Thelen hinter sich herzog. Thelen war mit dem Tier noch einmal ums Viereck gegangen, ist besser, dachte er, wenn er noch mal köttelt, bevor in der Kneipe ein Unglück passiert. Aber der Ziegenbock hatte keine Lust, draußen herumzuspazieren, das neugierige Tier wollte dahin, wo die anderen waren, so kam es nicht zum Kötteln. Oder noch nicht.

»Wat sull dann die Hipp an der Theke«, der Wirt schüttelte den Kopf. »Ziegen sind im Lokal eigentlich unerwünscht, also …«

»Ävver dat es doch unsere Hennes, met däm mer niemols nich verliere«, stellte de Knoll Schäfer den Neuzugang im Verein vor.

»Wie? Hennes? Und Neuzugang? Habt ihr euch auf der Sitzung den Verstand weggesoffen, oder was?«

Dann erzählten sie, was im Williamsbau passiert war, dass der Ziegenbock das neue Maskottchen des FC sei.

»Übrigens eine Idee von dem da«, sagte ein Spieler und zeigte auf Johann Thelen.

»So ein neuer Verein braucht doch ein Glückstier. Und einen Ziegenbock hat noch keiner.« Johann Thelen hatte es nicht nötig, sich zu rechtfertigen. Er wollte nur dem verdutzten Wirt beispringen, für den das alles sehr schnell ging. Eine Ziege am Tresen, damit hatte er heute Abend nicht mehr gerechnet.

»Un jetz taufe m'r dä Bock«, rief einer.

»Hadder ene Pastur dobei?«, fragte der Wirt lachend, »und wo ist das Weihwasser?«

»För en Tiertaufe deit et och ene Präsident statt Pastur. Un Kölsch es suwiesu besser wie Weihwasser«, rief »Männ« Nagelschmidt, der FC-Stürmer mit dem »Bombenschuss«.

Präsident Franz Kremer hatte die Mannschaft ins Haus Unkelbach begleitet. Wenn es nach ihm gegangen wäre, dann wären alle gleich nach der Prunksitzung nach Hause gefahren. So aber sah er es als seine Pflicht an, hier die Aufsicht zu übernehmen. Und das gelang ihm sehr gut, ohne dass er dabei den Oberlehrer heraushängte. Er trank mit, war für jeden Spaß zu haben, achtete aber immer darauf, dass nichts Geschmackloses passierte und dass keiner aus der Mannschaft auf die Straße pinkelte oder gar besoffen im Rinnstein liegen blieb.

»Also, Herr Pastorenpräsident, dann mal ran ans Sakrament!« Karl Unkelbach hatte schnell alles vorbereitet, Kölsch in eine Suppenschüssel gezapft und eine Spülbürste als Aspergill, also als Taufsprengel hineingelegt. Die Spieler hatten einen Kreis gebildet, in der Mitte stand der Tisch mit dem kölschen Weihwasser. Johann Thelen gelang es ohne Mühe, den Geißbock zum provisorischen »Altar« zu führen, er fütterte das Tier mit kleinen Portionen Brotrinde. Der Geißbock ließ sich durch Leckerbissen gern bestechen.

»Waat noch jet«, rief Karl dem Präsidenten zu, der den hölzernen Griff der Spülbürste schon in der Hand hatte und loslegen wollte. »Waat noch, bes jeder si Jlas voll hät.«

Aber das dauerte nicht lange. Drei Kölsch-Kränze machten die Runde, sodass einige Spieler ihr noch gut gefülltes Glas auf Ex austranken, um zum frischen Kölsch zu greifen.

»Liebe FC-Gemeinde«, begann Franz Kremer seine Rede, »heute vor zwei Jahren haben wir den 1. FC Köln feierlich aus der Taufe gehoben«, der Präsident war ein wenig stolz, dass ihm diese fromme Formulierung eingefallen war, »und heute, am 13. Februar 1950, sind wir endlich vollständig. Ein Maskottchen hat uns noch gefehlt. Jetzt ist es da. Der Geißbock, hier in unserer Runde wird unser Glücksbringer.«

Als würde sie jedes Wort verstehen, streckte die Ziege genau in diesem Augenblick ihre Schnauze nach oben und blökte kräftig.

»Und wir haben einen würdigen Namen für den Schutzpatron des 1. FC Köln ausgewählt«, fuhr Kremer feierlich fort. »Hennes sollst du heißen – ich taufe dich im Namen Gottes, im Namen der Stadt Köln, im Namen des Karnevals und nicht zuletzt im Namen unseres Vereins 1. FC Köln.«

Dann tauchte er die Spülbürste in die Suppenschüssel mit Kölsch und besprenkelte die Ziege damit, dreimal machte er das.

»Damit bist du als Neuzugang im Verein 1. FC Köln aufgenommen. Hennes! Bewahre uns als unser Maskottchen vor schlimmen Niederlagen, vor Verletzungspech und dummen Schiedsrichterentscheidungen. Gelobt sei Jesus Christus.«

»In Ewigkeit. Amen«, antworteten die Spieler im Chor.

»Darauf ein dreifaches Hipp, Hipp«, rief Kremer. »Hurra«, rief der Chor. »Hipp, Hipp« – noch einmal und noch kräftiger schrien alle: »Hurra!«

»Und Prost«, schloss der Präsident seine Rede und alle legten den Kopf in den Nacken und tranken auf das Wohl des Ziegenbocks und des Vereins.

Den frisch getauften Hennes ließ das Geschrei jetzt doch unruhig werden. Vielleicht spürte er auch, dass ihm gerade verdammt viel Aufmerksamkeit zuteilwurde und obendrein diese Bierdusche mit der Spülbürste, die für ihn aussah wie eine Keule, mit der man ihn bedrohte oder gar nach ihm schlagen wollte. Blökend meckerte er und schien sich auf etwas zu konzentrieren, er wölbte seinen Rücken und …

»Der köttelt gleich«, sagte Johann Thelen zum Wirt.

»Dann schnell«, Karl hatte auf Ziegenköttel in seiner Braustube, die womöglich auch noch auf dem Holzfußboden festgetreten wurden, gar keine Lust. »Hier nimm das. Ein besseres Tierklo habe ich gerade nicht.«

Er gab Thelen einen alten zerbeulten Sektkübel, den der Zirkusdirektor gerade noch rechtzeitig unter den Hennes-Hintern platzieren konnte – und schon plumpsten die vielen zu Klumpen verdauten Brotrinden, Äpfelstücke und Getreidekörner, die Hennes am vergangenen Tag verzehrt hatte, in den silbernen Eimer.

Zur Heimpremiere von Neuzugang Hennes wollten die Spieler im eigenen Stadion natürlich unbedingt gewinnen. Was wäre das für ein Einstieg des Maskottchens und Glücksbringers gewesen, wenn die Mannschaft bei seinem ersten Auftritt zu Hause verloren hätte? Das ging gar nicht. Und so gewann der 1. FC Köln mit Talisman Hennes am 12. März 1950 mit 2:0 gegen Vohwinkel 80. Kein glanzvoller Sieg des in der Saison bislang ungeschlagenen Clubs, den wieder einmal Hans Schäfer mit dem ersten Tor einleitete. Aber wehe, wenn die rot-weißen Kölner verloren hätten. Einen Bock hätten sie dann geschossen, so vermutet der *Stadt-Anzeiger*, mit diesem mühsamen Sieg sei der Verein nur knapp am Spott der Zuschauer vorbeigeschrammt.

Es war also auch ein glücklich gewonnenes Fußballspiel am 12. März 1950, das über das Schicksal von Hennes entschieden hat. Wer weiß, was geschehen wäre, wenn die Kölner als Verlierer vom Platz gegangen wären.

Es ist nicht auszuschließen, dass dann die Geschichte des Glückstiers hier zu Ende gewesen wäre. Aber warum ist ein Glückstier ein Glückstier? Genau! Weil es Glück bringt – durchaus auch sich selbst. Mit dem neuen Maskottchen legte Köln eine Serie von fünf Siegen und zwei Unentschieden hin und blieb bis Anfang April in der Oberliga West ungeschlagen.

Ein neues Zuhause fand Hennes schließlich auch. Wilhelm Siepen, ein FC-Fan der ersten Stunde und selbstverständlich Mitglied des Vereins, nahm den Geißbock in Köln-Müngersdorf auf. Um seinen Landhandel hatte Siepen ein größeres Anwesen, wo das Tier ohne Probleme Platz fand. Neun Jahre lang verpflegte und betreute Siepen das Maskottchen.

»Wir machen uns doch lächerlich« – Hennes am Scheideweg

Vor dem Zubettgehen noch eine Patience legen und die letzte Zigarre rauchen. Dazu Tschaikowsky hören. Für Franz Kremer war das am Abend ein Ritual, auf das der Boss – und da konnte er noch so hundemüde sein – nie verzichtete. 1. Sinfonie g-Moll »Winterträume«. Er hatte sich die Schallplatte ausgesucht, die er am liebsten hörte, weil sie so romantisch war. Warum er dabei am besten nachdenken und den Tag Revue passieren lassen konnte, wusste er nicht. Während er die Karten vom Talon hob und sie an die entsprechenden Reihen anlegte, flogen ihm die Gedanken und Probleme vom Tag noch einmal durch den Kopf. Es war an einem Abend Ende März 1950, der genaue Tag ist ungewiss. An diesem Abend beschäftigte Franz Kremer ein Brief, der ihn als Präsident des 1. FC Köln vor Kurzem erreicht hatte. Der Absender war ein FC-Fan mit Namen Hans Herber.

»Lieber Franz!«, so hatte Herber den Brief begonnen. »Ich komme mit einer Bitte. Lasst bitte den Geißbock am Sonntag vom Platz. Abgesehen von der Lächerlichkeit, ein solches Tier als Maskottchen mitzubringen, möchte ich nicht Zeuge der abfälligen und höhnischen Bemerkungen werden, denen unser Maskottchen im Falle einer Niederlage auf fremden Plätzen ausgesetzt sein würde.«

9. September 1973: FC-Geißbock im Stadion.

Es war nicht die erste Beschwerde, die den Präsidenten des 1. FC Köln in Bezug auf Hennes erreichte. Einen Geißbock als Glückstier, das wollten viele Fans nicht akzeptieren, sie meckerten und lästerten, sodass – dachte Franz Kremer – endlich ein Machtwort gesprochen werden musste. Bislang hatte der 1. FC Köln noch kein Spiel mit dem neuen Maskottchen verloren, nicht auszudenken, wenn es die ersten Niederlagen mit dem Geißbock am Spielfeldrand geben würde. Er hörte schon die Rufe der Fans im Stadion: »Geißbock raus.« »Hennes raus«, konnten sie schlecht rufen, denn damit hätte auch der Spielertrainer Hennes Weisweiler gemeint sein können. Der hatte sich übrigens bisher noch gar nicht zum Ziegenbock geäußert.

»Boss« Kremer war fest entschlossen: Hennes sollte bleiben, der Geißbock hatte das Zeug, zu einem ganz besonderen Wahrzeichen des Vereins zu werden. So ein Markenzeichen würde dem jungen Club guttun. Der Geschäftsmann Kremer hatte erkannt, dass der Verein ein Gesicht benötigte, ein Profil, Geschichten, die ihn unverwechselbar und spürbar anders machten. Denn der 1. FC Köln war ein zartes Pflänzchen, das erst zwei Jahre alt war und schnell wieder von der Oberfläche verschwinden konnte.

Die Fusion aus dem Klettenberger KBC und Sülz 07 war noch ein wackeliges Gebilde. Das merkten alle, wenn der 1. FC Köln schwach spielte und ein oder zwei Gegentore kassierte. Schnell kam es da zu Pöbeleien und alte Rivalitäten spalteten die Gemüter. Klettenberg und Sülz, da gärte der alte Streit zwischen dem Akademiker- und dem Arbeiterverein, zwei Milieus, die sonst nichts verband.

Auch vor zwei Jahren, Anfang Februar 1948, als man ihn gefragt hatte, ob er die Vereinsgründung mittragen würde, hatte der geschäftstüchtige Kaufmann Kremer bei seiner abendlichen Patience-Sitzung gesessen und das Für und Wider in seinem Kopf abgewogen. Am Ende hatte er seine Vision ganz deutlich vor sich gesehen: Der 1. FC Köln, ein Verein für die ganze Stadt, das war es, das konnte gelingen.

Jetzt musste »Boss« Kremer wachsam bleiben. Die Kritiker, Skeptiker und Nörgler konnten die Atmosphäre schnell vergiften. Kremer musste Durchsetzungswillen und Stärke zeigen. Da war es auch wichtig, dass der Verein Aufmerksamkeit und Medieninteresse auf sich zog. Beides konnte ihn bedeutend machen. Klar, entscheidend war auf dem Platz, der Erfolg der Mannschaft war das A und O. Aber das Drumherum war nicht zu unterschätzen und da war ihm die Idee mit dem geschenkten Maskottchen Hennes gerade recht.

Er hörte, wie jemand die Haustür aufschloss. Seine Frau Liselotte war mit dem Pudel Gassi gegangen und kam nun zurück. Der Pudel schüttelte sich und rannte dann unter den Wohnzimmertisch, wo er sich zweimal drehte, um es sich an den Füßen von Kremer bequem zu machen.

»Jules«, so nannte ihn seine Frau Liselotte liebevoll, »willst du nicht auch schlafen gehen. Ist doch schon spät.«

»Ich lege noch die Patience zu Ende«, sagte Franz, stand auf und drehte die Musik etwas leiser. »Gute Nacht.«

»Aber denk dran, das Licht auszumachen, und stell dem Hund noch frisches Wasser hin.«

Franz Kremer klopfte die Asche von seiner Zigarre und griff zur nächsten Karte auf dem Talon. Dabei dachte er wieder an die Briefzeilen, die der Hennes-Kritiker Herber ihm geschrieben hatte.

»Ausgerechnet mit Bock wurde letzten Sonntag ein sehr schwaches Spiel geliefert. Man hatte den Eindruck, als ob die Spieler sich mit dem Gedanken vertraut gemacht hätten, der Bock ist bei uns, uns kann nichts passieren«, hatte Hans Herber weitergeschrieben und in einem Schlussappell darum gebeten, die »Lächerlichkeit eines verspäteten Karnevalsscherzes« aus der Welt zu schaffen.

Pah, was wollte dieser Nörgler. Das Spiel war kein Leckerbissen gewesen und Dusel hatten sie auch gehabt, aber war das nicht der Beweis für den Erfolg des Glücksbringers?

Gerade die letzten Sätze des Briefeschreibers bestärkten Franz Kremer, an seinem Entschluss festzuhalten, den Geißbock Hennes zum Wahrzeichen des Vereins zu machen. Allein die Möglichkeit, die Herber in Betracht zog, dass die Spieler auf Hennes vertraut haben könnten und deswegen so eine miserable Leistung abgeliefert hätten, weil sie sich mit Hennes allzu sicher gefühlt haben könnten, zeigte ja, dass selbst der kritische Geist Herber einen Aberglauben für möglich hielt.

Die Menschen haben doch ein Faible für Maskottchen, erst recht im katholischen Köln, wo die Grenze zwischen Glauben und Aberglauben nicht auszumachen ist, wusste Kremer, der sich mit seinen Kölnern gut auskannte. Gewiss, er war kein Philosoph und er hätte es nicht mit hochmögenden Worten begründen können, aber er war ein Praktiker mit einem gesunden Menschenverstand und dem rheinischen Herzen am rechten Fleck.

Hennes war dem Verein auf einer Karnevalssitzung geschenkt worden, das machte ihn für Köln noch wertvoller. Nein – er würde Hans Herber morgen einen Brief schreiben, quasi öffentlich, denn der Brief sollte dann in den nächsten Club-Nachrichten zusammen mit dem Schreiben des Bedenkenträgers erscheinen.

Schon viel Freude und Glück habe Hennes gebracht, so würde er es formulieren. Vor allem habe der Geißbock den Club aber populär gemacht. In ganz Deutschland seien in der Presse bereits Bilder von der stolzen kölschen Ziege erschienen, ja selbst Gedichte über ihn. Und bei Auswärtsspielen habe man es dem Verein sogar übelgenommen, das Glückstier nicht mitgebracht zu haben. So würde er noch das ein oder andere Beispiel für die Beliebtheit des lebendigen Maskottchens anführen, um dann mit den Worten zu schließen, er wisse, dass der Geißbock keine Garantie für einen Sieg sei, er wisse aber auch, dass der Verein sich, solange Hennes leben würde, nicht mehr von seinem Wahrzeichen trennen könne.

Zufrieden schmauchte Kremer ein letztes Mal am Stummel seiner Zigarre. Die Patience war aufgegangen. Am Ende hatte ein Herz gefehlt, aber das hatte er, nachdem er zweimal die Kartenreihen umgelegt hatte, im Talon gefunden. Das Herz war nun am rechten Fleck. Zufrieden schob er die Karten zusammen und legte sie zurück in die Schublade im Wohnzimmerschrank.

Für den morgigen Tag beschloss Kremer auch einen Termin mit Walter Hertel zu machen. Hertel hatte das Wappen des Vereins entworfen, mit dem Dom als zentrales Motiv, darüber hatte er die Banderole mit der Aufschrift »1. FC« gelegt. Das Wappen musste erweitert werden, darüber wollte Kremer mit Hertel sprechen, erweitert um das Wappentier Hennes. Es musste eine Lösung geben, den Geißbock in das Wappen einzubauen.

Hennes II. — Ebenfalls ein Geschenk des Zirkus Williams.

Gut sechs Monate später, im September 1950, präsentierte der Verein sein neues Vereinslogo auf dem Cover der offiziellen Vereinsnachrichten. Hertel hatte den springenden Geißbock außerhalb des kreisrunden Wappens platziert, er richtet sich auf, stützt die Vorderläufe auf die Domspitzen, als spiele er mit der Kathedrale und beschütze sie gleichzeitig. Schnell etablierte sich der Geißbock als Wappentier und ist heute aus dem Logo des 1. FC Köln nicht mehr wegzudenken.

Franz Kremers Plan war aufgegangen. Er konnte zufrieden sein. Er hatte den Beschluss gefasst, Hennes groß zu machen, Hennes zum Wahrzeichen und Wappentier seines Vereins aufsteigen zu lassen. Hennes machte den jungen Verein noch bekannter, seine Existenz sollte so schnell niemand mehr infrage stellen.

HENNES II.
(Amtszeit: 26. November 1966 bis August 1970)

Ist Hennes heilig?

Der Kölner Geißbock steht ganz oben in der Rangliste der beliebtesten Maskottchen. In bundesweiten Abstimmungen landet er immer wieder auf Platz eins – weit abgeschlagen dahinter Gladbachs Pferd Jünter, Schalkes dicknasiger Erwin oder der pelzige Bär Herthinho aus Berlin. (Nimmt die überhaupt jemand wahr oder ernst?)

Aber darf man so weit gehen, dem Kölner Ziegenbock eine Seele zuzusprechen, oder gar behaupten, dass er, ein Tier, nach seinem Tod in den Himmel kommt?

»Natürlich, wohin soll er denn sonst kommen«, sagt der Theologe und Biologe Dr. Rainer Hagencord. Der katholische Priester leitet das Institut für Theologische Zoologie in Münster.

Hagencord kämpft für die Rehabilitierung der Tiere in der Theologie. Denn große Theologen von der Antike bis ins Mittelalter wie Augustinus und Thomas von Aquin lehrten, dass Tiere im Vergleich zum Menschen minderwertige Geschöpfe seien. Für das ewige Leben seien sie nicht geschaffen, weil sie keine unsterbliche Seele hätten, schrieb der bedeutende katholische Kirchenlehrer Thomas in Anlehnung an den griechischen Philosophen Aristoteles.

In der Logik von Kirchenlehrer Augustinus haben Tiere kein Sündenbewusstsein, können sich also auch nicht schuldig fühlen, also auch keinen Willen bezeugen, sich bekehren zu lassen – und wer nicht Objekt der pastoralen Seelsorge sein könne, der sei wie ein Gegenstand zu behandeln, also seelenlos. Viele Philosophen der Aufklärung, wie Descartes oder Leibniz, schlossen sich dieser Meinung an und hielten Tiere für ausbeutbare Automaten.

Ein Urgrund für die schwache Empathie mit den tierischen Geschöpfen besteht sicher in dem tief im Christentum verwurzelten Weltbild, der

Mensch sei die Krone der Schöpfung, das Ebenbild Gottes und das Tier sei irgendwo unter ferner liefen eingeordnet.

»Ein grobes Missverständnis«, erklärt Hagencord. In der Bibel seien Tiere Lehrerinnen und Lehrer der leidgeprüften Menschen. So empfehle Jesus, von den Vögeln im Himmel zu lernen, und Noah habe pingelig darauf geachtet, dass von jeder Tierart jeweils ein Paar die Sintflut überlebte.

Gott sei ein Liebhaber des Lebens, erläutert der Theologe und Zoologe, deshalb segne und liebe er auch die Tiere. »Und nichts, was er geschaffen hat, lässt Gott aus seinen Händen fallen.«

Hagencord fühlt sich da eher dem enthusiastischen Naturapostel und Vogelflüsterer Franziskus von Assisi verbunden, der alle Tiere als seine Geschwister bezeichnet hat – und nicht den strengen Kirchenlehrern Augustinus und Thomas. Die Reihe der Tiere im himmlischen Paradies ließe sich noch endlos fortsetzen. Der heilige Hieronymus im Gehäus soll die beiden Löwen, die ihn umgaben, vegetarisch ernährt haben. Ganz zu schweigen von der paradiesischen Idylle, in der Löwe und Lamm nebeneinander grasen. Der Platz über den Wolken dürfte den Tieren nach biblischer Tradition also sicher sein, schließlich ist auch die Hölle tierlieb, so viele Schlangen wie dort Platz finden.

Theologisch habe die Kirche da einen gewissen Nachholbedarf, sagt auch der Theologe und Tierethiker Peter Kunzmann von der Tierärztlichen Hochschule Hannover. Für viele Menschen sei die Nähe zu Tieren »ein wichtiger Teil ihres Lebens«. Kunzmann empfiehlt, einen neuen seelsorglichen Umgang in der Sorge um Tiere zu finden. Man könne Tierbesitzern nicht sagen: »Das entspricht nicht unserer Tradition, also seid ihr falsch unterwegs, wenn ihr auf Tierfriedhöfen eure Tiergräber pflegt.«

Allerdings gibt es in der heutigen Gesellschaft keine eindeutige Meinung zur Frage, ob alle Tiere über eine Seele verfügen und damit einen Anspruch auf einen Platz im Himmel haben. Auf der einen Seite entstehen immer mehr Tierfriedhöfe mit schmuckvollen Tiergräbern, die von der Trauer der Tierbesitzer erzählen, zugleich werden Tiere in der Fleischindustrie wie grenzenlos auszubeutende Maschinen behandelt.

»Es kann doch nicht sein«, gibt auch Hagencord zu bedenken, »dass nur die Tiere in den Himmel kommen, die von einem Menschen geliebt werden.« Jedes Lebewesen habe einen Wert bei Gott – nicht nur der geliebte Haushund, sondern auch die Lachsforelle im Tiefkühlfach und der Ochse, der als Braten auf dem Teller landet.

Geißbock Hennes würde nie auf dem Teller landen, bestimmt nicht. Und dass Hennes I. bis Hennes VII. im Himmel sind, würden weder ernst zu nehmende Theologen noch Kölner Fußballfans infrage stellen. Die Hennes-Seelen schweben über Köln und besonders über jedem Spiel des FC im Stadion.

Abgesehen davon, lebt Hennes auch nach seinem Tod auf Erden weiter. Solange der Dom steht, solange der FC Fußball spielt, solange Köln existiert, wird es immer wieder einen Ziegenbock geben, der das Amt des Hennes übernehmen wird.

Darf man ihn deswegen aber heilig nennen? Oder zur Heiligkeit berufen? Oder ist das Blasphemie? Heilige Tiere gibt es jede Menge. Heilige Kühe, Katzen, Drachen, Eulen – in vielen Kulturen. Häufig werden sie sogar als Gottheiten verehrt. Schon die Höhlenmenschen malten Mammuts oder Pferde auf die Höhlenwände, um die Götter der Jagd zu beschwören. Pfauen und Phönixe sind im Christentum Symbole für das Paradies, für das ewige Leben und die Auferstehung. Hunde können Wunden heilen, behaupten christliche Legenden, wobei mit Wunden lecken hier eher die Vergebung der Sünden gemeint ist. Jesus selbst wird durch einen Pelikan verkörpert. Und dann tritt als Symboltier schlechthin für den Sohn Gottes das Lamm Gottes auf, das hinwegnimmt die Sünden der Welt.

Sünden? Kann Geißbock Hennes vom Fluch und Albtraum eines verschossenen Elfmeters befreien? Verzeiht er ein Eigentor der Kölner? Hat er Vergebungsvollmacht? Eine theologisch knifflige Frage. Man könnte die Verbindung zwischen Gott und Tier, zwischen den Heiligen und den Tieren, die für die Heiligen stehen, noch lange fortsetzen, angefangen bei den Evangelisten im neuen Testament der Bibel: Markus, der Löwe, Johannes, der Adler und Lukas der Stier – das sind ihre Tierpatronen.

S. 72/73
23. August 2019: FC-Gottesdienst zur Saisoneröffnung im Kölner Dom.

Aber halt, eine theologische Doktorarbeit über die Heiligkeit der Tiere soll diese Geschichte nicht werden. Wir überlassen es den christlichen Zoologen, diese Gedanken weiterzuspinnen und wasserdicht abzuklopfen.

Hennes, das ist unbestritten, verkörpert den 1. FC Köln. Der Geißbock ist das Wahrzeichen des Fußballvereins und der Stadt. Er steht als Realsymbol für seine Existenz. In einer Stadt wie Köln, die den offiziellen und päpstlich abgesegneten Titel Heilige Stadt trägt – oder wie man in Köln sagt »hilliges Kölle« –, ist der Weg zum Hillijen Hennes vorgebahnt.

Hennes ist tot, es lebe Hennes II.

»Zu denen, die die Tabelle der Fußball-Bundesliga mit Akribie studieren, gehören die Kassierer der 18 Vereine, denn es hat sich herausgestellt: Steht die eigene Mannschaft gut, kommen Zuschauer genug, ist jedoch das letzte Drittel der Tabelle Heimat des Vereins, so verweigert das Publikum die Treue.« Das schrieb der *Kölner Stadt-Anzeiger* 1966 nach dem 12. Spieltag der Fußball-Bundesliga. Der 1. FC Köln dümpelte damals im unteren Drittel der Tabelle herum. Zum 1:1 Unentschieden gegen Hannover im eigenen Stadion kamen nur 10 000 Zuschauer.

Das ist mager, wenn man bedenkt, dass zum Saisonauftakt gegen TSV 1860 München über 50 000 Fans dem Verein im ausverkauften Müngersdorfer Stadion zugejubelt hatten. Der erste Spieltag wurde ein Jubelfest. Zunächst begrüßten die Zuschauer ihre Vizeweltmeister Overath, Weber und Hornig. Wolfgang Weber hatte im legendären WM-Endspiel gegen England im Wembley Stadion das wichtige 2:2 geschossen, das dem deutschen Team die Verlängerung ermöglichte, und dann brachte ein Tor die Entscheidung für die Engländer, das kein Tor war. Die Fußballfachwelt ist sich heute einig, dass der Ball beim inzwischen legendären »Wembley-Tor« von der Querlatte auf die Linie tropfte und nicht mit vollem Umfang im Tor war. Aber das ist eine andere Geschichte.

Am 20. August 1966 war in Köln alles für ein großes Fußballfest angerichtet. Die umjubelten WM-Helden, dann ein neuer Trainer, den Präsident

Kremer vom Europapokalsieger Borussia Dortmund nach Köln gelotst hatte und der Willi »Fischken« Multhaup hieß. Dann war auch noch der amtierende deutsche Meister TSV 1860 München zu Gast. Als die Sechziger mit einer 2:0 Schlappe nach Hause geschickt wurden, galt der FC schon als Geheimfavorit für die deutsche Meisterschaft.

Doch es kam alles anders. Die Kölner rutschten ins untere Tabellendrittel ab. Die Saison 1966/67 war geprägt von Umbrüchen, herben Niederlagen, einem Skandal – und dem Tod von Hennes I., dem Wappentier.

Zur Berichterstattung über den zwölften Bundesligaspieltag gehörte auch ein Nachruf auf das Kölner Maskottchen im *Stadt-Anzeiger*. 16 Jahre habe das Glückstier bei allen Heimspielen hinter dem Tor an den Grashalmen gezupft und sich scheinbar nur wenig um das geschert, was sich vor ihm abspielte, so stand es in der Zeitung. »Wenn der Ball zufällig in seine Nachbarschaft kam, trottete er ängstlich aus der Gefahrenzone – so weit, wie es die Lederschnur erlaubte, mit der er an den Pflock gefesselt war. Nun lebt er nicht mehr, der zottelige Geselle«. Aber der Artikel endet nicht mit dem wehmütigen Schlusssatz, sondern verbreitet Hoffnung, in dem er schon einen Nachfolger für das lebende Maskottchen in Aussicht stellt. Carola Williams, die Gattin des verstorbenen Zirkusinhabers Harry Williams, habe dem 1. FC Köln einen neuen Geißbock versprochen, doch der werde wohl auf einen anderen Namen getauft werden, vermutet der Redakteur des *Stadt-Anzeigers*.

Hennes hatte 17 Jahre lang gelebt, für einen Geißbock ein stattliches Alter, aber es ging nicht mehr, Hennes war lahm und fast blind, er hustete stark und litt häufig unter Atemnot, ins Stadion musste er zuletzt fast getragen werden und dann legte er sich auch gleich müde hinter das Tor, anstatt munter an den Grashalmen zu zupfen. Auf Zuraten des Tierarztes beschloss man, den Greis von seinen Qualen zu erlösen – nicht ohne natürlich den Präsidenten vorher gefragt zu haben. Franz Kremer hatte das Tier ins Herz geschlossen, oft ließ er sich mit dem Geißbock an der Leine am Spielfeldrand sehen, besuchte ihn in seinem Stall im Geißbockheim, brachte frische Möhren mit und erkundigte sich nach seinem Wohlergehen.

Und was hatten sie nicht alles mit Hennes erlebt. Den Aufstieg in die Oberliga West, fünf Westdeutsche Meisterschaften, zwei Deutsche Meisterschaften und zweimal hatten sie mit ihm den Westdeutschen Pokal geholt. Immer hatte der Club oben in der Liga mitgespielt, immer war Hennes ein Garant für Erfolge und Spitzenplätze in der Tabelle.

1950 hatte sich in der westdeutschen Fußballszene schnell herumgesprochen, dass der 1. FC Köln ein neues lebendiges Maskottchen hatte. Hennes der Geißbock war in allen Medien präsent, und als der Club sein Glückstier einmal zu Hause ließ, weil den Verantwortlichen die Anreise für den Ziegenbock ins weit entfernte Bielefeld zu beschwerlich erschien, zeigten sich die Bielefelder zutiefst brüskiert, weil sie sich nicht ernst genommen fühlten. Der FC gewann das Spiel auch ohne Hennes mit 2:1.

Danach war der Geißbock zu jedem Auswärtsspiel mitgefahren, zu Beginn direkt im Mannschaftsbus, später dann in einem Anhänger am Bus, der extra für Hennes angefertigt worden war. Auf allen Plätzen wurde das Maskottchen gefeiert, bei einem Auswärtsspiel in Duisburg forderten die Gastgeber in der Pause sogar eine Ehrenrunde des Geißbocks und beim Oberligaspiel in Rheydt überraschte der Rheydter SV den Gast aus Köln mit einer vereinseigenen weiblichen Ziege. Hennes reagierte darauf bockig. Andere Ziegen, ob weiblich oder männlich, ließ er ungern in seine Nähe.

Auch als man ihn für eine kurze Übergangszeit im Kölner Zoo unterbrachte, war er dort nicht gut gelitten, er legte sich sofort mit den Artgenossen an. Umso wohler fühlte er sich im Garten von Wilhelm Siepen in Müngersdorf, wo er sich gern von den Nachbarskindern füttern und streicheln ließ. Siepen hatte ein ganz besonderes Verhältnis zum immer berühmter werdenden Geißbock. Ohne Probleme konnte er zum Beispiel Hennes überreden, zu ihm ins Auto zu springen; da saß er dann vorne im Fußraum des Beifahrersitzes und ließ sich zufrieden durch die Lande schaukeln. 1959 zog Hennes zum Landwirt Peter Filz, der den Geißbock auch zu allen Heimspielen begleitete.

Franz Kremers Coup, den Geißbock als Kölner Markenzeichen aufzubauen, war ein voller Erfolg. Aber das Interesse des Präsidenten an seinem

1966: FC-Präsident Franz Kremer und Hennes II. kurz nach seiner Amtseinführung.

Hennes war nicht nur geschäftlicher Natur, er mochte das Tier, das so eigensinnig sein konnte, das sich von anderen Ziegen nicht beeindrucken ließ und unabhängig von Schmeicheleien seinen eigenen Weg ging.

Wie hatten sie mit Hennes 1960 die Vizemeisterschaft gefeiert, auch daran dachte Franz Kremer, als er davon erfuhr, dass das altersschwache Tier eingeschläfert werden musste. Auf einem Karnevalswagen war er, der Präsident und »Boss«, gemeinsam mit dem Geißbock durch die Stadt gefahren. Die Mannschaft hatte zwar das Endspiel der Meisterschaftsrunde der Oberligen gegen den HSV in Hamburg verloren, wurde aber am Kölner Bahnhof mit großem Hallo und einem Autokorso von der Innenstadt ins Müngersdorfer Stadion empfangen. 30 000 Fans ließen die Fußballer hochleben. Man hatte keine Kosten und Mühen gescheut, den Karnevalswagen in aller Eile aus der Garage zu holen und für den Vizemeister flottzumachen. Für Hennes war ein kleiner Käfig am Fuß eines gigantischen Elefanten aus Pappmaschee eingebaut worden. Hoch oben auf dem Rücken des Elefanten stand Franz Kremer und winkte den Fans zu, unten nickte der Geißbock und ließ sich durch die Gitterstäbe mit kleinen Leckereien füttern.

Auch in die Hochkultur schaffte es der erste Hennes. Der Kölner Bildhauer Hein Derichsweiler fertigte eine lebensgroße Bronzefigur, die heute im Geißbockheim steht. Das Wappentier hat dafür persönlich Modell gestanden. Stolz richtet sich der Geißbock auf, steht auf den Hinterpfoten, man wundert sich über seine Größe, 1,70 Meter. Er scheint Männchen zu machen, obwohl dieser Ausdruck nicht zu Hennes passte, eher streckt er sich, um zu zeigen, was er hat und was er kann. »Seht meine Hörner, habt acht vor mir, wenn ich will, kann ich auch anders«, das demonstriert Hennes – und zugleich tänzelt er auch auf den Hinterläufen, wie ein mutiger Boxer, wie ein Muhamed Ali im Ring. Er hält gekonnt das Gleichgewicht, der nächste Schritt nach vorn ist in der Bewegung angelegt. Den Bock stößt so schnell keiner um.

1960: Hennes I. auf einem umgebauten Karnevalswagen mit Franz Kremer beim Umzug aus Anlass der Vizemeisterschaft.

Der Geißbock im Kölner Stadtwappen

Das Wappentier verdiene es, ins Kölner Stadtwappen aufgenommen zu werden, forderte eine überparteiliche Initiative 2009. Neben den elf Tränen, die für die 11 000 ermordeten Gefährtinnen der Heiligen Ursula stehen, und neben den drei Kronen der Heiligen Drei Könige müsse in Zukunft Hennes seinen Platz auf dem Signet der Stadt Köln haben. Schließlich gebe es auch ein Ross im NRW-Wappen, sagte der Sprecher der Initiative Karl-Heinz Schengenbach. »Tiere in Wappen haben Tradition.« Vom bayrischen Löwen über den Berliner Bären bis zum deutschen Adler ließe sich die Liste der prominenten Wappentiere endlos fortsetzen.

Die Kölner Initiative, die ein Bürgerbegehren zur Einführung von Hennes ins Stadtwappen forderte, legte auch einen grafischen Entwurf vor. Halb aufgerichtet und auf die mittlere Reihe der Ursula-Tränen gestützt, solle der Geißbock seinen Platz im Wappen finden. Über den Vorschlag sollte in einer Ratssitzung abgestimmt werden.

Doch dazu kam es nicht. Eine Kölner Tageszeitung berichtete von den kühnen Entwürfen – am 1. April. Das Ganze war also ein Aprilscherz der Zeitung, dem viele in Köln auf den Leim gingen, denn für sie steht Hennes unhinterfragt in einer Reihe mit den Stadtpatronen, den Heiligen Drei Königen und Ursula mit ihren 11 000 Gefährtinnen.

Oskar, Heinzchen oder Hennes? – Namensfindung

Hennes I. entschlief am 4. November 1966, an einem Freitag. Am Samstag fand das erste Heimspiel ohne ihn statt, ein mauer Fußballnachmittag. Es war schmuddeliges Novemberwetter, kein Vergnügen in einem Stadion, in dem sich nur 10 000 Zuschauer verloren. An anderen Wochenenden kamen mindestens doppelt so viel und zu Spitzenspielen über 50 000, um ihren FC anzufeuern. Aber nicht am 12. Spieltag. Die Leistung der Mannschaft stimmte nicht, zu viele Niederlagen an den vergangenen Spieltagen. Da blieben die Fans lieber zu Hause oder gingen an diesem

1961: Hennes I. im Stadion.

verkaufsoffenen Samstag in die Stadt, um sich mit warmen Winterkleidern einzudecken.

Der junge Hoffnungsträger Heinz Flohe schoss nach gut zwanzig Minuten das 1:0 für den FC und die Spieler glaubten, das knappe Ergebnis über die Runden bringen zu können. Doch Hannover schaffte den Ausgleich. Nichts wurde es mit einem Heimsieg und viele Fans sahen eine Krise auf den Club zukommen. Man hatte sich doch so viel vom neuen Meistertrainer Willi »Fischken« Multhaup versprochen.

Manche malten schon den Teufel an die Wand. Hennes war gestorben. Im Stadion hatte sich das schnell herumgesprochen. Alle empfanden diese schmerzliche Lücke am Spielfeldrand, dort stand er doch bei jedem Spiel, sein Platz blieb leer. Was nun? Ohne das Maskottchen würde vielleicht sogar der Abstieg aus der Ersten Liga drohen, nicht auszudenken, der Meisteranwärter Köln nur noch zweitklassig, eine Katastrophe für den erfolgsverwöhnten Verein.

Also galt es schnell zu handeln. Alles musste getan werden, um den 1. FC wieder flottzumachen, damit die Kugel wieder rollte – und zwar ins gegnerische Tor. »Wir wollen einen neuen Geißbock«, riefen die Fans und dann immer wieder: »Hennes, Hennes, Hennes – wir brauchen dich.«

Heinzchen oder Oskar hätten damals einspringen können. Die beiden Böcke wohnten seit drei Jahren im Stall am vereinseigenen Geißbockheim. Heinzchen war ein Geschenk der Firma Rolli Eiskrem aus Dortmund. Während der Fußballspiele durften Verkäufer der Eisfirma in allen großen Stadien ihre Bauchläden durch die Zuschauerreihen balancieren. »Rolli-Eis. Eis am Stiel«, riefen sie dann laut. Wohl aus Dankbarkeit und Fußballverbundenheit schenkte die Eisfirma dem 1. FC Köln den Geißbock, auf den im Geißbockheim bereits Gesellschaft wartete. Nicht von Hennes, denn das Original fühlte sich auf dem Bauernhof bei Peter Filz zu Hause, sondern von Oskar. Der stattliche Oskar war von dem Schweizer Textilfabrikanten Rudi Koller im pfälzischen Deidesheim ersteigert worden. Der Unternehmer wusste, dass die Kölner eine besondere Beziehung zu Geißböcken haben. Das Team des rheinischen Fußballclubs war schon damals über die Grenzen Deutschlands hinaus als Geißbock-Elf bekannt.

Das passt doch, dachte Rudi Koller und schenkte das schwarz-weiße Tier mit den enormen Hörnern dem Verein.

Warum also nicht einfach Heinzchen oder Oskar zum neuen Maskottchen erklären?

»Auf gar keinen Fall«, sagte Präsident Franz Kremer. Maskottchen seien doch keine Dutzendware. Maskottchen sollten frisch und jung und unschuldig sein, sie müssten in ihre Aufgabe hineinwachsen, gewissermaßen hineingeboren werden. Zudem vermutete Kremer zu Recht, dass es mit Heinzchen und Oskar auch rechtliche Probleme geben könnte.

Die beiden Gäste im Geißbockheim waren viel zu groß, keine Zwergziegen, sondern Riesenziegen. Oskar war sogar verwandt mit der Walliser Schwarzhalsziege, die so groß werden konnte wie ein Pony. Außerdem hatten die beiden Tiere stattliche Hörner, sodass der Deutsche Fußball Bund aus Sicherheitsgründen verbieten würde, diese bockigen »Kampftiere« auf das Spielfeld zu lassen. Nein – eine neue stadiontaugliche Zwergziege musste her.

Der Clubpräsident wollte unbedingt an die Hennes-Historie anknüpfen und rief Carola Williams an, um ihr vom Tod des Glücksbringers zu erzählen. Kremer erreichte seine gute Freundin Carola in Turin, wo der Zirkus gerade gastierte.

»Franz, du kriegst ein neues Zicklein, eine Zwergziege«, versprach die Zirkusinhaberin, »In gut drei Wochen bin ich wieder in Köln und dann gibt's ein neues Maskottchen. Ist doch klar. Da stehe ich doch in der Pflicht.«

Aber wie sollte das Zicklein heißen? Aus der Notiz zum Nachruf von Hennes im *Kölner Stadt-Anzeiger* kann man herauslesen, dass alle von einem neuen Namen ausgingen. Der neue Geißbock werde wohl auf einen anderen Namen getauft werden, vermutete die Zeitung. Denn bei Hennes dachten die Kölner eben nicht nur an den Geißbock, sondern auch an Hennes Weisweiler, den ehemaligen Spielertrainer. Zwischen ihm und Kremer hatte es im Lauf der gemeinsamen Kölner Jahre immer wieder Streit gegeben. Für Weisweilers Geschmack hatte sich der Präsident zu sehr ins Fußballgeschehen eingemischt. Er hatte ungebetene Ratschläge bei der Aufstellung der Mannschaft gegeben und nach verlorenen Spielen hatte er wiederholt öffentlich die taktischen Entscheidungen des Trainers kritisiert. Weisweiler hatte sich von Kremer ständig beobachtet und oft auch bevormundet gefühlt.

Zwei Dickköpfe waren da aneinandergeraten – und so hatte Weisweiler zwei Jahre zuvor den Kölner Club verlassen, um nach einer Zwischenstation bei Viktoria Köln ausgerechnet beim Lokalrivalen Borussia Mönchengladbach anzuheuern. Dann war er gleich im ersten Jahr mit seinem neuen Verein in die Bundesliga aufgestiegen und drohte nun dem FC die Vorherrschaft am Rhein streitig zu machen. Wie sollte da das neue Maskottchen auf den Namen des Rivalen Hennes hören? Das schien ausgeschlossen.

Die Entscheidung, wie der neue Geißbock heißen sollte, fiel an einem Tag im November 1966. Franz Kremer war auf dem Weg vom Geißbockheim nach Hause. Er hatte soeben den jungen Overath in der Geschäftsstelle des Vereins verabschiedet und dachte, während er im Auto durch die Stadt fuhr, noch einmal über ihr Gespräch nach.

Der 23-jährige Mittelfeldspieler Wolfgang Overath stand 1966 vor einer großen Karriere. Bei der WM in England hatte er geglänzt und als Stammspieler die deutsche Mannschaft bis ins Finale geführt. Vereine aus dem Ausland waren auf ihn aufmerksam geworden. Präsident Kremer wollte den ehrgeizigen Spieler unbedingt langfristig an den 1. FC Köln binden und hatte ihm ein attraktives Angebot gemacht, mit dem Overath, der damals schon die Nummer 10 des Regisseurs auf dem Rücken trug, sehr zufrieden war. Er fühlte sich dem Club und Präsident Kremer verbunden und wollte, wenn eben möglich, in Köln bleiben. Kremer war sich sicher, dass es ihm gelungen war, Overath auf Lebenszeit an den Verein zu binden, auch wenn finanzstärkere Clubs aus dem Ausland dem Mittelfeldregisseur größere Geldsummen geboten hatten, als der 1. FC Köln zahlen konnte.

Kremer klopfte zufrieden auf das Lenkrad, er pfiff dabei das Karnevalslied »Am Dom zo Kölle«. Zu Hause würde er gleich bei Hans Schäfer anklingeln, der in eine Einliegerwohnung im gleichen Haus wie die Kremers eingezogen war. Er würde ihn zu sich ins Wohnzimmer bitten, um mit ihm auf die Verpflichtung von Overath anzustoßen und um noch einige Vereinsdinge zu besprechen. Der 2017 verstorbene Hans Schäfer war und

1966: Liselotte Kremer und Hennes II.

Geißbock Echo

26. November 1966 — Nr. 159 — 10. Jahrgang

Wieder ein „Hennes" beim 1. FC...

Im Jahre 1950 erhielt der 1. FC Köln anläßlich einer Karnevalssitzung vom Zirkus Williams als lebenden Talismann einen Geißbock zum Geschenk. Er wurde auf den Namen „Hennes" getauft — Hennes Weisweiler war damals Trainer des 1. FC Köln und stand Pate. Unter dem Namen „Geißbock-Elf" wurde der 1. FC Köln im In- und Ausland bekannt. „Hennes" war die große Attraktion auf vielen Fußballplätzen und Zeuge vieler unvergeßlicher Spiele. Auch andere Vereine haben sich Maskottchen zugelegt, ob Adler oder Pudel ... Geißbock „Hennes" überdauerte sie alle. Nach ihm wurden das schöne Geißbockheim, die Clubzeitung und dies „Geißbock-Echo" benannt, auf Trikots, Nadeln und Briefbogen wurde er verewigt. — Am 4. November 1966 ist „Hennes" in die „ewigen Jagdgründe" eingegangen, die Trauer um ihn, der dem 1. FC Köln mehr als nur ein Maskottchen gewesen ist, war groß. Inzwischen ist ein Nachfolger für „Hennes I." da, wieder machte ihn Frau Carola Williams zum Geschenk, auch der noch kleine und sehr junge Geißbock soll „Hennes" heißen. Wünschen wir „Hennes II.", daß er mit dem 1. FC Köln ebenso schöne Zeiten erlebt wie sein Vorgänger.

◀ Erste Bekanntschaft mit dem Geißbock „Hennes II.", den Frau Liselotte Kremer für den 1. FC Köln in Empfang nahm.

Foto: Karl Lambertin

Allen möglichst vieles bieten...

gut und preiswert, das ist es, womit der Konsum seine Kunden immer wieder überrascht.
Er kann es auch:
denn da, wo modern und rationell produziert und scharf kalkuliert wird, steht der Vorteil immer auf der Seite des Käufers.

Im  kaufen kluge Kunden

ist in Köln eine Fußballikone. Der WM-Held von 1954 hatte seine aktive Karriere ein Jahr zuvor (1965) beendet. Er blieb seinem Club aber treu, als Trainerassistent und Teambetreuer – und Schäfer war froh, mit seiner Familie im Haus von Präsident Kremer zu wohnen. Die beiden fühlten sich eng verbunden, wie Vater und Sohn.

Für seine Zeit nach dem aktiven Fußball hatte Kremer seinem Schützling Schäfer auch einen Job als »Technischer Leiter« beim FC versprochen, 3000 Mark sollte er dafür monatlich bekommen. Als diese Absprache bekannt wurde, meldeten sich zahlreiche Kritiker zu Wort, die mit den Alleingängen und dem autoritären Stil des Präsidenten nicht einverstanden waren. Der Verein war 1966 klamm, die Zuschauerzahlen waren im Vergleich zu den Vorjahren zurückgegangen, teure Spielertransfers hatten große Summen verschlungen und der Bau des neuen Amateur- und Jugendstadions kostete 800 000 Mark. Wegen der Finanzsituation geriet Präsident Kremer zunehmend in die vereinsinterne Schusslinie. Nach außen hin war seine Beliebtheit jedoch ungebrochen. 1966 gab es sogar ein Kölschglas, auf dem er abgebildet war. Eine Ehrung, die in Köln kaum zu toppen ist.

Kremer war sich sicher, dass er mit den Kritikern und Nörglern fertigwurde, er würde den Verein zurück in die Erfolgsspur bringen, und das war doch das beste Argument für die Richtigkeit seiner Entscheidungen. Der Präsident zog gut gelaunt an seiner Zigarre und schloss die Haustür auf. Aus der Wohnung von Hans Schäfer hörte er Stimmen, der Hans war also zu Hause, wie gut, dachte Kremer, dann kann ich ihn direkt fragen, ob er noch zu uns rüberkommt.

Kremer begrüßte seine Frau mit einem Kuss, legte den Mantel ab, stellte die Holzkiste mit den Zigarren auf den Wohnzimmertisch und klingelte dann bei den Schäfers, um Hans zu sich einzuladen.

»Ich bin gleich da«, sagte Schäfer. »Einen Moment.«

Wenig später saßen die beiden am Wohnzimmertisch und schenkten sich Kölsch ein. Kremer zündete sich eine frische Zigarre an, lehnte sich zurück und atmete den Zigarrengeschmack tief ein.

Der Ärger um die Finanzen, die vielen Niederlagen auf dem Platz, der Stress im Verein, das war nicht spurlos an ihm vorübergegangen. Gewiss, er war Ärger gewohnt und konnte einiges wegstecken – aber in letzter Zeit wurde der Druck von außen doch unangenehm. Umso zufriedener war er, dass er Overath hatte überzeugen können, in Köln zu bleiben. Die Mannschaft benötigte einen Neuaufbau und da waren Spieler wie der noch junge Mittelfeldregisseur ungemein wichtig. Kremer war froh, dass ihm dieser Schachzug gelungen war.

»Der Wolfgang bleibt bei uns – und zwar lange«, sagte der Boss nicht ohne Stolz.

»Wie haste das denn wieder gedeichselt? Das wird doch sicher teuer!« Schäfer machte mit den Fingern die bekannte Pinkepinke-Geste und runzelte die Stirn.

»Nee«, winkte Kremer ab, »der Preis ist in Ordnung. Der Wolfgang ist eben ein echter kölscher Jung, der wollte gar nicht weg. Da werden den jungen Kerlen dann Summen in die Ohren geflötet, die sie schwindelig machen, aber das Geld ist eben nicht alles. Hat er auch verstanden. Ist ja ein kluges kölsches Kerlchen, der Wolfgang.«

So unterhielten sich die beiden Freunde auch über andere Spieler, über Wolfgang Weber und diesen neuen, sehr jungen, wie hieß der doch noch gleich? Heinz Flohe. Der sei ihm beim Training besonders aufgefallen, betonte Trainerassistent Schäfer. »Ich sage dir, der hat was in den Beinen, was der jetzt schon mit der Kugel macht, das glaubst du nicht.«

»Flohe? Heinz?«

»Ja, in dem Jung steckt was drin.«

»Gut, merke ich mir.« Und damit war der Name Flohe bei Kremer gesetzt, den würde er demnächst auch zu einem längeren Gespräch in die Geschäftsstelle einladen. Der Präsident nahm einen kräftigen Schluck aus dem Kölschglas. Er war müde, das sah sein Freund Hans ihm an. Vielleicht würde ihn ein anderes, leichtes Thema aufheitern.

»Und was machen wir jetzt mit dem neuen Geißbock?«, fragte Schäfer.

»Das geht alles klar. Carola kommt übermorgen nach Köln. Sie hat schon eine Zwergziege, die sich eignet, ausgeguckt. Nicht so groß wie Oskar und Heinzchen. Wenn alles wie geplant läuft, ist der neue Geißbock beim Spiel gegen Gladbach dabei. Das passt doch.«

Franz Kremer war begeistert von der Idee, dass der Nachfolger von Maskottchen Hennes gegen den Lokalrivalen Mönchengladbach zum ersten Mal im Stadion sein könnte.

»Und der Name? Wie soll das Zicklein denn nun heißen?«, fragte Hans Schäfer und zündete sich eine neue Zigarette an.

»Machste uns noch Schnittchen?« Kremer rief das seiner Frau Liselotte zu, die aber schon geahnt hatte, dass die beiden Männer einen guten Hunger mitgebracht hatten. Mit einem Schnittchenteller kam sie ins Wohnzimmer.

»Käse und Leberwurst. Etwas Warmes gibt es heute Abend nicht mehr«, sagte sie. Liselotte Kremer hatte die Schnittchen liebevoll zubereitet, mit Senf und Gürkchen und einer Salzstange auf den Käsescheiben.

»Geht's gerade um den Geißbock?« Liselotte hatte einige Gesprächsfetzen der beiden Männer aufgefangen. Was das Maskottchen betraf, war sie sehr interessiert, wie es damit nun nach dem Tod von Hennes weitergehen sollte. Ihr Mann hatte schon erzählt, dass Carola Williams eine neue Ziege stiftet. »Wenn es zur Übergabe kommt, kannst du mich dann mitnehmen?«, fragte sie ihren Ehemann. Liselotte liebte Tiere und die seltenen Male, bei denen sie ihren Mann ins Stadion begleitet hatte, hatte sie sich mehr für den grasenden Geißbock am Spielfeldrand begeistern können als für das Fußballspiel.

»Kein Problem. Carola freut sich sicher auch, dich wiederzusehen.«

»Und der Name? Wie soll der neue Geißbock denn nun heißen?« Hans Schäfer wiederholte seine Frage.

In den vergangenen Tagen waren zahlreiche Zuschriften in der Geschäftsstelle des Clubs eingetroffen. Beileidsbekundungen für Hennes, verbunden mit Namensvorschlägen für seinen Nachfolger. Tünnes, solle der heißen, oder Schäl, Heinzel als Abkürzung für Heinzelmann oder Willy in Anspielung auf den großen Willy Millowitsch. Caspar stand auch auf der Liste, König Caspar, einer der drei Heiligen Könige, die im Kölner Dom beerdigt sind. Caspar sei ein griffiger Name, der viel mit Köln zu tun habe, hieß es in der Zuschrift eines FC-Fans. Melchior und Balthasar seien zu sperrig und für einen Ziegenbock unpassend – aber warum nicht Caspar?

28. April 1953: Franz Kremer (links) und Hennes I. bei der Hochzeit von Hans Schäfer und Isis Wolf.

»Einer hat sogar geschrieben, wir sollten das Tier Moby Dick nennen«, berichtete Hans Schäfer.

Franz Kremer musste lachen, sodass er sich fast an seinem Brot verschluckt hätte. »Moby Dick?« wiederholte er. Im Mai 1966 war im Rhein ein vier Meter großer, weißer Belugawal aufgetaucht und hatte für viel Furore gesorgt. Weltweit berichteten die Wochenschauen und Zeitungen vom Wal im Rhein, der schnell einen Spitznamen hatte. Moby Dick wurde er genannt und alle wollten ihn sehen. Rheinlokale mussten wegen Überfüllung schließen, es gab Lollis in Beluga-Form. Komponisten und Dichter besangen den weltberühmten weißen Wal.

»Moby Dick ist ein Wal.« Franz Kremer schüttelte den Kopf. »Das passt nicht. Wollen wir denn mit unserem Maskottchen absaufen. Nee!«

»Und die anderen Vorschläge? Tünnes? Schäl? Heinzel? Willy?«

Franz Kremer war mit diesen Namen nicht zufrieden. Er legte den Kopf in den Nacken und dachte nach, dann sagte er. »Hennes. Wir nennen ihn wieder Hennes. Hennes II.«

»Keine gute Idee.« Jetzt war es Hans Schäfer, der mit dem Vorschlag des Präsidenten nicht einverstanden war. »Wenn Hennes Weisweiler noch bei uns wäre. Wenn er nicht damals so ein Theater gemacht hätte. Wenn er nicht Gladbach trainieren würde – ausgerechnet Gladbach.« Schäfer fielen tausend Gründe ein, warum es unmöglich war, den Nachfolger vom Geißbock-Maskottchen Hennes erneut Hennes zu nennen.

Aber der Name Hennes für den Kölschen Geißbock war inzwischen in der ganzen Welt bekannt, das war eine Marke, ein Erkennungszeichen für den Verein, das tauschte man nicht so einfach aus. Daran musste Franz Kremer denken, der die Einwände seines Freundes durchaus verstand. Was hatte er sich mit Hennes Weisweiler gestritten, mit diesem sturen Bock.

1952 waren sie so aneinandergeraten, dass Weisweiler zum Rheydter SV gewechselt war, für kurze Zeit war er Assistenztrainer von Sepp Herberger geworden. Der Nationaltrainer hatte ihm dann geraten, es noch einmal in Köln zu versuchen. Das ging drei Jahre gut. 1958 war der Club auch unter Weisweiler Westdeutscher Vizemeister geworden. Aber der »Boss« Kremer und »De Boor« Weisweiler, das waren zwei Typen, die nicht miteinander harmonierten. Zwei Sturköpfe stießen aufeinander, zwei Leithammel, die ihr Revier ganz allein für sich beanspruchten – erst recht, wenn der eine dem anderen in sein Fachgebiet hineinredete, und das konnte sich Kremer nie verkneifen. Für ihn blieb Weisweiler ein junger Spund, der ab und an klare Ansagen benötigte. Aber Weisweiler war aus dem Alter des Lehrlings herausgewachsen und selbst ein Meister seines Fachs.

Franz Kremer bezeichnete sich häufig als demokratischen Diktator und dieser Titel hätte auch zu Weisweiler gepasst. Der Vereinspräsident hatte sich sehr geärgert, dass Weisweiler, nach seiner zweiten Trainerzeit beim 1. FC Köln, ausgerechnet zum Lokalrivalen Viktoria Köln gewechselt war, um sich 1964 von dort nach Mönchengladbach abwerben zu lassen. Seine Erfolge mit der blutjungen Gladbacher Mannschaft waren unbestritten.

»Weisweilers Fohlen«, seufzte Kremer, »können tut er ja was, der Hennes, das muss man ihm lassen.« Und dann nickte der Präsident, zog entschlossen an seiner Zigarre und fällte einen Entschluss. Das wollen wir doch mal sehen, dachte er, wer im Rheinland die Nummer eins im Fußball ist. »Hennes bleibt Hennes«, sagte er laut und schlug mit der Faust auf den Tisch. »Hennes bleibt Hennes. Und Hennes ist unser Gleißbock. Ich lasse mir doch nicht vom Weisweiler bestimmen, wie wir unser Maskottchen nennen. Wir nennen ihn Hennes II. Basta!«

»Meinst du das jetzt ernst? Bist du dir sicher?«, fragte Hans Schäfer, der wusste, wie problematisch diese Entscheidung war. Er kannte aber Franz Kremer so gut, dass er auch wusste, sein Einspruch würde ihn kaum umstimmen.

»Bombensicher. Wollen wir dem Weisweiler doch mal zeigen, mit welchem Hennes man weiterkommt. Ein Hennes-Geißbock oder ein Hennes-Trainer.«

Das war typisch Franz Kremer, typisch der Boss. Durch Widerspruch ließ er sich eher anspornen als abschrecken. Wenn er erst einmal entschieden hatte, wo es langgehen sollte, dann fuhr er allen über den Mund, die zu zweifeln und zu zaudern begannen. Dann galt nur noch: »Wird gemacht. Wir tun unser Bestes.«

Mit seiner Entscheidung, dem neuen Geißbock ebenfalls den Namen Hennes zu geben, trotzte er sogar der Vergänglichkeit. Tod und Teufel konnten seinem FC nichts anhaben. »Und nun lassen wir unseren Hennes wiederauferstehen«, sagte er im Tonfall eines Schlussworts. »Beim Heimspiel gegen Gladbach steht er auf dem Platz. Hennes ist wieder da. Hennes lebt.«

Für Hans Schäfer klang das überzeugend. Es war auch egal, ob er nun überzeugt war oder nicht. Gemacht wurde es sowieso. Also war es besser, hinter der Entscheidung seines väterlichen Freundes zu stehen. »Dann lass uns auf Hennes II. anstoßen«, sagte Schäfer. »Prost.«

Sie leerten ihre Gläser in einem Zug, blieben noch eine Weile sitzen und redeten über das Auswärtsspiel am kommenden Wochenende in Karlsruhe, das noch vor dem Heimderby gegen Gladbach stattfand. Dann schickte Kremer seinen Freund Hans Schäfer in die eigene Wohnung.

»Ist gut für heute«, sagte er, »ich lege noch eine Patience und geh danach auch schlafen.«

»Gute Nacht.« Hans Schäfer verabschiedete sich und dachte daran, wie wohl die Fans des Clubs den neuen Geißbock Hennes II. begrüßen würden.

Einige Tage später stand im *Kölner Stadt-Anzeiger* folgende Meldung: »Der neue Geißbock ist da. Gestern kam Carola Williams, Chefin des Circus Williams, von Turin nach Köln und überreichte Franz Kremer das neue Glückstier für den 1. FC Köln. Der Bock gehört zur Familie der Zwergziegen: er ist ein Jahr alt und wird höchstens 75 cm groß. Er fand ein vorläufiges Zuhause im Kölner Zoo. Er wird den Kölner Fußballfans zum ersten Mal beim nächsten Heimspiel gegen Mönchengladbach vorgestellt.«

Auf dem Foto über dem Text hält Liselotte Kremer das Zicklein liebevoll auf dem Arm und lacht. Ihr über die Schulter schauen Carola Williams und Franz Kremer. In dem Text ist noch nicht die Rede davon, dass das neue Glückstier ebenfalls »Hennes« heißen wird. Das stand erst in den FC-Clubnachrichten, die zum Heimspiel gegen Mönchengladbach erschienen.

Die FC-Fans nahmen die Namensgebung gelassen. »Hennes bleibt Hennes. Gut so«, sagten auch sie.

13. August 1960: Hennes I. beim Freundschaftsspiel des 1. FC Köln gegen Real Madrid.

Weniger gelassen nahmen die 23 000 Zuschauer allerdings die Heimniederlage gegen Gladbach. Ihr Verein verlor 1:2. Günter Netzer schoss das entscheidende Tor und machte damit den ersten Bundesligasieg der Gladbacher gegen Köln perfekt.

Die Saison 1966/67 blieb für die Kölner schwierig. Neben vielen Niederlagen und dem enttäuschenden Platz sieben in der Tabelle gab es noch eine heftige Auseinandersetzung zwischen »Boss« Kremer und Vorstandsmitglied Peter Weiand. Viel schmutzige Wäsche wurde da gewaschen. Der Präsident war durch den Kleinkrieg mit Weiand angeschlagen und auch seine Gesundheit spielte nicht mehr mit. Franz Kremer hatte mit Diabetes und Herzbeschwerden zu kämpfen und starb ein Jahr später, im November 1967, an Herzversagen.

Man kann also nicht behaupten, dass das Maskottchen Hennes II. seinem Verein in der ersten Saison viel Glück gebracht hätte. Und ungeduldige Gemüter wären vielleicht in Versuchung geraten, den Geißbock für die Misere verantwortlich zu machen und den Club aufzufordern, ihn zu schlachten. Fußballfans sind ungeduldige Gemüter. Als Köln beim Heimspiel gegen Gladbach in Rückstand geriet, riefen die FC-Anhänger laut: »Aufhören. Aufhören.«

Aber den Kopf von Hennes forderten sie nicht. »Hennes! – Geißbock! – raus!« Diese Rufe hätte man im Lauf der durchwachsenen Saison durchaus erwarten können. Aber nein, die Kölner hielten an ihrem Maskottchen und Glücksbringer fest. Hennes II. wurde für keine Niederlage zur Verantwortung gezogen. Er konnte nichts dafür, er sollte bleiben, wacker an seinem Platz am Spielfeldrand grasen. In Köln schmeißt keiner einen Talisman über Bord. Dafür sind die katholischen Domstädter viel zu gläubig – und eben auch abergläubisch. Und sollten sie nicht recht behalten? Unter Hennes II. wurde der Club 1968 deutscher Pokalsieger und stand auch 1970 im Finale. Hennes IV. war es dann vorbehalten, mit den Kölnern 1978 das Double zu feiern, den Pokalsieg und die deutsche Meisterschaft.

Hennes II. starb viel zu jung, in der Blüte seiner Jahre plötzlich und unerwartet eines gewaltsamen Todes. 1970 war das. Die Kölner schoben das tragische Ende ihres Maskottchens den Gladbachern in die Schuhe. Dabei dachte gewiss niemand an das erste verlorene Heimspiel gegen Gladbach unter Hennes II., oder doch? Vielleicht hängt ja irgendwie alles mit allem zusammen? Wer weiß das schon. Vom Tod des zweiten Hennes-Geißbocks wird noch zu berichten sein, später.

Über die Einführung von Hennes II. berichtet der *Kölner Stadt-Anzeiger*: »Zum erstenmal dabei: Hennes II, das neue Maskottchen des 1. FC Köln, von Clubpräsident Franz Kremer persönlich geleitet. Mit Hennes I. war der 1. FC Köln zweimal Deutscher Meister ...« Der Satz wird im *Stadt-Anzeiger* nicht zu Ende geführt. Drei Punkte deuten an, was der Glücksbringer Hennes II. alles möglich machen könnte, wenn schon Hennes I. für zwei Deutsche Meisterschaften gesorgt hatte.

Hennes II. zog nach seiner Einführung nicht, wie im Artikel des *Kölner Stadt-Anzeigers* behauptet, in den Kölner Zoo, sondern in ein Gehege direkt beim Geißbockheim. Sein Betreuer Günter Neumann sorgte dafür, dass er jedes Heimspiel im Stadion mitverfolgen konnte. Er blieb der einzige Geißbock, der direkt am Geißbockheim gewohnt hat.

Hennes, Spiegel der Kölner Seele – Ein Gespräch mit Stephan Grünewald

Die Kölner lieben ihre Heiligen. Die gehören zur Geschichte und Identität der Stadt. Und dann gibt es das Fußvolk im Vorhof zum Himmel. Also die Kölner, die wie Heilige verehrt werden, Adenauer, Millowitsch natürlich, Tünnes und Schäl, die Heinzelmännchen, das Dreigestirn, ja – und den Geißbock Hennes. Nicht nur FC-Fans verehren ihn. Der Psychologe und Marktforscher Stephan Grünewald vom Rheingold Institut in Köln kennt die Seele der Kölner wie kaum ein anderer. Er hat die Kölner auf seine Couch gelegt. *Köln auf der Couch* heißt auch sein Bestsellerbuch.

Herr Grünewald, Sie schreiben in Ihrem neuesten Buch *Wie tickt Deutschland? Psychologie einer aufgewühlten Gesellschaft*, dass sich in der Wahl von Tieren als Maskottchen eines Fußballvereins das animistische Denken der Vorzeit an die Totemtiere spiegelt. Wie meinen Sie das?

SG: Totemtiere waren verbindende Elemente in den Stämmen. In der Frühzeit fühlten sich alle Mitglieder eines Stammes über die Eigenschaften des jeweiligen Totemtieres verbunden, die Kräfte des Löwen, die Adleraugen des Adlers. Diese verbindenden Kräfte unterschieden die Stammesmitglieder von den anderen Stämmen. Und der Führer, der quasi die Inkarnation dieses Totemtieres war, der ordnete den Stammesangehörigen die Welt und schickte sie in eine wunderbare Zukunft.

Das kennen wir heute noch von den Fußballvereinen. TSV 1860 München hat einen Löwen, der ist stark und schnell. Mönchengladbach hat Fohlen, die sind wild und ungestüm. Eintracht Frankfurt hat einen Adler, der sich in die Lüfte aufschwingt und Adleraugen hat. Und Köln? Köln hat eine Fußballziege. Ziegen sind blöd und störrisch und meckern. Blöde Ziege ist ein saloppes Schimpfwort. Mit einer Fußballziege als Totemtier gewinnt man doch keinen kräftigenden Zusammenhalt und damit auch keine Fußballspiele? Wie erklären Sie sich diese Wahl des Geißbocks als Maskottchen für den 1. FC Köln?

SG: Das Verhältnis der Kölner zum FC ist keines, das immer auf Sieg, Effizienz und Erfolg setzt. Die Kölner träumen natürlich immer, wenn sie zwei-, dreimal gesiegt haben, von der Champions League. Aber sie sind auch froh, wenn dieser Traum weiter genährt werden kann. Mitunter habe ich als Psychologe das Gefühl, die Kölner fühlen sich in der Zweitklassigkeit wohler, weil sie dann mehr gewinnen, weil es dann eine Aufstiegsperspektive gibt und weil dann diese Realitätsbegrenzungen, die man als Kölner Verein in der Ersten Liga hat, nicht drohen. Die vielen Niederlagen, die Abstiegsgefahr – das ist eine ständige Bedrohung für den FC in der Ersten Liga.

Die Ziege passt deshalb zum 1. FC Köln, weil sie so ein schwankendes Tier ist, das diese Doppelbödigkeit in sich trägt. Es gibt die Ziege im

Märchen, die sagt: »Ich bin so satt, ich mag kein Blatt.« Und im nächsten Moment sagt sie: »Ich sprang nur über Gräbelein und fand kein einzig Blättelein.« Das heißt, die Ziege ist so eine Tiergestalt, die mal vorwärts stürmt, dann aber auch wieder sehr verzagt und sehr mickrig ist. Diese ganze Spannbreite greift die Ziege in ihrer Gestalt auf. Also: wir wollen nicht immer erfolgreich sein, sondern manchmal haben wir auch etwas davon, wenn wir meckern, wenn wir stehen bleiben – wenn wir einfach nur träumen, wie es sein könnte.

Vor allen Heimspielen in Köln läuft der Geißbock als Erster vor dem Anpfiff auf den heiligen Rasen auf. Zeugt das nicht auch von viel Humor? Das erste Lebewesen, das vor allen hochbezahlten Ballkünstlern den Rasen betritt, ist eine Ziege?
  SG: Das ist natürlich typisch Köln, eine Stadt, die augenzwinkernd um die Behindertheit der Welt weiß, die sich selbst immer wieder den jecken Status verleiht und sagt: »Jeder Jeck ist anders.« Dass Köln keinen strahlenden Elefanten oder keinen brüllenden Löwen auf das Fußballfeld schickt, sondern diese Ziege, die auch was Lustiges hat, aber andererseits auch etwas Geschorenes ist, das zeugt schon von einer tiefen Menschenkenntnis, aber auch von einer gewissen Demut der Kölner Seele.

Der Geißbock ist in Köln Kult, er hat den Status eines heiligen Tieres in der Heiligen Stadt Köln. Am Kölner Dom ist sein Konterfei in Stein verewigt. Es gibt den Hennes auch als Karnevalskostüm, als Schlüsselanhänger. Im Zoo hat er ein eigenes Gehege, seinen eigenen kleinen Palast. Das ist schon eine nahezu religiöse Verehrung. Ist das nur im katholischen Köln möglich?
  SG: Es gibt aber auch viele Teufelsdarstellungen, wo der Teufel einen Pferdefuß oder einen Ziegenfuß hat. Es ist eine Heiligkeit, die Spielraum lässt für das Allzumenschliche. In meinem Buch Köln auf der Couch *habe ich dieses kölsche Jefühl beschrieben, dass viele Kölner Fußballfans eigentlich ihr Eintrittsgeld für die Zeit kurz vor dem Fußballspiel*

S. 98/99
1. Juni 2005: Hennes VII. besucht mit Betreuer Willi Schäfer das Museum Ludwig.

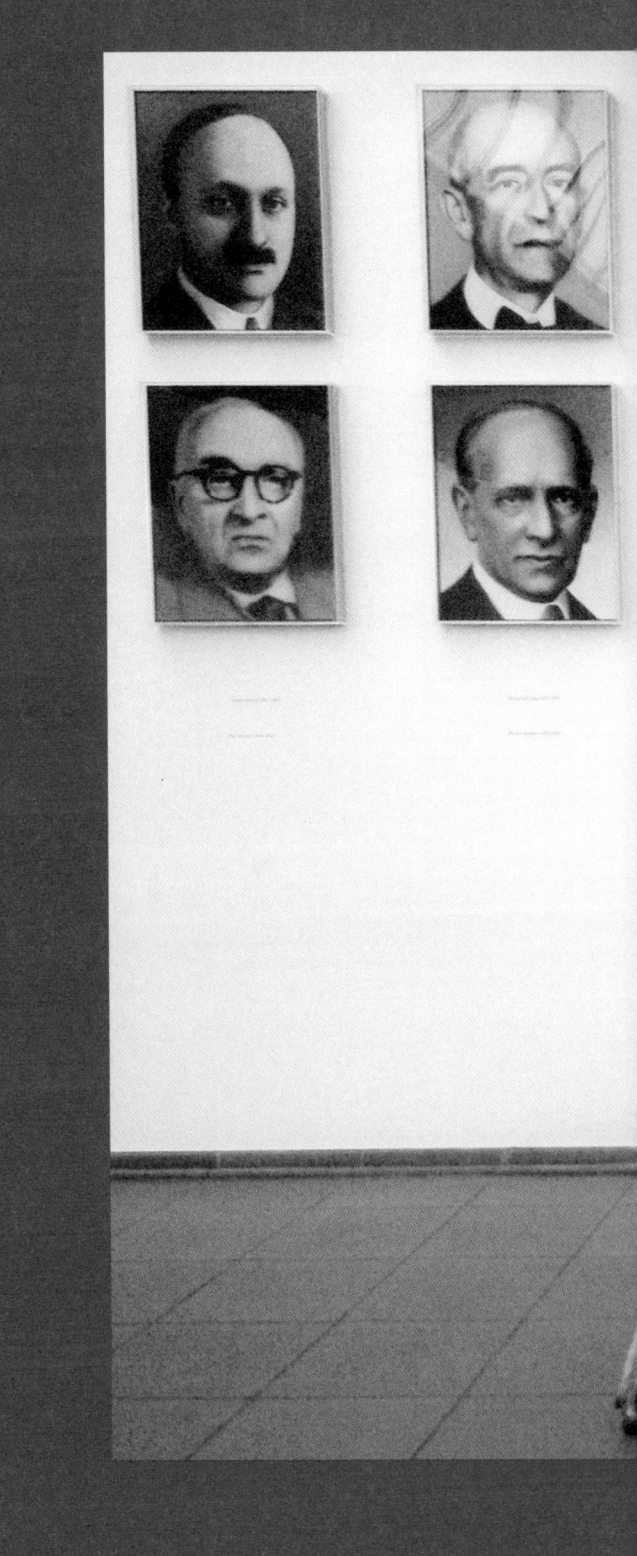

zahlen, also dann, wenn das Spiel noch gar nicht begonnen hat, sondern wenn man gemeinsam singt, sich gemeinsam erhebt und dieses rauschhafte Gemeinschaftsgefühl zelebriert. Das heißt, Fußball ist nicht nur Effizienz und Erfolg, Fußball ist auch »Verzäll«, Bratwurst essen, miteinander klönen und miteinander singen, und das bildet die Ziege alles mit ab.

Die Ziege benötigt als Kultfigur des Vereins auch eine Geschichte, eine Legende. Es gibt viel über Hennes zu erzählen. Im Karneval betrat der Ziegenbock als Maskottchen zum ersten Mal die Bühne. Kurz danach waren die Kölner Fans gar nicht begeistert von der Wahl dieses meckernden Talismans. Sie haben dem damaligen Präsidenten Franz Kremer Briefe geschrieben. Das wollen wir nicht, heißt es in den Briefen, wir machen uns doch lächerlich, wenn wir da mit einer Ziege auflaufen. Erst wollten die Kölner Fans die Ziege nicht und dann verliebten sie sich in den Geißbock. Ist das auch typisch kölsch?

SG: Das ist einerseits typisch kölsch, aber auch sehr menschlich. Wir lieben nicht die Gestalten, die rund und perfekt sind. Vor vielen Jahren haben wir zum Tod von Lady Diana eine Studie gemacht. Das Ergebnis: Lady Diana wurde besonders deswegen von allen Menschen geliebt, weil sie lädiert war, weil sie Unzulänglichkeiten und ihre Macken hatte. Sie war eben nicht die große Prinzipalin, diese strahlende Königin. Und von daher ist es auch im Fußball möglich, dass wir nicht unbedingt die strahlenden Totemtiere lieben, sondern Tiere, die uns mit unserer Unzulänglichkeit versöhnen. Und ich denke, das hat der Geißbock über viele Generationen gut gemacht – und damit erklärt sich auch das Geheimnis seines überragenden Erfolgs vor den vielen Totemtieren in anderen Vereinen.

Der Geißbock ist das einzige lebendige vierbeinige Maskottchen eines Fußballvereins in Deutschland. Es gab andere Vereine, die auch mal ein Maskottchen als lebendes Tier auf den Platz geführt haben. Jetzt gibt es diese ungelenken, eher albernen Plüschtiere mit den übergroßen Köpfen, die auf den Platz wanken – da ist Köln mit seinem weltweit bekannten Hennes etwas ganz Besonderes?

SG: Das ist natürlich ein Ausdruck von Viva Colonia, einer besonderen kölschen Lebensfreude. Köln ist eine Stadt, die einerseits diesen Metropolen-Ehrgeiz hat. Sie will etwas ganz Besonderes, etwas Herausgehobenes sein. Andererseits will Köln aber auch diesen Kaffebud-Charme haben und als Kaffebud ein Ort sein, wo es gemütlich und ungezwungen zugeht, wo man zusammensteht, zusammen klönen kann, wo das Kölsch fließt, wo man am Röggelchen knabbern kann. Das ist natürlich das, was Köln zum Gefühl macht. Diese Lebensfreude, diese Lebendigkeit, die auch im Geißbock weiterlebt.

Vielen Dank, Stephan Grünewald.

Hennes II. ermordet? – Eine Rache der Gladbacher?

Du suchst dir nicht deinen Verein aus, sondern dein Verein sucht dich aus. (Nick Hornby)

Fußball ist die wahre Rückeroberung der Kindheit. (Javier Marias)

Ein Rumoren ging durch das Stadion. Es war der 22. August 1970, in Köln-Müngersdorf fand das erste Bundesligaheimspiel einer Saison statt, die es in sich hatte und mit dem Bundesliga-Skandal 1971 in die Geschichte eingegangen ist. Aber davon soll hier nicht die Rede sein. Sondern vom Geißbock. Denn Hennes II. starb, er wurde keine fünf Jahre alt. Was hatte dazu geführt, dass der noch junge Hennes nicht mehr lebte? Diese Frage beschäftigte die Kölner Fans in diesen Augusttagen.

Zum Auftakt der Saison hatte der FC eine Woche zuvor 1:1 in Bremen gespielt. Ein Auftakt, mit dem die Kölner leben konnten, wenn sie nun das erste Heimspiel gegen Eintracht Braunschweig für sich entscheiden würden. Drei Punkte zum Saisonstart aus zwei Spielen, das wäre nicht schlecht.

Im August 1970 hatte es bereits zwei wichtige Spiele für Köln im DFB-Pokal gegeben, denn wegen der Weltmeisterschaft in Mexiko, die schon am 31. Mai begonnen hatte, wurden die letzten, entscheidenden Pokalrunden erst im Spätsommer ausgetragen. Zweimal hatte der FC gewonnen, das Viertelfinale gegen Mönchengladbach am Bökelberg, ein legendärer Auswärtssieg, und das Halbfinale gegen Aachen. Die Kölner standen also im Endspiel und waren gegen Kickers Offenbach klar favorisiert.

Eine Woche vor dem DFB-Pokalendspiel nun also das erste Bundesligaheimspiel der Spielzeit – gegen Braunschweig. Die Kölner starteten mit einem neuen Trainer in die Saison, dem »Geißbock-Dompteur« Ernst Ocwirk aus Österreich. In der Mannschaft machten zwei vielversprechende junge Neuzugänge von sich reden. Hans-Josef »Jupp« Kapellmann kam aus Aachen und Bernd Cullmann, ein Kölner Eigengewächs, aus Köln-Porz. Im Spiel gegen Braunschweig feierte er sein Bundesligadebut, lieferte ein gutes Spiel ab und schoss sogar sein erstes Tor für die Kölner.

Zum ersten Heimspiel der Saison begleiten wir einen Vater, Otto Päffgen, und seinen zehnjährigen Sohn Hannes ins Stadion. Wie alle Jungs aus seinem Freundeskreis war er ein glühender FC-Fan. Er bewunderte die Profis um Wolfgang Overath und er bewunderte einen zwei Jahre älteren Nachbarsjungen, der sein echt irres Bonanza-Fahrrad mit einem FC-Wimpel an der Lehne des Bananensattels und Geißbock-Aufklebern verziert hatte. Hannes wollte Fußballprofi werden, dann würde er mit dem FC Deutscher Meister werden und könnte sich auch so ein Bonanza-Fahrrad kaufen – natürlich mit FC-Wimpel und Aufklebern. Das waren so seine Träume. »Astrein« oder »echt der Hammer«, wie die Jungs damals zu sagen pflegten.

Hannes hatte die vierte Klasse hinter sich, er stand auf dem Sprung ins Gymnasium. Anfang September begann für ihn die neue Zeit in der neuen Schule. Jetzt genoss er noch die großen Ferien. Ein Höhepunkt in den Ferien war sein erster Besuch im Stadion. Die Eintrittskarte hütete er wie einen heiligen Schatz und schaute sie immer wieder an.

Für jeden Jungen ist das ein großer Schritt ins Erwachsenenleben, fast so bedeutend wie der erste Schultag, die Erstkommunion oder der erste Kuss. Wer als Kind mit dem Vater zum ersten Mal ins Stadion geht, der wird getauft, der bekommt die Farben seines Vereins auf den Leib tätowiert, die wird man nicht wieder los, die bleiben. Den ersten Besuch im Stadion seines Vereins vergisst niemand, den Geruch der Bratwurst, die Gesänge der Fans, die Schweißtropfen der Spieler.

In eine Religion wurde man hineingeboren, waren die Eltern katholisch oder evangelisch, so wurde man auch katholisch oder evangelisch, ebenso war das mit den Farben seines Fußballvereins, die blieben an einem haften, die schüttelte man nicht ab. Einmal FC-Fan, immer FC-Fan hieß das – und der erste Besuch mit dem Vater im Stadion trug zur Geburt dieser Leidenschaft entscheidend bei. Aber was schreibe ich das in der Vergangenheitsform, ist es nicht immer noch so? Hat sich das nicht bewahrt?

Damals, 1970, war Fußball noch reine Männersache. Frauen hatten damit noch nichts am Hut. Unvorstellbar, dass – wie heute – fast ein Viertel der Stadionbesucher beziehungsweise Stadionbesucherinnen Frauen sind.

Den Besuch zum ersten Heimspiel der Saison hatte Hannes zum zehnten Geburtstag geschenkt bekommen, sein sehnlichster Wunsch war es, einmal seine Helden ganz nah zu erleben, den Manglitz im Tor, Weber, Overath und Löhr, die WM-Helden aus Mexiko.

Samstag, der 22. August 1970, war ein grauer Tag, aber zum Glück hatte es aufgehört zu regnen. Die Woche war schlimm gewesen, jeden Tag Regen und Hannes betete Abend für Abend, dass die Sonne am Samstag scheinen möge – wenn bloß der Regen aufhörte. Gott hatte seinen Wunsch nicht vollständig erfüllt, der Himmel blieb grau, aber es war immerhin trocken, da konnten Vater und Sohn ohne lästige Regenklamotten ins Stadion. Hannes hatte seine Eltern überreden können, seine rot-weiße Trainingsjacke anzuziehen. Seine Mutter hatte ihm in Brusthöhe den Geißbock auf die Jacke genäht, das Wappen des FC, das er sich als Aufnäher von seinem Taschengeld gekauft hatte. Dazu trug er einen von Oma Hedi gestrickten weiß-roten Schal, der eigentlich für den Sommer viel zu warm war – aber der Schal musste sein, das stand für ihn fest.

Im Jahr 1970 gab es kaum Fanartikel zu kaufen, Trikots und Schals in den Farben des Vereins gab es noch nicht. Was es gab, war spärlich, Bierdeckel, Wimpel, auch mit einer Halterung als Aufstellwimpel für die Stammkneipe, Aufkleber, Gläser mit dem Vereinslogo und seit zehn Jahren schon: einen Hennes als Spielzeugziege, zunächst aus Plastik mit der Satteldecke des 1. FC Köln über dem Rücken, später dann als Stofftier. In Köln war diese besondere Kuschelziege ein Verkaufsschlager, natürlich hatte auch Hannes seinen Hennes als Stoffziege im Spielzimmer, neben dem Steiff-Teddy Tom und dem Plüschaffen Petermann hatte die Ziege einen Ehrenplatz.

In der Trainingsjacke mit dem aufgenähten Geißbock und mit dem selbstgestrickten Schal fühlte Hannes sich seinen rot-weißen Kölnern besonders verbunden. Er war einer von ihnen, er gehörte zu den FC-Fans dazu, wie stolz ihn das machte! Auf dem Weg zum Stadion hatte er das Gefühl, alle anderen Fans würden ihm wissend zunicken. »Ah, da ist der Hannes, einer von uns Geißböcken«, schienen sie ihm zuzuflüstern. Sein Vater ging – wie die meisten älteren Männer damals auch – im Anzug zum Fußball, Jeans und T-Shirt für erwachsene Männer, das war 1970 noch undenkbar. Die Fußballfans waren viel ernster und benahmen sich nahezu gesittet. Es gab keine Krawalle, Schlägereien oder Feuerwerkskörper, die auf das Spielfeld flogen. Gerufen und gesungen wurde aber – und zwar nicht zu knapp. »Que sera, sera, die Kölner sind wieder da, Deutscher Meister in diesem Jahr, que sera, sera«, sangen die Fans schon vor dem Stadion.

Hannes war sprachlos, als er die vielen Menschen sah, die auf dem Weg zu ihrem FC waren. Über 25 000, so viele Menschen auf einem Haufen hatte er noch nie gesehen. Und sie benahmen sich alles andere als alltäglich. Große Gruppen singender, rufender, fluchender und jubelnder Männer, die gab es sonst nirgends. Für Hannes war das außergewöhnlich, all die Erwachsenen so außer Rand und Band zu erleben. Er staunte – das war alles so anders hier. Auf ihn wirkte das irgendwie magisch, als sei er in einer anderen Welt weit weg von zu Hause, ein großer Raum außerhalb des Alltags, in dem sich alle anders benahmen und den er so noch nie erlebt hatte.

Er hielt sich an der Hand seines Vaters fest. Otto Päffgen hatte seinem Sohn eingeschärft, immer in seiner Nähe zu bleiben. Bis sie auf ihren Stehplätzen waren, mussten sich die beiden ordentlich durch die Menschenmenge drängeln. Sie wollten ganz nach vorn, direkt an die Tartanbahn für die Leichtathleten, die sich um das Spielfeld zog. Hier konnte Hannes am besten sehen und ging nicht im Meer der Erwachsenen unter, die ihm die Sicht versperrt hätten.

Vater und Sohn standen direkt hinter dem Tor der Braunschweiger – und atmeten auf, als sie endlich zwei Plätze gefunden hatten. Otto Päffgen arbeitete als Buchhalter bei Ford. Er hatte gutes Benehmen, wirkte eher nüchtern und streng. Dass er in der Öffentlichkeit laute Sprüche rief oder sogar stimmgewaltig fluchte, war undenkbar – es sei denn, er war im Fußballstadion. Da war er nicht anders als die anderen Fans und ließ sich von der Stimmung mitreißen. Er feuerte sein Team mit großer Leidenschaft an, er fluchte über den Schiri, meckerte und riss die Arme jubelnd in die Höhe, wenn der FC ein Tor erzielte. Inmitten der anderen FC-Fans machte ihm das Freude und gehörte beim Fußball einfach dazu.

Wenn das Mama sehen könnte, dachte Hannes, die kennt Papa so gar nicht.

Und dann liefen die Spieler in langer Reihe und unter tosendem Applaus auf den Rasen. Sie begannen mit ihrem Aufwärmtraining. Hannes konnte sich nicht sattsehen, wie die athletischen Fußballer kurze Sprints einlegten, wie sie hüpften, die Beine anzogen, verschiedene gymnastische Turnübungen absolvierten.

»Wat es met däm Hennes, stemp dat, dat dä kapott es? Stemp dat?«, fragte ein Mann laut. »Weiß das jemand?« Ein Gerücht machte im Stadion die Runde. Auch im Kreis der Männer, die um Hannes und Otto Päffgen herumstanden, wurde darüber gesprochen. Geißbock Hennes II. sei gestorben, hieß es aus unbekannter, aber glaubhaft wirkender Quelle. Hennes habe eines Morgens tot im Stall gelegen.

»Vor Altersschwäche wird der nicht krepiert sein. Esu alt wor dä doch janit«, meinte ein junger Kerl, der eine Fußballkutte trug. Kutte nannte man damals Jeanswesten, die besonders bei jüngeren Fans immer mehr in

Mode kamen und die mit zahlreichen Vereinsaufnähern und bunten Stickern verziert waren. »Der war doch erst fünf. Ziegenböcke werden viel älter. Sein Vorgänger ist 16 Jahre geworden. Da hätte Hennes II. noch lange leben können.«

»M'r verzällt sich, dat se dä verjeftet han«, zischte ein anderer Mann in die Runde und nahm dabei nicht einmal seine Kippe aus dem Mund. »Stemp dat?«

Stimmte das? Die Nachricht, Hennes sei ermordet worden, verbreitete sich wie ein Lauffeuer.

Jetzt drehte sich auch Otto Päffgen zu den Männern um. Hatte er richtig gehört, Hennes II. soll vergiftet worden sein?

»Wer tut denn so etwas? Unseren Hennes vergiften?«, fragte Hannes, der die Unterhaltung ebenfalls verfolgt hatte.

»Ja, wer wohl? Böse Menschen. Gladbacher wahrscheinlich. Die sind böse – böse Menschen«, wiederholte der junge Kerl mit der Kutte. Wütend schwenkte er eine rot-weiße Kölner FC-Fahne, als zeige er den Gladbachern damit seine Waffen, die ihn unbesiegbar machen sollten. Eine Kampfansage gegen den verhassten Verein vom Niederrhein.

»Woher willste das denn wissen?«, fragte sein Nebenmann.

»Habe ich gehört. Sagen hier alle. Die han naachs d'r Stall jeknackt und ä Zucker jefüttert. Klar, der war mit E605 getränkt. Kennt man doch, isso.«

»Dat jlöuv ich nit, es dat wohr?« Ungläubiges Kopfschütteln bei einigen älteren Männern. »Gladbacher dun sujet. Die woren stinkig noh dä Pokalpleit. Dat jit Kasalla (Prügel), wenn m'r die bei d'r Fott krieje!«

Damit spielte der wütende FC-Fan und Hitzkopf auf das dramatische Viertelfinale im DFB-Pokal an. Am Abend des 5. August, an einem Mittwoch, hatten die Kölner das Spiel am Gladbacher Bökelberg knapp mit 3:2 gewonnen. Hannes hatte das Pokal-Derby am Radio verfolgt – heimlich in seinem Zimmer, denn er durfte nicht so lange aufbleiben. Er hatte das kleine Transistorradio in sein Zimmer geschmuggelt, das sein Vater im Sommer im Garten benutzte, um dort im Liegestuhl am Samstagnachmittag die Bundesligakonferenz zu hören.

Aber, verflixt und zugenäht, was war das für ein Spiel. Nach einer halben Stunde waren seine Kölner mit 1:0 durch Hannes Löhr in Führung gegangen. Kurz nach der Pause schoss Berti Vogts für Gladbach das 1:1. Und nach einer Stunde gingen »die Fohlen«, wie die junge Gladbacher Mannschaft damals schon genannt wurde, durch einen Elfmeter in Führung. So ein Mist. Der Kölner Trainer Hans Merkle, er war Anfang August noch im Amt, bevor ihn kurz vor dem Start der Bundesligasaison Ernst Ocwirk ablöste, hatte nach der erneuten Führung der Gladbacher schnell reagiert und den jungen, stürmischen Bernd Cullmann eingewechselt, der sofort für viel Tempo nach vorne sorgte und enormen Schwung ins Kölner Spiel brachte.

Hannes hatte unter der Decke die Luft angehalten und beide Daumen gedrückt – nur noch wenige Minuten. Komm, Köln, komm FC, Köln vor, mach das Tor, hatte er gemurmelt und tatsächlich, drei Minuten vor dem Abpfiff bekam auch Köln einen Elfmeter zugesprochen, den Werner Biskup sicher verwandelte.

Für die Gladbacher Fans war das ein Skandal. Drei Minuten vor Schluss, ein Elfmeter, der, so waren sie überzeugt, keiner war. »Schiebung Schiri«, und: »Pfui. Schieber! Schiri Telefon!«, schrien die Gladbacher Fans. »Schwalbe. Nie, niemals war das ein Elfer.« Laute Pfiffe gellten durch das Bökelberg-Stadion. Aufgebracht beschimpften sie den Schiedsrichter und fluchten über die Kölner. Die Anhänger der Fohlen-Elf hatten sich schon als sichere Sieger gefühlt und dann kurz vor Schluss so ein, ihrer Ansicht nach, total unberechtigter Elfmeter.

Nach neunzig Minuten stand es also 2:2, das hieß Verlängerung. Köln machte das entscheidende Tor in der 93. Minute. »Matthes« Hemmersbach, der unermüdlich auf dem Spielfeld rackerte, war der Torschütze. Vor Freude hatte Hannes die Bettdecke in die Luft geworfen. Aus dem Wohnzimmer hatte er einen Jubelschrei gehört, natürlich verfolgte sein Vater ebenfalls das Spiel – an der Radiokommode mit dem großen Lautsprecher.

Am anderen Morgen weckte ihn sein Vater. »Hannes, stell dir vor, wir haben die Gladbacher geschlagen, wir haben gestern Abend gewonnen.«

Hannes riss die Arme hoch und tat überrascht. »Wirklich. Wie hoch?«

»War knapp. 3:2 nach Verlängerung.«

Fröhlich pfeifend machte sich der Junge auf zum Bolzplatz. Wie fast an jedem Tag in den großen Ferien war er mit seinen Fußballkumpels verabredet und da würden sie heute nur ein Thema kennen. Den Pokalsieg über die Gladbacher. Und den würden sie jetzt auf dem Bolzplatz nachspielen. Zwei Elfmeter. Der Elfmeter für Köln erst drei Minuten vor Schluss, so ein Dusel, es ging in die Verlängerung. Das Bökelberg-Stadion kochte, ein echter Hexenkessel. Aber der Kölner Elfmeterspezialist Werner Biskup hatte sicher verwandelt. Da musste man vor 32 000 überwiegend Gladbacher Fans, die alle laut pfiffen, die Nerven bewahren, Biskup hatte die Nerven bewahrt, Gott sei Dank. Jetzt, da waren sich die Jungs sicher, würden sie auch den DFB-Pokal nach Köln holen.

Für die Gladbacher sah das ganz anders aus. Sie fühlten sich von Schiedsrichter Franz Wengenmayer durch den umstrittenen Elfmeter um den sicher geglaubten Sieg betrogen.

»Sauerei. Der Blindfisch, der hat doch Tomaten auf den Augen«, sagten sie. »Und klar, der Wengenmayer, der kommt doch aus München, der pfeift doch gegen Gladbach, weil die Bayern uns nicht leiden können.« Solche Sprüche hörte man in den Stammkneipen der aufgebrachten Fans vom Niederrhein. »In der Liga werden wir uns rächen. Da könnt ihr was erleben«, schworen die Gladbacher Anhänger. Und die wüsteren Rowdys riefen noch hinterher »Passt auf, ihr kriegt was auf die kölsche Fresse. Wir machen euch platt.«

Nun war Geißbock Hennes plötzlich tot. Man fand das Böcklein zwei Wochen nach dem Pokalspiel morgens leblos im Stall. Kein Wunder, dass gemunkelt wurde, das Tier sei umgebracht worden, womöglich von Gladbacher Fans vergiftet.

Auch die Männer, besonders die jüngeren, die beim Heimspiel gegen Braunschweig neben Otto Päffgen und seinem Sohn standen, hielten dieses Gerücht für glaubhaft.

»Weiß denn jemand etwas Genaueres?«, fragte Otto in die Runde.

»Was heißt hier Genaueres?«, antwortete der junge Kerl mit der FC-Fahne, »die Gladbacher haben nach der Niederlage im Pokal Rache geschworen. Und nun haben sie sich gerächt.«

»Stimmt das, Papa, haben das die Gladbacher Fans wirklich gemacht?«, fragte Hannes.

»Ach, glaube ich nicht. So was machen Fußballfans nicht. Auch wenn sie herumkrakelen …«

»Von wegen«, fuhr ihm sein junger Nebenmann ins Wort. »Ich war beim Pokalspiel am Bökelberg dabei. Wenn Sie erlebt hätten, wie wütend die Gladbacher Fans nach dem Elfmeter und der Niederlage waren. Sie hätten alles für möglich gehalten. Also ich war froh, dass ich danach heil nach Hause gekommen bin.«

»Aber ein Mord an einem unschuldigen Tier?«

»Papa, guck mal, da hinten, da ist er doch, da ist Hennes«, rief Hannes auf einmal aufgeregt und zeigte auf die Trainerbank. Da stand ein Mann, mit einer Schieberkappe auf dem Kopf und an der Leine führte er einen Geißbock.

»Nee, der ist doch viel größer«, erklärte Otto Päffgen seinem Sohn. »Ich glaube, das ist schon der neue Hennes – das ist nicht der alte.«

»Ja, den haben sie von einem Bauern in Widdersdorf. Stand doch letzte Woche groß in der Zeitung. Nach Tod von Geißbock Hennes neuer Hennes gesucht«, wurden Vater und Sohn von einem Fan, der direkt hinter ihnen stand, aufgeklärt.

HENNES III.
(Amtszeit: 22. August 1970 bis Juli 1975)

Habemus Capram

Und so war es auch. Nachdem die Zeitung bekannt gegeben hatte, dass der Geißbock plötzlich und unerwartet gestorben sei, wurde eine neue Ziege gesucht, die in die Fuß- oder besser Hufstapfen des Vorgängers treten sollte. Viele Kleintierbesitzer mit Geißböcken hatten sich gemeldet, doch ausgewählt wurde der Landwirt Wilhelm Schäfer aus Widdersdorf. Er hatte einen jungen Bock aus seinem Stall angeboten, seltsamerweise hörte dieses männliche Tier auf den Namen Lieschen, das spielte aber keine Rolle, denn zukünftig sollte die Ziege ohnehin wieder Hennes heißen.

Wilhelm Schäfer, das heißt sein Bock, bekam dann den Zuschlag, weil der Bauer versprach, sich um Hennes III. ab sofort zu kümmern, ihn zu allen Heimspielen zu fahren und dem Tier auch weiterhin Gastrecht auf seinem Bauernhof zu gewähren. Der Verein hatte davon Abstand genommen, das Maskottchen weiterhin im Stall direkt am Geißbockheim unterzubringen. Zu einsam und zu gefährlich, hieß es. Zu gefährlich? Das hatte sicher mit dem Tod von Hennes II. zu tun. Wie das Tier aber gestorben war, ob und von wem es umgebracht wurde, darüber stand nichts in der Zeitung.

Der Stadionsprecher rief laut: »Lang lebe Hennes III. Ein dreifach Kölle Alaaf auf unseren neuen Geißbock, möge er unserer Elf viel Fortune bringen. Hennes – Alaaf – FC – Alaaf – Kölle – Alaaf.«

Obwohl es August war und Karneval in weiter Ferne lag, hatten die Stadionbesucher kein Problem damit, den kölschen Wortwechsel mit dem Stadionsprecher mitzuspielen. Auch Hannes grölte begeistert mit.

Dann wurde der großzügige Stifter des Tieres, Wilhelm Schäfer, vorgestellt. Der hätte gesagt, dass die Ziege perfekt an der Leine laufe, gute Zähne habe und auch mit dem Ball umgehen könne.

»Perfekt für unseren FC«, rief der Stadionsprecher. »Und das Wichtigste: Wilhelm Schäfer hat versprochen, unserem neuen Hennes alle grauen Haare, die er nach Niederlagen bekommen könnte, sofort auszuzupfen.« Applaus, erneute Alaaf- und Bravo-Rufe kamen aus dem Publikum.

Das also war die Taufe des dritten Geißbocks, eine kurze knackige kölsche Liturgie. Mit dem dreifachen Segen, mit dem dreifachen Alaaf wurde er im Stadion begrüßt und in sein Amt eingeführt.

»Na, also. Habemus Capram«, murmelte Otto Päffgen.

»Was hast du gesagt, Papa?«, fragte Hannes.

»Ach, das sagt man, wenn ein neuer Papst gewählt worden ist. Habemus Papam – und wir haben doch jetzt eine neue Fußballziege. Capra heißt Ziege.«

Nur wenige aufmerksame Zeitungsleser wussten damals, dass Hennes III. womöglich Hennes IV. war. Einer seiner Vorgänger soll Jahre zuvor plötzlich gestorben und vom damaligen Gastronomen im Geißbockheim Heinz Rausch schnell und unbemerkt ersetzt worden sein. Das behauptete der *Kölner Stadt-Anzeiger* in seiner Ausgabe vom 24. August 1970. Eigentlich war es nur eine Notiz in einem Spielbericht zum zweiten Bundesligaspieltag in der Saison 1970/71, mehr nicht. Weitere Quellen und Zeugen, die diese krasse Behauptung stützen, gibt es nicht. Unter Hennes-Experten und FC-Kennern wird diese These für äußerst fragwürdig gehalten.

»Wir begrüßen unsere WM-Helden«, schepperte es jetzt durch die Lautsprecheranlage des Stadions, als die Mannschaften aufs Spielfeld liefen. Nach dem Aufwärmen hatten sich beide Teams, wie es im Fußball üblich ist, zu einer letzten Taktikbesprechung in den jeweiligen Kabinen getroffen. »Unsere WM-Geißböcke. Hier sind Wolfgang Overath, Wolfgang Weber, Hannes Löhr und Manfred Manglitz.« Die vier winkten den Zuschauern zu, wobei Overath es sich nicht nehmen ließ, einen Abstecher zum neuen Hennes zu machen.

Betreuer Wilhelm Schäfer gab ihm auch gleich die Leine. Overath zog das Tier auf das Spielfeld, und nachdem jetzt auch alle anderen Fußballer den Rasen betreten hatten, gingen Overath und Hennes zu den Braunschweigern, als wollten die beiden sagen: Seht euch unseren neuen Glücksbringer an, den jungen Geißbock Hennes III. und überlegt euch, ob ihr überhaupt gegen uns antreten wollt, denn mit unserem Glückstier im Stadion habt ihr ohnehin keine Chance. Overath konnte sich solche Späße leisten, denn der Kölner Regisseur war durch seine überragende Leistung bei der WM in Mexiko zum absoluten Weltstar aufgestiegen und schwebte jetzt schon im Fußballhimmel. Weltweit feierten ihn die Zeitungen als »König von Mexiko«.

Schiedsrichter Ewald Regely aus Berlin wurde langsam ungeduldig. Er ermahnte Overath, endlich die Ziege vom Platz zu führen, der Anpfiff sollte pünktlich erfolgen, die Konferenzschaltung aller Spiele im Radio erlaubte keine Verzögerung. Overath trabte mit dem Geißbock an die Seitenlinie, wo ihm Wilhelm Schäfer auch schon entgegenkam und die Ziege in Empfang nahm.

Wie gebannt sog Hannes alles auf, was sein Held Overath auf dem Fußballplatz machte. Echt super, bombastisch, er war gefesselt. Ja, es stimmte auch, was der Junge in einem Porträt gelesen hatte, Overath bekreuzigte sich vor dem Spiel. In seiner Kindheit war er Messdiener gewesen – genau wie Hannes. Und während der WM in Mexiko war der Fußballer, Training und Terminstress hin oder her, jeden Sonntag in die Kirche gegangen. Overath war wie er – echt fromm und kölsch durch und durch. Sein großes Vorbild. Fast wie ein Heiliger, dem Overath war ein Platz im Fußballhimmel allemal reserviert.

Zur Frömmigkeit des linksfüßigen Zauberers im Mittelfeld gehörte auch ein gewisser Aberglauben, der für Fußballspieler nicht unüblich ist. Für Overath hieß das, den Fußballschuh immer am linken starken Fuß zuerst anzuziehen, sich vor wichtigen Spielen nicht zu rasieren und ein Trikot, in dem er verloren hatte, nicht noch einmal überzustreifen.

Hannes hatte ein Overath-Poster zu Hause an die Wand gepinnt, direkt über sein Bett; dort stand sein Fußballheld – die Hände in den Hüften und sein linker Fuß ruhte auf einem Ball.

Anpfiff. »Von der Elbe bis zur Isar, immer wieder FCK«, sangen die Fans in bester Laune und: »Erster Fußballclub Köln, erster Fußballclub Köln …«

22. August 1970: Hennes III. bei seinem ersten Heimspiel (1. FC Köln gegen Eintracht Braunschweig) mit Wolfgang Overath und Manfred Manglitz.

Die ersten zehn Minuten passierte allerdings nicht viel. Beide Mannschaften wollten ein frühes Gegentor verhindern, das Spiel plätscherte so dahin, sich abtasten, erst einmal gucken, was der Gegner macht – so nennt man das in der Fußballfachsprache.

Hannes und sein Vater Otto hatten genügend Zeit, den neuen Geißbock genauer unter die Lupe zu nehmen. Das Tier graste nicht weit von ihnen – hinter dem Tor. Hennes III. hatte dichtes braunes Haar, seine Beine waren schwarz und er hatte eine helle Nase, die er dann und wann schnuppernd in die Luft streckte, dann zauste der Wind in seinem Ziegenbart. Um seinen Hals trug Hennes ein kleines Glöckchen. Betreuer Wilhelm Schäfer hatte für die neue Glücksziege auch eine neue Satteldecke nähen lassen, maßgeschneidert natürlich. Das rote Tuch mit weißem Rand lag eng auf dem Rücken des Geißbocks, darauf hatte er das Vereinswappen sticken lassen, das den Geißbock als Hennes auswies. Die Decke war ein Unikat, die durfte nur der echte Hennes auf seinem Rücken tragen, das war sein Herrschaftszeichen.

»He, weiß do dann, wie dä Hennes, alsu dä annere Hennes jestove es?«, rief der junge Rabauke, der so lautstark vermutet hatte, dass das Tier von Gladbacher Fans vergiftet worden sei, dem Hennes-Betreuer am Spielfeldrand zu. Ist doch wahr. So eine Gemeinheit sollte nicht vertuscht werden. Viele FC-Fans wunderten sich, warum da nicht bereits die Staatsanwaltschaft ermittelte, das war ein heimtückischer Mord und die Mörder gehörten angeklagt und hinter schwedische Gardinen.

Wilhelm Schäfer wusste Genaueres. Er hatte sich vorher mit seinem Vorgänger, dem Geißbock-Betreuer Günter Neumann getroffen, der ihn in seine neue Aufgabe als Maskottchen-Begleiter bei den FC-Spielen eingewiesen hatte. Zusammen hatten sie eine Zigarette geraucht und auch über das traurige Schicksal von Hennes II. gesprochen.

Bauer Schäfer war ein besonnener Mann, und obwohl er sich wie ein Schneekönig freuen konnte, wenn sein Verein den Derbyrivalen Gladbach besiegte, so fand er doch, dass es zu weit ging, wenn man den Gladbacher Fans unterstellte, dass sie Moped-Hennes, wie Hennes II. wegen seiner Fahrten im Vespa-Anhänger von Neumann genannt wurde, vergiftet hätten.

Für einen Mord durch gegnerische Fans gab es auch keine konkreten Beweise, das war reine Spekulation.

Bauer Schäfer pflockte sein »Lieschen-Hennes« mit einem kleinen Karabiner hinter dem Tor an und begab sich zu den Fans, die mehr von ihm wissen wollten. Er fühlte sich verpflichtet, ihnen die Wahrheit zu sagen, auch um die aufgebrachten Gemüter zu beruhigen. »Bitte!«, sagte er zu dem Dötschkopp, der ihm die Frage nach Hennes II. so frech zugerufen hatte.

»Wie? Bitte? Ich han dich jet wat jefrooch. Maach ens di Muul op!«, schnauzte der Radau-Macher zurück.

»Nun krieg dich mal ein, du Knalltüte«, antwortete Schäfer streng. »Erstens, Tiere haben ein Maul und Menschen einen Mund. Zweitens, wüsste ich nicht, dass wir zusammen im Sandkasten gesessen hätten, also bleiben wir besser beim ›Sie‹, und drittens heißt es: ›Entschuldigung, könnten Sie mir BITTE eine Frage beantworten?‹ Also das üben wir noch einmal.«

Mein lieber Schwan. Was ist das denn für eine Spießer-Type, dachte der junge Krakeler genervt. Er fühlte sich wie von einem Benimmlehrer in der Tanzschule geschurigelt. Da er aber unbedingt wissen wollte, was denn nun Hennes II. zugestoßen war, schüttelte er leicht den Kopf und leierte seine Frage dem Hennes-Betreuer entgegen. »Entschuldigung – ich hätte da eine Frage. Vielleicht können SIE mir weiterhelfen. BITTE. Was iss mit unserem Hennes passiert? BITTE.«

»Geht doch!« Bauer Schäfer war mit dem Ergebnis seiner kleinen Benimmlehrstunde zufrieden und beschloss, den jungen Kerl mit einer Antwort zu belohnen.

»Nä, do stemp nix vun. Do han die Jladbacher nix met zo dun«, sagte er in ruhigem, kölschen Ton.

»Und warum BITTE ist er nun kapott, BITTE – unser Geißbock? Denn dass er abgemurkst worden ist, wollen SIE doch wohl nicht bestreiten. BITTE. Oder?«, bohrte der wütende Jungspund weiter nach.

»Tinnef!«, antwortete Schäfer, »das war ein Schäferhund, der ihn auf dem Gewissen hat. Nachts ist das Viech ins Gehege am Geißbockheim gesprungen und hat das Tier zerfetzt, Jagdtrieb. Do hät unsere Hennes kein Chance jehat. Et muss ävver flott jejange sin, et hät em bestemp nit weh jedon.« Wilhelm Schäfer zog die Schultern hoch, er wisse auch nicht, wem der Schäferhund gehöre. Der sei schon vor einigen Tagen am Geißbockheim gesehen worden, jetzt aber wieder verschwunden.

»Der Tierarzt, der Hennes dann untersucht hat, meinte, dass seien eindeutig Bissspuren von einem größeren Köter, keine Frage.« Deshalb sei es mehr als naheliegend, dass es dieser streunende Hund gewesen sei.

Hannes hatte den Wortwechsel aufmerksam verfolgt, sich dabei ganz eng an seinen Vater gedrückt. Dieser junge Macker mit seinem Geschrei war ihm irgendwie unheimlich.

»Der beruhigt sich gleich wieder«, hatte ihm sein Vater gesagt. »Lass uns mal aufs Spiel gucken. Das ist spannender.«

Allerdings waren es die Braunschweiger, die gefährlich herumwirbelten. Der FC war zwar feldüberlegen, aber die Stürmer der Eintracht, Gersdorff und Ulsaß, spielten ihre Schnelligkeit aus, sie wurden aus der Abwehr mit langen Pässen bedient und konterten immer wieder blitzartig nach vorn. Ein Raunen ging durchs Stadion, als ein scharfer Schuss von Ulsaß mit Affenzahn an den Kölner Pfosten klatschte.

»Mensch, wacht auf«, rief jemand direkt hinter Hannes, der sich auch langsam Sorgen um seine Kölner Mannschaft machte. »Jeff Jas, FC! Die künne doch janix, die mauern! Leck mich en de Täsch!«

Von wegen Mauern. Die Taktik des Gegners ging voll auf. Ohne sich beirren zu lassen, stellten sich die Braunschweiger Löwen konsequent hinten rein und setzten immer wieder Nadelstiche in die gegnerische Hälfte. Den Kölner Spielern fiel nichts ein, um die vielbeinige Abwehr des Gegners zu knacken, da fehlte es an Ideen und auch an der letzten Spritzigkeit. Overath hatte noch keinen seiner genialen Pässe in den Lauf eines FC-Stürmers spielen können.

Sicher lag es auch daran, dass das Pokalhalbfinale am vergangenen Mittwoch gegen Aachen die Kölner ordentlich geschlaucht hatte. Das straffe Programm zeigte bei den strapazierten FC-Kickern Wirkung. Die »Mittwoch-Samstag-Mittwoch-Hatz« machte der *Stadt-Anzeiger* in seiner Analyse am Montag nach dem Braunschweig-Spiel für den eher müden Auftritt der Geißböcke verantwortlich.

Bis zur Strafraumgrenze lief der Ball ganz passabel durch die Kölner Reihen, aber dann war Schluss, es gab kein Durchkommen zum Tor des Gegners. So tat sich in der ersten Viertelstunde vor dem Braunschweiger Gehäuse gar nichts, es gab keinen einzigen Schuss auf das gegnerische Tor – dafür aber immer wieder diese brandgefährlichen Konter. Das konnte ja nur schiefgehen.

Aber dann, ja dann fasste sich der Kölner Heinz Simmet ein Herz und zog unvermittelt aus zwanzig Metern einfach mal ab. Wie ein Strich flog die Lederkugel auf das Tor des Gegners und schlug bombastisch ein. Der Ball war drin, unhaltbar für Tormann Horst Wolter, genannt Luffe.

Luffe wurde Wolter übrigens genannt, weil er in Berlin eine Bäckerlehre gemacht hatte und in Brandenburg die Brötchen damals »Luffe« hießen. Hannes kannte »Luffe« Wolter gut, denn der Torwächter war 1970 hinter Maier und Manglitz der dritte Torwart im WM-Kader von Helmut Schön.

»Ihr könnt nach Hause fahrn, ihr könnt nach Hause fahrn«, sangen die Kölner Fans. Ihnen war es schnurzegal, wie das 1:0 zustande gekommen war. Hauptsache, die Kölner lagen vorne.

Aber statt nach dem 1:0 Druck auf das gegnerische Tor zu machen und konzentriert nachzulegen, kehrte ein gewisser Schlendrian ins Kölner Spiel ein, für den die Diva FC Kölle landesweit bekannt war, sodass der Braunschweiger Erler nur fünf Minuten nach dem 1:0 den Ausgleich erzielte. »Verdammt! Passt doch auf«, die Stimmung der Fans schlug sofort um.

Jetzt war Cullmann am Ball, der blutjunge stürmische Bundesligadebutant Bernd Cullmann, der als einer der wenigen Kölner Spieler hellwach wirkte und rannte, was die Beine hergaben, jetzt zog er ab – aufs Tor. Ein Mordsschuss. Und drin war er. So gelang den Kölnern postwendend, nur drei Minuten später, das 2:1. Riesenjubel im Stadion. Versöhnung mit den eben noch so aufgebrachten Fans. Damit gingen die Mannschaften in die Pause.

In der zweiten Halbzeit kamen die Braunschweiger häufiger aus der Defensive. Ulsaß traf den Pfosten, und als der Kölner Thielen seinen Gegner Gersdorff ungeschickt im eigenen Strafraum von den Beinen holte, verweigerte der Schiedsrichter den Gästen einen lupenreinen Elfmeter. Das

Spiel war auf des Messers Schneide, alles war offen – und die Braunschweiger dem 2:2 näher als die Kölner einem weiteren Tor. Zum Glück und mit viel Fortune markierte Hannes Löhr dann bei einem der wenigen Kölner Angriffe nach einer Stunde das 3:1.

»Puh«, Otto Päffgen atmete nach dem Abpfiff erleichtert auf. »Das hätte auch schiefgehen können. Komm schnell!«, sagte er zu Hannes, »wir gehen zum Kabineneingang. Vielleicht kriegen wir noch ein Autogramm für dich.«

Die meisten Zuschauer wollten nach diesem eher mauen Fußballspiel schnell nach Hause. So konnten sich Vater und Sohn ohne Probleme bis zu den Spielern vordrängeln. Overath war noch einmal, auf Wunsch der Fotografen, zum Geißbock gerannt, sodass die Journalisten von ihm und dem just eingeführten Hennes III. Fotos machen konnten.

Da er schon das Vorgänger-Maskottchen sehr gemocht hatte und dem Tier im Gehege am Geißbockheim dann und wann sogar etwas zu fressen vorbeigebracht hatte, kam Overath dem Wunsch der Fotojournalisten gerne nach. Er streichelte die Ziege und plauderte mit Wilhelm Schäfer. Der Betreuer erzählte ihm, dass Hennes die schlechte Angewohnheit habe, Zigarettenkippen zu fressen, »am liebsten von der Firma Roth-Händle«. Dem Hausmeister des Geißbockheims habe er heute Morgen sogar eine Zigarette, die der noch nicht angezündet hatte, aus den Fingern geklaut und aufgemampft.

»Kann er die Fluppen denn vertragen?«, fragte Overath.

»Keine Ahnung, aber Ziegen haben einen Monstermagen, die können viel verdauen.«

»Vielleicht sollte Hennes Reklame für Kippen machen?«, scherzte der Fußballspieler.

»Nö, Hennes ist nur für den FC da«, sagte der neue Hennes-Betreuer lachend.

»Willste auch mal streicheln?« Schäfer hatte Hannes angesprochen, der mit seinem Vater bis auf das Spielfeld gekommen war. »Komm mal, Junge«, hatte ein Ordner gesagt. »Willst sicher ein Autogramm vom Overath.« Und dann hatte er Hannes auf den Platz gelassen.

»Ich bin der Vater des Jungen«, hatte Otto Päffgen gesagt und durfte seinen Sohn begleiten.

»Herr Overath. Glückwunsch zum Sieg«, sagte Päffgen zum Kapitän der Kölner. Overath nickte. Er wusste, dass das ein überaus glückliches Ergebnis für seinen Verein war. »Solche dreckigen Siege muss man auch einfahren«, fuhr Päffgen fort.

»Iss ja auch das erste Spiel vom neuen Hennes. Den Glücksbringer hatten wir heute nötig.« Overath zeigte auf Hennes III.

Der Braunschweiger Trainer Otto Knefler hatte unmittelbar nach dem Abpfiff etwas Ähnliches zum Fußballreporter des *Kölner Stadt-Anzeigers* gesagt. »Ich bin nicht abergläubisch, aber der neue Geißbock muss den Kölnern geholfen haben«, zitierte der *Stadt-Anzeiger* den Gästecoach am darauffolgenden Montag in der Zeitung.

»Könnten Sie meinem Sohn wohl ein Autogramm geben?«, fragte Otto Päffgen und schob seinen Sohn nach vorne. Hannes konnte vor Aufregung kaum Luft kriegen. Da stand er nun direkt seinem Idol gegenüber – unfassbar. Davon hatte er geträumt, aber nur vage gehofft, dass er seinen Overath wirklich treffen könnte. Für den Fall der Fälle hatte Hannes sich vorbereitet und ein Foto von Overath aus dem Kicker-Fußballmagazin ausgeschnitten. Er reichte dem »König von Mexiko« das leicht zerknitterte Bild und einen Filzschreiber. Mit viel Schwung signierte Overath, schrieb, soweit Hannes das erkennen konnte, sogar seinen Vornamen Wolfgang in voller Länge aus. Und dann fasste sich Hannes ein Herz, er holte Luft, er traute sich was – jetzt war seine Chance.

»Herr Overath«, sagte er, »in Mexiko waren Sie ja echt der Hammer! Glauben Sie, dass wir, ich meine, dass Sie mit Deutschland auch einmal Weltmeister werden können?«

Otto Päffgen zuckte die Schulter. Was sollte der Nationalspieler darauf antworten?, fragte er sich.

Doch der Mittelfeldregisseur zögerte nicht lange und sagte: »Jung. Wir wollen mal sehen, wie das in vier Jahren bei der WM iss. Wenn ich dann fit bin, dann – das verspreche ich dir – holen wir den Cup. Bestimmt!«

Ein kühnes Versprechen war das, aber eines, das sich tatsächlich erfüllen würde. Ab diesem historischen Augenblick war es für Hannes keine Frage, er war sich bombensicher und felsenfest davon überzeugt: 1974 würde die deutsche Mannschaft mit Wolfgang Overath Weltmeister werden. Passiere, was wolle.

An diesem grauen Samstag im August 1970 war Hannes der glücklichste Junge auf der ganzen Welt. Er gab das Foto mit dem Autogramm den ganzen Tag nicht mehr aus der Hand. Unglaublich, er hatte mit Overath über die Nationalmannschaft gesprochen. Der Kölner Fußballstar hatte ihm persönlich ein Autogramm gegeben. Mit dieser Trophäe würde er der Held in seiner Schulklasse sein, und wenn er dann noch erzählte, dass er den neuen Hennes III. persönlich gestreichelt und dazu erfahren habe, wie der Vorgänger des Maskottchens wahrscheinlich ums Leben gekommen war, dann würden die anderen Jungs an seinen Lippen kleben. Hannes beschloss, seine Erlebnisse in seinem Tagebuch aufzuschreiben, damit er bloß nichts vergessen würde.

Unter dem Datum 22 August 1970 notierte Hannes in seinem Tagebuch:

Heute war ich mit Papa im Müngersdorfer Stadion. Da haben wir das Spiel gegen Eintracht Braunschweig geguckt. Die Braunschweiger haben einen Löwen auf ihrem Trikot. Wir haben einen neuen Geißbock. Die Braunschweiger sind die Löwen. Wir sind die Geißböcke. Hennes III. ist unser neues Maskottchen. Der neue Geißbock war auch zum ersten Mal im Stadion. Der andere Hennes ist von einem Schäferhund totgebissen worden. Ein Mann, son junger Rowdy, sagte, dass die Mönchengladbacher den Geißbock vergiftet haben. Das stimmt nicht. Das war ein Schäferhund. Wolfgang Overath ist sehr nett. Er mag den Hennes. Er hat mir ein Autogramm gegeben. Der Overath hat mir auch gesagt, dass wir in vier Jahren Weltmeister werden. Darauf freue ich mich sehr. Hennes wird unserem FC viel Glück bringen. Hoffentlich darf ich bald wieder mit Papa ins Stadion. Dann habe ich auch noch ein Rolli-Eis von Papa bekommen, Papa hat eine Bratwurst gegessen. Die Kölner haben mit 3 zu 1 Toren das Spiel gewonnen. Die Geißböcke sind besser als die Löwen. Das war ein aufregender Tag.

Hennes III. machte in seiner ersten Bundesligasaison seinem Namen als Glückstier alle Ehre. Außer Bayern München gelang es keinem Verein, im Müngersdorfer Stadion zu gewinnen. Auch Erzrivale Mönchengladbach wurde geschlagen: 3:2. (Die Tore für Gladbach schossen Heynckes und Köppel. Für Köln trafen einmal Weber und zweimal Rupp zum 3:1). Doch auf fremden Plätzen (auf denen Hennes nicht dabei war) erwies sich Köln als »launische Diva« vom Rhein, holte nur wenige Punkte und landete am Ende der Saison nur auf Platz sieben.

Wilhelm Schäfer ging als Hennes-Betreuer in die Historie ein. Über 36 Jahre lang kümmerte er sich um das Kölner Maskottchen auf seinem Bauernhof in Widdersdorf. Im Verein war er sehr beliebt. Landwirt Schäfer und der Geißbock – die gehörten in Köln über Jahrzehnte zusammen. In den Anfangsjahren rief »Willi«, wie Wilhelm Schäfer meistens genannt wurde, auch schon einmal ein Taxi, wenn es schnell zum Stadion gehen musste, und nahm den Geißbock Hennes auf dem Beifahrersitz zwischen seine Beine. Überhaupt war Hennes III. ein leidenschaftlicher Autofahrer. Er musste nie lang überredet werden, kaum war die Autotür offen, sprang er hinein.

»Das ist wirklich traurig. Willi war ein Stück FC«, sagte Lukas Podolski, als er im Juni 2006 vom Tod Wilhelm Schäfers erfuhr.

»Jeile Zick« – Wie es ist, Hennes zu sein

Man muss es sehen, man muss es, von dem allgemeinen
Strudel ergriffen, miterleben, um nur daran zu glauben.
(Johanna Schopenhauer über den Kölner Karneval)

Mit Angela Merkel hatte ich nur einen kurzen Kontakt. Die wummernde Musik hatte uns in eine Umarmung gespült, Engtanz, und zwar sehr eng. In der überfüllten Kneipe Anno Pief am Kölner Eigelstein wurde Karneval gefeiert. Rosenmontag, der Zoch war durch und danach ging es in die Kneipe.

Eine Drehung, nein ein Wirbel, »Su lang mer noch am Lääve sin, am Laache, Kriesche, Danze sin …«, und schon stand Merkel plötzlich vor mir, das heißt, sie umarmte mich, was optisch schon eine Sensation war. Die Bundeskanzlerin in inniger Umarmung mit Hennes – dem Kölner Geißbock.

Ich war an meiner Hennes-Haube, Marke »Böckchen«, zu erkennen. Ich hatte zwei Hörner auf dem Kopf. »Hallo Frau Merkel«, rief ich ihr ins Ohr und suchte dabei nach einem passenden Blick. Wie guckt ein staunender Geißbock, wenn er die Bundeskanzlerin trifft? Wie lacht er? Lacht er überhaupt? Ein Ziegenbock lacht eher selten, er meckert. Ich riss die Augen auf, denn eine Ziege hat große Augen, eindrucksvolle dunkle Augen, und schob ihr mein Kinn mit dem Ziegenbart entgegen.

Es war eine Schnapsidee, an Karneval in die Haut des Kölner Geißbocks zu schlüpfen. »Wenn schon, denn schon«, hatten Freunde auf einer Party gescherzt, denen ich von meinem Entschluss erzählt hatte, ein Buch über das FC-Wappentier zu schreiben. Mit Leidenschaft und großen Worten hatte ich von der Hennes-Historie geschwärmt. Hennes sei einmalig, ein kölsches Gefühl, viel mehr als nur ein Maskottchen, ein Spiegelbild der kölschen Seele. »Dann kannst du das ja mal an Karneval ausprobieren«, unkten sie, »das Hennes-Gefühl.«

Aber wie sollte die Verkleidung als Geißbock aussehen? Im Internet stieß ich auf durchaus interessante Kostümvorschläge. Ich war also nicht der Erste und Einzige, der auf diese tierische Verkleidungsidee gekommen war.

Besonders beliebt schien das sogenannte Hennes-Huckepack-Kostüm zu sein. Da streift man sich den Bock wie ein ausladendes zweites Beinkleid über die Hose und schon sieht es so aus, als würde man auf ihm reiten. Die eigenen Beine werden zu Hennes-Vorderläufen, während zwei verkümmerte Stummelbeinchen aus Synthetik über dem Hennes-Rücken baumeln. Auf den leicht debil dreinschauenden Geißbock-Plüsch-Kopf vor sich im Schritt muss man gut aufpassen, damit der im Karnevalsgedränge nicht abgeknickt wird.

Für den Kneipenkarneval, in den ich mich als Hennes stürzen wollte, ist dieses Kostüm komplett ungeeignet. Nicht nur, weil man sich in einer vollgequetschten Kneipe darin kaum bewegen kann, sondern auch, weil

2016: Hennes VIII. im Karneval.

dieses Kostüm in der unteren Körperhälfte stattfindet, und die ist in der wogenden Menge einer überfüllten Gastwirtschaft nicht mehr wahrzunehmen. Außerdem schien es mir unpassend, auf Hennes durch den Karneval zu reiten. Hennes ist kein Reittier, kein Pferd, erst recht kein Esel.

So entschloss ich mich, ein Hennes-Kostüm aus Einzelteilen zusammenzuschustern. Ich kaufte mir ein Hennes-Oberteil, Marke »Böckchen«, mit einer Fellhaube, aus der die beiden Hörner herausragten. Die Haube umschloss meinen Kopf, ließ aber das Gesichtsfeld frei. Ans Kinn klebte ich mir einen langen, schwarzen Hipster-Ziegenbart, gab meinem Gesicht mit Selbstbräuner-Gel einen exotisch anmutenden Ausdruck und rahmte die Augen mit fettem Kajal-Strich. Dazu hängte ich mir einen rot-weißen Schal um den Hals, eine Sonderedition, einen Mitgliederwerbeschal, den ich von einem FC-Freund geschenkt bekommen hatte. »Ich bin ein Geißbock«, stand groß darauf. Damit war die Sache ja wohl klar.

In der überfüllten Kneipe merkte ich, dass es beim Tragen eines Kostüms im Karneval weiß Gott nicht um Bequemlichkeit und Gemütlichkeit geht. Jeder Kostümträger muss eine gewisse Leidensfähigkeit mitbringen. Die mollige Hennes-Fellhaube aus reinster Kunstfaser juckte verdammt und sorgte dafür, dass sich mit großer Wahrscheinlichkeit ein suppiges Schweißbiotop auf meinem Kopf bildete. Nur mit vielen Gläsern Kölsch, die ich durstig in mich hineinstürzte, gelang es mir, den überhitzten Hennes-Kopf auf erträgliche Temperaturen herunterzukühlen.

Einen Vorteil hatte die stabile Kopfbedeckung allerdings, denn so tropfte mir wenigstens nicht das Kondenswasser auf den Scheitel, das sich an der Decke der stickigen Kneipe sammelte – ein sumpfiges Gemisch aus allem, was zum Karneval dazugehört: Biersud, Tabakqualm, Schweiß und Spucke. In der Kneipe herrschte eine Luftfeuchtigkeit wie im Amazonas. Wenn man von draußen kam, aus dem kühlen noch winterlichen Köln, hatte man das Gefühl, es flöge einem ein lauwarmer nasser Waschlappen ins Gesicht.

Zum innigen Kuss kam es zwischen mir und Angela Merkel nicht. Die Frau im Kanzlerinnen-Kostüm hatte sich die Labialfalten, das heißt die beiden tiefen Merkel- oder Marionettenfalten, die sich von den Mundwinkeln nach unten ziehen, ins Gesicht geschminkt und eine Merkelperücke aufgesetzt. (Wo gibt es denn so etwas zu kaufen?) Oder war das ihr Echthaar? Dann war eine Menge Drei-Wetter-Taft beim Toupieren draufgegangen. Die Merkelhaare saßen wie betoniert auf ihrem Kopf.

Bemerkenswert war auch ihr hellblauer Kanzlerinnenblazer, der elegant ihre ausgestopfte Merkelhüfte kaschierte. Bemerkenswert war das Oberteil deswegen, weil zur Verkleidung eine aufwendige Stickarbeit auf der Vorderseite des Blazers eingearbeitet war. Zwei waschecht aussehende Arme und Hände waren dort abgebildet. Wo der Blazer zugeknöpft war, bildeten Daumen und Zeigefinger auf dem Bauch die typische Merkelraute, die keinen Zweifel aufkommen ließ, wer hier vor mir stand.

»Gehst du als Ziege«, fragte sie und schob mir ihren rombisch-ausgestopften Merkelkörper entgegen. Offensichtlich interessierte sich die Kanzlerin nicht für Fußball, sonst hätte sie nicht so dusselig gefragt. Dabei sollte mein FC-Schal doch keine Zweifel aufkommen lassen. Ich war nicht irgendeine Ziege, nicht irgendein blöder Bock, ich war Hennes!, das Kölner Maskottchen!

Zwischenruf. Wichtig! Besonders für Karnevalstouristen! Zum Fastelovend-ABC in Köln gehört eine gewisse und notwendige Vorkenntnis. Denn hinter jedem Kostüm verbirgt sich ein Kostümcode. Das heißt, Stewardessen und Krankenschwestern wollen es wissen und gehen aufs Ganze. Männer sind Spanier, Robin Hood oder Pirat, wenn sie cool etwas bei den Frauen reißen wollen. Piloten und Matrosen sind gleichgeschlechtlich unterwegs und der Lappenclown signalisiert, dass er aus dem Alter für Liebesspiele und -späße heraus ist und nur singen und tanzen will. Diese Konfigurationen sind dann erweiterbar. Biene Maja ist wie Stewardess, fliegt von Blüte zu Blüte. Männer in Uniform mit Schulterlitzen und Silberknöpfen sind auf Männerbekanntschaften aus und ein Lappenclown kann sich auch als Walnuss verkleiden – er signalisiert, erotisch außen vor bleiben zu wollen.

Ich überlegte, welcher Code sich hinter einem Merkel-Kostüm verbergen konnte? Wer will schon mit der Kanzlerin knutschen? Mmmh, irgendwie war mir die Sache nicht geheuer. Stand eine Walnuss vor mir – oder eine Walküre?

Mein Hennes-Kostüm, so redete ich mir Mut zu, war an der Grenze dessen, was noch als coole Verkleidung durchging. Ich fühlte mich darin als leidenschaftlicher und selbstbewusster FC-Fan, denn Hennes war ein Teil von mir. Oder sah ich doch so uncool aus wie eine Tube Elmex? (Aronal und Elmex waren in dem Karnevalsjahr, von dem hier die Rede ist, absolut uncoole Partnerkostüme.)

»Ich bin Hennes«, stellte ich mich der Kanzlerin vor.

»Ja, schön, Hannes, schöner Name«, schrie Merkel mir ins Ohr, »ich heiße Sybille« Pause. Dann sie: »Wolf und sieben Geißlein. Bist wohl eher das Geißlein?«

Missglückter Smalltalk an der Grenze zur Peinlichkeit. Es wurde Zeit, dass ich die offensichtlich ahnungslose Kanzlerin aufklärte: »Hennes! Nicht Hannes. Hennes – der FC-Geißbock. Das Maskottchen«, schrie ich.

Sein Kostüm erklären zu müssen, ist ärgerlich. Ich beschloss, die Kanzlerin zu vergessen, bald würde der taumelnde Menschenkloß in der Kneipe sie wieder verschluckt haben, so etwas ging schnell. Wolf und Geißlein? Sollte das eine billige Anmache sein? Geht gar nicht, dachte ich.

Außerdem meldete sich eine Legion von Körperreflexen in mir, die bei dem Gedanken, Angela Merkel zu knutschen, auf komplette Blockade schalteten. Eine letzte Frage schoss mir durch den Kopf: »Wenn man als Merkel geht, wählst du dann CDU?«, fragte ich.

»Nö, bin ich bekloppt? Immer die Grünen«, sagte die Vorsitzende der Christlich Demokratischen Union in ernstem Tonfall.

Merkel war weg. Über Politik reden wir morgen wieder. Die Musik hatte uns auseinandergespült, die Kanzlerin und mich, wir waren schon wieder auf anderen Planeten unterwegs – und schunkelten mit Rotkäppchen, Einhörnern und Sonnenblumen. Hennes mittendrin. Bob der Baumeister boxte mir in die Seite und eine Nonne taumelte vorbei, ihr glitzernd-rotes Lippgloss großzügig auf andere Kostüme verteilend.

»Nä, wat wor dat dann fröher en superjeile Zick«, der Karnevalsdauerbrenner brachte die Stimmung zum Kochen. Ich schwankte und sprang johlend im heißen Dampfbad der Kneipenhöhle. Die Bewegungen, Arme, Beine, Kopf, konnte ich dabei nur sehr flüchtig steuern, denn wir jecken

Tanzteufel wurden vom hämmernden Sound der Bässe als feiernder Karnevalsklumpen hin- und hergeworfen, eine Choreografie, wie sie kein Tanztheater nachstellen könnte, keiner entkommt dem Schwung der kölschen Karnevalslieder im Straßenkarneval.

Dazu tut der Alkohol seine Arbeit und sorgt im zentralen Nervensystem dafür, alle Bedenken und Hemmungen über Bord gehen zu lassen, die einem sonst das Überleben im Alltag sichern, das heißt dafür sorgen, dass man nicht Gefahr läuft, in die Geschlossene eingeliefert zu werden, wenn man solch ein obskures Verhalten an den Tag legen würde, wie es in einer Karnevalskneipe üblich ist. Aber es ist nicht Alltag, es ist Karneval, nicht umsonst sagt man, dass in den tollen Tagen alle Uhren anders ticken – und man eine Ahnung davon bekommt, wie süß der Kontrollverlust für drei tolle Tage sein kann.

Über meinem Geißbockgehörn schwebte ein Kranz mit zwölf Kölschgläsern. »Nimm dir eins«, ruft mir ein Mann mit auftoupierter Löwenmähne zu. Sein Nebenmann hilft aus und reicht das Kölschglas so geschickt weiter, dass das Bier nicht schon vorher auf Köpfen und Schultern landet. Der sieht aus wie Phil Collins, denke ich, hat er sich als Phil Collins verkleidet oder sieht er immer so aus wie Phil Collins, keine Ahnung.

»Drink doch eine mit, stell dich nit esu an.« Unschlagbar dieses Lied der Bläck Fööss. Die Melodie unendlich traurig, der Text unendlich tröstlich. Alle nehmen sich in die Arme, alle sind beseelt und schwören sich ewige Solidarität, keiner bleibt hier allein, keiner soll einsam an der Theke stehen – geht auch gar nicht, hier ist alles viel zu eng für Einsamkeit.

Merkel war also weg, untergetaucht in der Menge. Sie hatte sich, das konnte ich noch aus der Ferne beobachten, von einem Schlumpf verführen lassen. Die Schlumpfmaskerade war insofern gewagt, als dass sich die für die dicknasige Comicfigur typische knallblaue Farbe, mit der sich das Zipfelmützenwesen flächendeckend bepinselt hatte, in der Kneipe schon in vielen Frauengesichtern wiederfand. Die Schlumpfflecken verteilten sich wie eine ansteckende Krankheit. Aber irgendetwas musste dieser Schlumpftyp haben, dachte ich, sonst hätte er sich nicht so erfolgreich verbreiten können. Man konnte genau sehen, wer schon mit Schlaubi oder Schnuffi (wer erinnert sich noch an die Schlumpfnamen?) engsten Kusskontakt hatte und wie weit dieser Kontakt gegangen war.

Aber was rede ich? Meine Schminkfarbe, mein verschwitztes Selbstbräunergel hatte das gleiche Potenzial, einen bleibenden Eindruck auf einer Frauenwange zu hinterlassen. Warum spiegelte sich mein Farbabdruck noch nicht im Gesicht der Meerjungfrau oder der Charleston-Tänzerin? Ich vermutete, dass es doch an der Unattraktivität des Böckchen-Kostüms liegen konnte. Schließlich sah ich in dieser Verkleidung nicht wie Johnny Depp in *Fluch der Karibik* aus. Obwohl ein Schlumpf …? War ich etwa eifersüchtig auf einen Schlumpf? Überall in der Kneipe sah ich Hexen, Rotkäppchen, Ananasse, Tomaten oder Hippiefrauen, die blaue Schlumpffarbe auf den Backen, Nasen und auch Lippen hatten. Dieses Schicksal ereilte nun auch Angela Merkel, denn statt des gewünschten hungrigen Wolfes hatte sie einen knutschfreudigen Schlürfi-Schlumpf erwischt, der sie nun heißblütig markierte.

Derweil klebte an mir in Schulterhöhe ein Schuhkarton, den ich erst auf den zweiten Blick als bunten Legostein identifizierte. Ein Frauenkopf lugte an der einen offenen Seite aus dem Lego heraus, den ich an den sechs runden Noppen auf dem Kartondeckel als den prominenten Spielzeugklassiker erkannte. »Logo – ein Lego« stand auf der Rückseite. Damit waren letzte Zweifel ausgeräumt.

»Hey, Hennes«, rief Frau Legostein. »Ich bin Sabinelego.« Dass sie mich sofort erkannte, nahm Sabinelego für mich ein.

»Tolles Kostüm, echt cool«, versuchte ich, etwas fantasielos anzudocken.

»Und du wieder auf einem absteigenden Ast, Hennes? Welcher bist du denn? Nummer eins oder ein jüngeres Jahrzehnt«, fragte sie mich schelmisch anlachend. Wollte sie so checken, wie alt ich war?

Mir fiel auf, dass ich mir darüber noch keine Gedanken gemacht hatte. Welcher Hennes war ich eigentlich? Der Hennes der ersten Stunde? Der Hennes, der das Double schaffte? Der Fahrstuhl-Hennes? Oder ganz aktuell der Hennes, der jetzt im Kölner Zoo sein Zuhause hatte.

»Ich bin DER Hennes«, rief ich. Sabinelego schaute mich fragend an. »Na, der ewige Hennes. Einer für alle, alle für einen. DER Hennes!«

23. Januar 2016 – Mitten im Karneval: Hennes VIII. beim Heimspiel gegen den VfB Stuttgart.

Frau Legostein schüttelte lachend den Kopf. Ich hätte länger gebraucht, um ihr zu erklären, warum ich hier als »Geißböckchen« verkleidet herumtanzte. Ihr jetzt zu erzählen, dass ich ein Buch plante und um was es genau in meiner Hennes-Doku-Fiction gehen sollte, war hier in der Kneipe ein Ding der Unmöglichkeit. Es gab nur eine Lösung. Ich nahm Sabinelego in den Arm, denn genau in diesem Augenblick, als sei es abgesprochen und bestellt, erkannte ich die ersten Töne der FC-Hymne, der Hennes-Hymne, mein Lied, das alle Fragen beantworten sollte. »Mer stonn zo dir FC Kölle«.

»Das bin ich – Hennes«, schrie ich, mehr gab es nicht zu sagen. Das Lied schien wie vom lieben Gott geschickt.

Auf einmal stand ich mit meinen seltsamen Plüsch-Hörnern auf dem Kopf im Mittelpunkt der Kneipe – nein, natürlich nicht ich, sondern mein Hennes war der Star des Augenblicks. Von fast allen war ich erkannt worden, und da ich gerade so schön die charmante Frau Lego im Arm hielt, begannen wir, uns selig im Kreis zu drehen. Immer wenn der Refrain »Mer stonn zo dir FC Kölle« mit Karacho aus allen Kehlen mitgesungen wurde, lösten wir uns kurz aus der Umarmung. Ich griff zum FC-Schal an meinem Hals und schwenkte die Vereins-Stola mit beiden Händen hoch über meinem Kopf, so wie das Zehntausende Fans vor jedem Spiel des 1. FC Köln im Stadion tun.

Um uns, also um Lego und Hennes, hatte sich ein Kreis entfesselter FC-Fans gebildet, das heißt, in dieser Kneipe, in dieser Stimmung waren während der FC-Hymne alle – ob Schlumpf oder Lego, ja sogar Frau Merkel – entfesselte FC-Fans, die ihr Glaubensbekenntnis schmetterten. Kölner adoptieren in ihrer Begeisterung für ihre Stadt und den Verein ohne zu zögern jede und jeden, die oder der mitmachen, mitsingen, mittanzen will. Und umgekehrt lässt sich jede und jeder mit großem Vergnügen in diese frohe Gemeinschaft aufnehmen. Diese Zugehörigkeit ist universell und hat etwas ungeheuer Tröstendes.

Die FC-Hymne beginnt vergleichsweise bescheiden, eher langsam, fast schon verträumt. »Freud oder Leid, Zokunft un Verjangenheit / E Jeföhl dat verbingk – FC Kölle / Ov vür ov zoröck – neues Spell heiß neues Jlöck / E Jeföhl dat verbingk – FC Kölle.« Dann wird es flotter, der Song kommt in Schwung, immer mehr Instrumente setzen ein, bis der Refrain wie ein ausbrechender Vulkan alle überwältigt. »Mer stonn zu dir FC Kölle.«

Und obwohl außer mir keiner in der Karnevalskneipe einen FC-Schal dabeihatte, sah ich, wie alle ihre Arme nach oben streckten und im wogenden Gesang mit ihren imaginären Schals winkten.

Und weil das Lied auch eine traurige Note hat, weil es wie jede Liebeserklärung auch schon die Ahnung von Abschied und Abstieg in sich trägt, drückte ich mit dem letzten ausklingenden »Mer stonn zu dir FC Kölle« und dem dann einsetzenden tosenden Applaus und Jubelgeschrei Sabinelego einen Kuss auf die Lippen, den sie sofort erwiderte. Wir mussten uns dabei durch den Lego-Schuhkarton rund um ihren Kopf einen Weg bahnen.

Die Geißbockhörner an meiner Böckchen-Mütze klopften an den Deckel, schabten an dem bunten Legostein und bekamen rote Farbstreifen. Sabine hatte ihren Kartonkopf Gott sei Dank so stabil gebaut, dass er durch unser Kussgewurschtel keinen größeren Schaden zu nehmen schien.

»He, Hennes, machste gut«, pustete sie mir ins Ohr: »Mein Maskottchen.«

»Geißbock hat krasses Glück, Legoglück«, versuchte ich ein Kompliment, das mir nur mäßig gelang, aber sie erkannte meine hehre Absicht und schob mich in einen dunkleren Winkel, wo wir uns ungestörter ineinander verhakeln konnten. Hennes und Lego. Ein Paar wie in einem irren Märchen. Mir fielen zwei Zeilen aus dem Karnevalslied im Hennes-Geburtsjahr 1950 ein, das Lied mit dem Rhein und dem goldenen Wein. Da heißt es: »Er hielt seinen Zauberstab dann über mich, / mit Hokus und Pokus und so, / und eins, zwei, drei wär ich ein munterer Fisch / und schwämme im Rhein irgendwo.« Kein Zweifel, Hennes hatte die Fähigkeit, Momente magisch zu machen. Im Zirkuszelt, im Stadion oder in einer Karnevalskneipe, überall war das möglich.

»Doch hück Naach weiß ich nit, wo dat enden soll.« Was passierte weiter in dieser Nacht? Würden Hennes und Sabinelego noch den Weg in ein gemeinsames Lager oder in ein Himmelbett finden und es zum Beben bringen?

Wer bis fünf Uhr morgens trinkt und springt, wer nicht aufhört, selbst wenn die Luft in der Kneipe kaum noch Sauerstoff hergibt, weil die unermüdlichen Jecken sie wieder und wieder ein- und ausgeatmet und wieder und wieder durch ihre Lungen gepumpt haben, wer dann meint, immer noch genug Luft zu haben, um zu springen und zu singen, der wird spätestens vor der Kneipentür eines Besseren belehrt. An der frischen Nachtluft bekommt er einen Sauerstoffschock. Paff, schlägt die Frischluft in die Birne und löst üblen Schwindel aus. Die vielen Gläser Kölsch, die Hennes in sich hineingeschüttet hatte, werden daran nicht schuldlos gewesen sein. Hennes schwankte. Ich versuchte, ihn aufrecht zu halten, ein torkelnder Geißbock machte keinen guten Eindruck.

Mein »Böckchen«-Oberteil roch wie ein FC-Trikot, in dem Wolfgang Overath seine gesamten 409 Bundesligaspiele ohne Zwischenreinigung absolviert hatte – mit besonderen Duftnoten von etlichen Bierduschen nach Meisterschaftsfeiern und Pokalsiegen. Getrockneter Biersud und Schweiß von hart umkämpften Spielen und Verlängerungen klebten auf meiner Hennes-Haut.

Der Geißbock hielt Sabinelego im Arm, oder sie mich? Oder stützten wir uns beide, fingen uns immer wieder mit unseren Nasen und Mündern auf, die nicht voneinander lassen wollten. In den Ohren dröhnten die Karnevalsmelodien weiter, Kölle alaaf, alaaf, Kölle alaaf … »Da simmer dabei! Dat es priiiiima! Viva Colonia.«

Sabinelego wuschelte noch einmal an meiner Hennes-Haube herum, die sich schon längst nicht mehr gerade auf meinem Kopf befand. Sie zog mich zu sich und küsste nicht nur mich, sondern auch den Geißbock. Hatte ich erwähnt, dass sie Dauerkartenbesitzerin des FC Köln war und schon mit ihrem Vater alle Heimspiele des FC besucht hatte? Ein Geständnis, das sie mir in einer gemeinsamen Zigaretten- und Tanzpause gemacht hatte und das ihre Liebe und Leidenschaft für Hennes und für mich ineinanderfließen ließ.

»Heiliger Hennes«, flüsterte sie jetzt und packte meine beiden Hörner, die schon sehr ramponiert waren.

»Entschuldigung«, sagte ich.

»Wofür das?«, fragte sie.

»Dass ich deinen coolen Legokarton so zerbeult habe.«

Der Karton hatte dann doch einiges abbekommen und war kaum noch als solcher und schon gar nicht mehr als Lego zu erkennen. Es sah aus, als hätte Sabine sich die Pappe irgendwie schräg um den Kopf gewickelt. An der Seite, wo ihr Gesicht herausschaute, war die Kartonwand zerrissen.

»Das warst doch nicht du«, sagte Sabine, »das war er, der da.« Und sie zeigte auf die zerrupft aussehenden Hennes-Plüsch-Hörner.

»Cool Hennes. Danke«, sagte ich, »bist echt das Beste, was dem FC passieren konnte.«

»Darf ich den behalten?«, fragte sie.

»Wen? Was?« Ich kapierte nicht, was sie meinte und wollte.

»Na, den hippen Ziegenbart.«

Erst jetzt sah ich, dass sie meinen schwarzen Hipsterbart in der Hand hielt. Wann sie mir den abgenommen hatte? Ich wusste es nicht. »Klaro, schenke ich dir. Wächst ja schnell nach.« Und dann war Schluss.

Ich fühlte mich wie auf dünnen, schwankenden Ziegenbeinchen und hätte mir gewünscht, sofort in den Winterschlaf zu fallen – bis zum Frühjahr. »Bis zum Frühjahr ist es nicht mehr lang«, das war der letzte Satz, den ich von Sabinelego hörte. Wie ich dann nach Hause gekommen bin, kann ich nur mit Mühe rekonstruieren. Sabinelego habe ich nie wieder getroffen. Wahrscheinlich hätte ich sie auch gar nicht erkannt. Wie sieht ein Lego aus, wenn er kein Lego mehr ist?

In der Nacht darauf haben wir den Nubbel verbrannt. Karneval war vorbei – ich werde Sabinelego nicht vergessen. Von meiner Liebe zur Lego-Frau weiß nur Hennes und der kann schweigen.

HENNES IV.
(Amtszeit: August 1975 bis 13. November 1982)

»Unser Bock ist Meister!«

Hennes Weisweiler wartete auf den Fotografen und er wartete auf Hennes IV., die Glücksziege des 1. FC Köln. Kurz nach dem Abschlusstraining vor dem schweren Auswärtsspiel am 1. Oktober 1977 in Mönchengladbach war der Trainer noch im Müngersdorfer Stadion geblieben. Der *Kölner Stadt-Anzeiger* hatte ihn um ein Foto mit dem Geißbock Hennes gebeten, Weisweiler sollte seinen Namensvetter an die Leine nehmen und sich mit ihm ablichten lassen. Der Termin war schon vor Wochen vereinbart worden; hätte der Trainer geahnt, in welcher Situation er und die Mannschaft sich zu diesem Zeitpunkt befinden würden, hätte er dem Treffen niemals zugestimmt.

Unter dem Foto im *Kölner Stadt-Anzeiger* stand am nächsten Tag: »Hennes Weisweiler führt den Geißbock an der kurzen Leine. Doch auch er konnte ihm bisher nicht seine Kapriolen austreiben. Die ›Geißbock-Elf‹ hat sich nicht geändert. An einem guten Tag kann sie jeden auf die Hörner nehmen, aber wenn es nicht läuft, dann ist sie auch von jedem zu besiegen.«

Hennes Weisweiler war kein Zweifler, kein Grübler, kein unentschlossener Trainer. Er wusste, was er wollte, und er wollte gewinnen, am kommenden Samstag gegen die Fohlen aus Mönchengladbach und gegen seinen Rivalen Udo Lattek, der jetzt die Gladbacher trainierte. Der Lattek hat sich doch in ein gemachtes Nest gesetzt, dachte Weisweiler, das sind doch meine Spieler, alle von mir entdeckt und aufgebaut, mit denen der Schaumschläger Lattek jetzt Spiel um Spiel gewinnt. Weisweiler schnaubte verächtlich, er dachte an die Spieler, die er geprägt hatte, wie ein Vater war er für die Jungs gewesen. Sein Berti Vogts, sein Rainer Bonhof, sein Herbert »Hacki« Wimmer und sein Jupp Heynckes. Ihnen hatte er alles beigebracht, was sie heute auszeichnete.

Natürlich, das war dem Trainerprofessor Weisweiler klar, hatte ihm im Lauf der Jahre auch seine fortwährende Tätigkeit als Dozent an der Sporthochschule Köln geholfen. In den Lehrgängen hatte er Kontakt zu allen Trainern in Deutschland und die hatten ihn häufig auf Talente aufmerksam gemacht, die Weisweiler dann nach Gladbach gelotst hatte. Er wäre ja mit Dummheit gebügelt gewesen, wenn er das nicht ausgenutzt hätte. Schließlich hatten alle etwas davon – er hatte die Entwicklung der jungen Spieler vorangebracht und die Spieler hatten es ihm mit drei Deutschen Meisterschaften gedankt, die seine Fohlen-Mannschaft mit ihm als Trainer auf den Bökelberg geholt hatte.

Jetzt war er nach einer Zwischenstation in Barcelona Trainer beim Erzrivalen 1. FC Köln. Eine mehr als brisante Situation. Ende September 1977 standen die Fohlen aus Gladbach in der Tabelle einen Punkt vor Köln. Aber genau das sollte sich am kommenden Samstag ändern.

Ich werde es dem Großmaul Lattek zeigen, dachte Weisweiler. Für ihn war es auch eine Frage der Ehre, dieses besondere Duell zwischen den Fohlen und den Geißböcken für sich zu entscheiden. Und er hatte auch schon einen Plan für das wichtige Auswärtsspiel ausgetüftelt: Dieter Prestin sollte auf Rechtsaußen spielen, dafür sollte Hannes Löhr zunächst auf der Bank bleiben und Roger Van Gool, der sonst immer über die rechte Außenbahn kam, sollte über die linke Seite stürmen.

Bei der Mannschaft hatte dieser überraschende Schachzug Erstaunen ausgelöst. War das nicht zu viel Verantwortung für den noch unerfahrenen Prestin – in einem Spiel, das für alle Kölner und Gladbacher mehr als nur ein Spiel war? Im Rheinderby gegen Gladbach? Im hitzigen Duell der verfeindeten Clubs?

Wenn Weisweiler gegen seine alte Mannschaft verlor, dann war das viel mehr als eine Niederlage in einem Bundesligaspiel. Der Trainer wusste, dass FC-Präsident Peter Weiand ihm nach dem rabenschwarzen September die Pistole auf die Brust setzen würde.

»Warum haben Sie Cullmann in Porto auf der Bank gelassen«, hatte Weiand Weisweiler nach der Blamage der Kölner in der ersten Runde des Europapokals der Pokalsieger wütend kritisiert. Das war eine Frechheit, dem Trainer taktische Fehler vorzuwerfen. Weisweiler schüttelte den Kopf, als er darüber nachdachte, wie konnte der Weiand es wagen! Das ging eindeutig zu weit.

In den beiden Europapokalspielen gegen Porto hatte der 1. FC Köln schlecht ausgesehen, besonders das Rückspiel in Portugal war eine Katastrophe, eine klägliche 0 : 1 Niederlage nach dem 2 : 2 im Hinspiel. Kein Aufbäumen, kein Kampf bis zur letzten Minute. Die Geißböcke waren sang- und klanglos aus dem internationalen Geschäft ausgeschieden. Ein sportlicher Offenbarungseid und finanziell ein Millionenverlust. Dazu kamen die drei Niederlagen in Folge in der Bundesliga und das Abrutschen auf Platz neun in der Tabelle. »Was ist bloß mit der Mannschaft los«, hatte Weiand den Trainer angepflaumt. Das war in der Tat ein rabenschwarzer September. Weisweiler konnte das nicht leugnen.

Und jetzt das schwere Auswärtsspiel in Gladbach, ausgerechnet in Gladbach ging es für Weisweiler um alles oder nichts.

Der ehemalige Meistertrainer der Fohlen vom Bökelberg schaute ungeduldig auf die Uhr. Wo blieben der Willi und der Geißbock nur? Lange würde er hier nicht warten. Unpünktlichkeit konnte Weisweiler nicht leiden.

Er musste an die Fußballziege denken, diese Geschichte mit dem Geißbock, der vor fast dreißig Jahren nach ihm benannt worden war. Was war das für ein Tag gewesen, damals im Februar 1950. Eine verrückte Karnevalssitzung im Circus Williams, wo der damals noch junge Verein 1. FC Köln mit ihm als Spielertrainer Fastelovend gefeiert hatte.

Als Weisweiler dann, im November 1966, vom Tod des Kölner Geißbocks in der Zeitung gelesen hatte, hatte er mit Erstaunen bemerkt, wie eine gewisse Erleichterung ihn erfüllt hatte, nun war der Spuk mit dem Hennestier endlich vorbei, hatte er gedacht. Er hatte nicht damit gerechnet, dass ihm diese Nachricht doch etwas bedeutet hatte. Wenn er, was selten geschehen war, an Geißbock Hennes gedacht hatte, dann waren ihm all die Streitereien mit Franz Kremer eingefallen, diesem sturen ersten Präsidenten der Kölner, der ja auch die irre Idee ausgeheckt hatte, das Ziegenmaskottchen auf seinen Vornamen »Hennes« zu taufen. Weisweiler war erleichtert gewesen, dass Geißbock Hennes gestorben war, denn nun hatte er auch das Kapitel Kremer endgültig ad acta legen können.

Doch die Kölner hatten ihm damals ein Schnippchen geschlagen. Gehörig hatte er mit dem Kopf geschüttelt, als er dann erfahren hatte, dass die FC-Verantwortlichen das neue Maskottchen, wieder eine Ziege, ebenfalls auf den Namen Hennes getauft hatten. Hennes II. hatten sie das Wappentier genannt. Was war denen denn eingefallen? Aber egal, er hatte sich nicht darüber ärgern wollen. So war das nun einmal, anscheinend hatten die Kölner irgendwie nicht von ihm lassen können und wollen. Weisweiler hatte sich an eine Weisheit erinnert, die ihm Sepp Herberger damals mit auf den Weg gegeben hatte. »Nehme wachsam wahr, wer deine Gegner sind, auf dem Platz und im Verein. Wenn sie unwichtig für deinen Erfolg sind, dann verschwende keine Zeit, mit ihnen zu streiten, sondern umarme sie.« Umarmen? Einen Geißbock? Na, wenn es denn sein musste und der Mannschaft diente, hatte der ehrgeizige Weisweiler gedacht, dann würde er auch eine Ziege umarmen.

Als Hennes I. starb, hatte gerade seine zweite Bundesligasaison mit den Fohlen in Mönchengladbach begonnen. Weisweiler war dabei, eine Spitzenmannschaft zu formen, da dachte er dann auch nicht weiter über den Kölner Geißbock nach. Im Gegenteil, er würde den Kölnern zeigen, wer die Nummer eins im Rheinland war. Da konnte ihm doch der Name eines Ziegenbocks nicht in die Quere kommen. Gewiss, mit Präsident Kremer hatte er noch ein Hühnchen zu rupfen, aber er war sich sicher, dass er aus dem Duell Gladbach gegen Köln als Sieger hervorgehen würde.

Später, als Weisweiler von Barcelona zum FC an den Rhein wechselte, da beherzigte er Herbergers Weisheit und umarmte den Geißbock. »Na Hennes, ich bin wieder da«, soll er sogar beim ersten Heimspiel gesagt haben, als das Wappentier an ihm vorbeigeführt wurde. Seitdem redete er nur freundlich über seinen Namensvetter, er war sich sicher, der Bock würde ihm Glück bringen, Hennes und Hennes, da wuchs doch zusammen, was zusammengehörte.

Weil er diesen Gedanken mochte, hatte er auch dem Fototermin vor dem Auswärtsspiel gegen seine alten Gladbacher zugestimmt; damit setzte er ein Zeichen, jetzt war er Kölner, die Gladbacher Zeit war vergessen, seine Fohlen mussten sich jetzt um sich selbst kümmern, sein Platz war hier – bei der Geißbock-Elf.

Ja, Prestin über links, das war eine kühne Idee, aber »Praline« so der Spitzname des jungen ehrgeizigen Spielers, hatte unglaubliche Fortschritte im Training gemacht. Flink war er, flink wie ein Wiesel. Ideal für ein Konterspiel, denn Gladbach würde zu Hause von der ersten Minute an offensiv stürmen, da mussten die Konter sitzen. Mit überfallartigen Nadelstichen wollte der Trainer seine alten Gladbacher besiegen. Weisweiler war zufrieden mit seiner taktischen Marschroute für das schwere Auswärtsspiel, bei dem es um so viel ging.

Das peinliche Ausscheiden im Europapokal und die drei Bundesliganiederlagen in Folge hatten dem Trainer in den vergangenen Wochen zugesetzt – ihm, der das Verlieren hasste wie der Teufel das Weihwasser.

Weisweiler musste sich eingestehen, dass er die Mannschaft noch nicht im Griff hatte, diese launischen Totalausfälle der Diva, diese Unkonzentriertheiten der Geißbock-Elf, die mangelnde Einstellung, immer alles zu geben – und nicht beleidigt den Spielbetrieb einzustellen, wenn ein Gegentor fiel. Achtzig Prozent würden gegen einen Gegner wie Saarbrücken schon reichen, Saarbrücken, wo ist das überhaupt? Was wollen die gegen uns Kölner schon kamellen?

»Nein, achtzig Prozent reicht eben nicht!«, hatte er seine Spieler nach der 1:0 Niederlage im Saarland angedonnert. Und wie hatte die Mannschaft reagiert? Beleidigt, wie ein kleines Kind. Es folgte gleich danach eine Schlappe gegen Schalke, 2:4 im eigenen Stadion. Das machte Weisweiler wütend.

Als sie dann auch noch beim HSV 0:1 verloren, platzte ihm endgültig der Kragen, was er allerdings nicht nach außen zeigte, da versuchte er ruhig zu bleiben, ein erneuter Wutausbruch würde nichts bringen. Er musste die Mannschaft anders erreichen – und das gelang ihm, indem er sich die Spieler einzeln zur Brust nahm. Besonders Neumann, der Overaths Rückennummer 10 trug und das Spiel von hinten aufbauen sollte. Und »Flocke« Flohe natürlich, dem der Trainer noch mehr Freiheiten auf dem Platz zubilligte.

»Mensch Flohe«, redete er in seinem breiten rheinischen Akzent auf den Ballzauberer ein. »Ich weiß, dass du das kannst. Mach dein Spiel, treib die Mannschaft auf dem Feld an. Scheuch sie nach vorne. Mach Tempo. Lass unsere Jungs am Gegner explodieren.«

Dabei traf Weisweiler genau die richtige Mischung aus strenger Schelte und gutmütigem Zureden. Der Trainer sah sich als Vater für seine Spieler, er verlangte Respekt und Gehorsam, machte den Jungs aber auch Mut und zeigte ihnen, dass man sich auf ihn verlassen konnte.

Eines duldete er allerdings nicht: wenn die Spieler seine Taktik kritisierten – das sollten sie in seiner Hand lassen, da war er der Experte, der die jeweilige Aufstellung der Mannschaft alleine austüftelte.

Overath hatte sich schon in seinen ersten Kölner Wochen immer wieder eingemischt, der hatte gemeint, er wisse einiges besser, der hatte ihn offen vor den Jungs kritisiert. »Trainer, wir müssen die Abwehr stärken, ich benötige für meine Ausflüge nach vorn mehr Absicherung hinten. Trainer, da kommt zu wenig von den Flügeln …« So oder ähnlich hatte der Weltmeister Overath gemeint, dem Meistertrainer Weisweiler Taktiktipps geben zu müssen. Aber das ging eindeutig zu weit, fand der erfahrene Fußballlehrer.

Damit stand der Spielmacher und WM-Held in einer Reihe mit Netzer und Cruyff. Weisweiler sah keine andere Möglichkeit, als ihn kaltzustellen und auszumustern. Wer die Hierarchie und Autorität des Trainers infrage stellte, schadete dem Team. Und so setzte er Overath ab. Weisweiler hatte dem Idol der Kölner nach der ersten Saison als neuer FC-Trainer gesagt, er werde in Zukunft auf Flohe setzen, das sei sein Leitungsspieler und Neumann solle die Zehn bekommen. Für Köln war das ein gewagter Paukenschlag.

Als dieser Plan in der Stadt publik wurde, ging ein Aufschrei durch die Medien – Overath war ein kölscher Jung, ein Leitbild, eine Lichtgestalt für Kölner Fußballfans, den Ballzauberer, Kapitän der Mannschaft und Weltstar schob man doch nicht einfach so beiseite.

Weisweiler hatte mit der Kritik gerechnet und ließ von Anfang an keinen Zweifel daran, dass er bei seinem Entschluss bleiben würde. Verstanden die Knalltüten von Zeitungsfritzen denn nicht, dass Overath ihm die Führungsposition in der Mannschaft streitig machte? In einem Fußballteam konnte es nur einen Leithammel geben, das hatte ihm auch schon sein Lehrer Sepp Herberger eingebimst. Achte immer darauf, dass du die Zügel in der Hand behältst, war einer seiner Grundsätze, es muss immer klar sein, dass gemacht wird, was du sagst, ohne Wenn und Aber.

Danach hatte Weisweiler gehandelt, konsequent. In Mönchengladbach hatte er Günter Netzer beibiegen müssen, dass der gar nicht erst auf die Idee kommen sollte, das Heft in die Hand zu nehmen. Netzer versuchte es trotzdem immer wieder, verlangte Mitsprache bei wichtigen Entscheidungen und dann krachte es. Berti Vogts musste häufig vermitteln, sonst wären die beiden schon viel früher getrennte Wege gegangen.

Zudem beobachtete Weisweiler einen um sich greifenden Kulturwandel im Fußball mit großer Skepsis, um nicht zu sagen Verachtung. Die aufblühende Unterhaltungsindustrie und da in erster Linie der Fernsehglamour verlangte in den Siebzigerjahren immer mehr nach Popidolen mit Playboy-Coolness. Netzer bediente diese Erwartungen mit Bravour. Er sammelte Ferraris und eröffnete eine Disko mit dem Namen *Lovers Lane*. Weisweiler schüttelte darüber den Kopf. Für ihn waren Fußballer Arbeiter und keine Werbeträger für einen neuen Lifestyle. Und die Geldsummen, die den Spielern da in die Ohren geflötet wurden, verdarben doch den Charakter, der erfahrene Trainer wusste, wohin das führte. Auf dem Platz sollten die Spieler zeigen, was sie konnten, und nicht auf der Showbühne posieren – wie dieser George Best, Johnny Rep, Gianni Rivera, Kevin Keagan oder Johan Cruyff.

Johan Cruyff, Weisweiler atmete tief durch, der war ihm als Trainer in Barcelona in die Quere gekommen. Für die damals unglaubliche Rekordsumme von zwei Millionen Dollar war der Holländer 1973 von Ajax Amsterdam nach Barcelona gewechselt, wo er 600 000 Dollar im Jahr verdiente. Cruyff wurde in Spanien zum Inbegriff einer neuen Spezies des coolen europäischen Fußballers. Er kaufte sich eine Finca in Katalonien, fuhr einen Saab Turbo und verkörperte durch sein Design und lässiges Auftreten den modernen internationalen Sportstar.

Gegen dieses Idol vermochte sich Weisweiler nicht durchzusetzen. Auch weil Cruyff die katalanische Mannschaft regierte und dem neuen Übungsleiter, der von Mönchengladbach nach Spanien gewechselt war, keinen Spielraum ließ. Der Holländer fiel ihm fortwährend in den Rücken, schmiedete Intrigen gegen ihn, das merkte Weisweiler schnell. Außerdem fühlte sich der Mann vom Niederrhein in Spanien fremd. Don Hennes nannten sie ihn, wie sich das schon anhörte.

Er erkannte bald, dass er in Barcelona keinen Blumentopf gewinnen konnte. Und doch war ihm der Entschluss, die Stadt zu verlassen, nicht leichtgefallen, er war das Siegen gewohnt. Den Erfolg wollte er auch in Barcelona, aber das wollte nicht klappen.

Umso wichtiger war es für ihn, dass er nun in Deutschland unter Beweis stellte, wie gut er als Trainer war. An Johann Cruyff hatte er sich die Zähne ausgebissen. Das sollte ihm jetzt mit dem Spielmacher Overath nicht noch einmal passieren. Also musterte Weisweiler ihn kurzerhand aus.

Hennes zog durch, was er für richtig hier, auch wenn andere ihn dafür als sturen Bock beschimpften. Dann war er eben ein sturer Bock. Machte er damit nicht auch seinem Namensvetter Hennes, dem sturen Geißbock und Wappentier des FC, alle Ehre? Weisweiler musste schmunzeln, als er daran dachte. Eigensinnig war das Glückstier Hennes zweifelsohne. Einst hatte man versucht, den ersten Originalhennes für einige Wochen im Kölner Zoo unterzubringen. Für die Ziege sollte es eine Art Erholung sein, ein Urlaub unter Artgenossen. Während der Bundesliga-Spielbetrieb im Sommer ruhte, sollte es der Ziege im Zoo gut gehen.

Dieses Vorhaben scheiterte mit Pauken und Trompeten, weil Hennes sich im Zoo mit allen anlegte. Oder anders gesagt, weil im Zoo ein zweiter sehr dominanter Geißbock längst sein Revier abgesteckt hatte. Hennes sollte sich dem unverschämten, blöden Bock unterordnen, das wollte und konnte er nicht – er attackierte die anderen Ziegen und die Tierpfleger, bis er nach wenigen Tagen befreit und in das Freigehege im Dünnwalder Tierpark umquartiert wurde. Hier fühlte sich Hennes wohler, hier war kein dominanter Rivale, hier hielt er es für einige Urlaubswochen aus. Da hat er auch sein Cruyff-Erlebnis gehabt, dachte Hennes, der Trainer, und verzog sein Gesicht zu einem Grinsen.

Mit dem Overath, auch so ein Platzhirsch, war er fertig. Die große Abschiedsgala mit dem Abschiedsspiel am 17. Mai 1977 hatte Weisweiler noch einmal deutlich gemacht, wie sehr ihn seine Entscheidung, den Spielführer und Spielmacher Overath abzusetzen, unter Erfolgsdruck setzte. Wenn es ihm nicht gelang, den FC in Richtung Deutsche Meisterschaft zu steuern, würden seine Kritiker es sich nicht nehmen lassen, den Trainer zum Buhmann zu erklären – und wahrscheinlich sogar darauf pochen, den Overath zurückzuholen.

Beim Abschiedsspiel hatten die 60 000 Fans im ausverkauften Müngersdorfer Stadion laut skandiert: »Wolfgang, du darfst nicht gehen.« Die Geißbock-Elf war gegen die deutschen Weltmeister von 1974 angetreten. Overath spielte eine Halbzeit bei den Kölnern, wechselte in der Pause das Trikot, um danach für die Weltmeister-Elf aufzulaufen.

Während des Spiels hatte sich der Münchner Torwart und Weltmeister Sepp Maier den Spaß erlaubt, Hennes an der Leine in sein Tor zu führen und ein wenig mitspielen zu lassen. Das heißt: Hennes lief im Torwartgehäuse neugierig auf und ab. Overath und die Fans amüsierte das köstlich. Und als die Zuschauer immer wieder laut »Hen-nes, Hen-nes« riefen, meinten sie ganz sicher nicht ihren Trainer Weisweiler, sondern ihr munteres Wappentier, das ebenso zu Köln gehörte wie ihr Lieblingsspieler Overath. Dieses leidenschaftliche Bekenntnis der Kölner zu ihrem Spielmacher mit der Nummer 10 hatte den Druck auf Weisweiler ein weiteres Mal erhöht. Er war der Königsmörder, ihn würden sie mit Geschrei aus dem Stadion jagen, wenn der Erfolg nun ausblieb. Sie würden sagen: Wie kann man nur einen Gladbacher zurück nach Köln holen, ausgerechnet einen Gladbacher! Der hatte sich doch selbst verbrannt, indem er all die Jahre beim Erzfeind am Niederrhein gecoacht hatte.

Der Fußballprofessor Weisweiler nahm die Herausforderung an. Er dachte dabei auch daran, dass sie ihn früher in Köln »Bauer« genannt hatten, als wollten sie ihn spüren lassen, dass er der Junge vom Dorf war; typisch kölsch, dieser Snobismus.

Sein Verhältnis zur Domstadt hatte eine lange Geschichte. Als junger Trainer hatte er in Köln begonnen und einige Erfolge gefeiert. Gleich nach der Vereinsgründung 1948 hatte Weisweiler einen großen Anteil daran, dass der Verein steil nach oben marschierte. Er dachte auch daran, dass er damals sogar für die Kölner gestorben war. Na ja, beinahe gestorben. Aber mehr konnte man doch für seinen Verein nicht geben als sein ganzes lebendiges Leben. Im ersten Jahr nach der Vereinsgründung war das gewesen. Damals war er noch als Spielertrainer für den FC aufgelaufen und hatte gegen Rhenania Würselen einen Schädelbruch erlitten. Eine böse Sache, ein Kopfballduell, bei dem er zu Boden ging und hart aufschlug. Bewusstlos hatte man ihn vom Platz getragen.

Die *Neue Rhein-Zeitung* hatte daraufhin in ihrer Montagsausgabe gemeldet. »Wir trauern um den sympathischen Sportler Hennes Weisweiler, der seinen schweren Verletzungen erlegen ist.« Aber sie hatten die Rechnung ohne seinen Dickschädel gemacht. Er lebte und er erholte sich vergleichsweise schnell. Damals hatte er die Todesnachricht ausgeschnitten und sich übers Bett gehängt, was konnte ihm jetzt noch passieren, wenn er schon einmal gestorben war. Aufstehen, immer wieder aufstehen, bis zur letzten Minute kämpfen, schlafen können wir, wenn wir tot sind, und tot sind wir noch lange nicht. So spornte er auch seine Spieler an.

Dass es auch ohne Overath ging, hatte Weisweiler dann im DFB-Pokalendspiel am 28. Mai 1977 nach der Abschiedsgala des Weltmeisters beweisen wollen. Das Finale gegen Hertha Berlin in Hannover hätte der letzte große Auftritt des Regisseurs mit der Nummer 10 werden können. 1:1 endete die erste Partie am Pfingstsamstag, ein Wiederholungsspiel musste entscheiden. Die Geißböcke gewannen zwei Tage später knapp mit 1:0. Gott sei Dank, das hatte geklappt. Overath war danach stinksauer, dass der Trainer ihn um dieses letzte Spiel und diesen letzten Erfolg gebracht hatte.

Endlich, da kam der Fotograf, gemeinsam mit dem Hennes-Betreuer Willi Schäfer, der den Geißbock an der Leine hinter sich herzog. Hennes IV. betrat nur widerwillig den Rasen. Was sollte er auch in einem leeren Stadion auflaufen? In seinen vergangenen beiden ersten Amtsjahren als Maskottchen hatte er die Atmosphäre vor dem Spiel im Stadion schätzen gelernt, die Schlachtrufe der Fans, die ihn, sobald er die Arena betrat, leidenschaftlich begrüßten. »Que sera, sera, der Geißbock ist wieder da, que sera sera«, hatten sie gesungen.

Als Geißbock Hennes seinen Namensvetter Weisweiler im Stadion sah, machte er auf einmal Tempo und lief auf den Meistertrainer zu. Weisweiler amüsierte das, jetzt war er angekommen, zurück in Köln, das lebende Wappentier Hennes hatte ihn, Hennes, den Trainer ins Herz geschlossen.

»Alle Böcke beißen, alle Böcke beißen, nur der Kölner Geißbock nicht«, würden die Gladbacher am Samstag rufen, wenn die Kölner Spieler ins Bökelbergstadion einliefen.

»Na, denen werden wir es zeigen, was, Hennes«, begrüßte Weisweiler den Ziegenbock, der die letzten Meter gemütlich auf ihn zutrottete, dann und wann pausierend, um vom frisch gemähten Rasen im Stadion eine saftige Portion wegzuknabbern.

Weisweiler übernahm die Leine und setzte sich zur kleinen, gelassen wirkenden Ziege auf den Rasen. »Tach, Willi«, erst jetzt begrüßte er den Betreuer.

»Tach, Herr Weisweiler«, sagte Bauer Schäfer, der großen Respekt vor dem Trainer hatte und ihn niemals mit Hennes anreden würde, obwohl Hennes Weisweiler sicher nichts dagegen gehabt hätte.

»Leider kann Hennes nicht mit auf den Bökelberg«, sagte der Trainer. »Das würde uns sicher Glück bringen.«

»Nee, blöd, das geht nicht«, und auch Schäfer würde gemeinsam mit der Glücksziege in Köln bleiben und von seinem Bauernhof aus die Konferenzschaltung im Radio live mitverfolgen.

In den ersten zehn Jahren hatte der Geißbock den 1. FC Köln noch zu allen Auswärtsspielen begleitet. Zunächst fuhr Hennes einfach im Mannschaftsbus mit. Als das zu eng und vor allem zu ungemütlich wurde, weil der Bock auch schon mal während der Fahrt köttelte, wurde für ihn ein eigener Anhänger gebaut, der an den Bus angekoppelt wurde. Seit Beginn der 1960er-Jahre musste Hennes bei Auswärtsspielen zu Hause bleiben. Der DFB hatte Bedenken, dass es auf fremden Plätzen zu Zwischenfällen mit dem Tier kommen könnte. Das heimische Stadion kannte die Ziege, die ungewohnte Umgebung in anderen Stadien hätte den Geißbock nervös machen können – dort gab es keine Schutzzone für ihn und man wollte auch nicht, dass aufgebrachte gegnerische Fans Hennes mit Zigarettenkippen oder Bierflaschen bewarfen.

Also kein Hennes auf dem Bökelberg.

»Und Willi, was glaubst du, werden wir die Fohlen weghauen?«, fragte Weisweiler, während der Fotograf ihn ablichtete. Der Trainer saß ungezwungen auf dem Hosenboden neben Hennes IV. und kraulte ihm den Hals.

Wilhelm Schäfer, der Landwirt, war stolz, dass ihn der große Trainer so etwas fragte. Wollte er ernsthaft seine Meinung hören? »Klar, die putzen wir«, sagte Willi, »nicht wahr Hennes?« Natürlich meinte Schäfer den Geißbock und nicht Weisweiler, der sich aber direkt angesprochen fühlte.

»Das wird, Willi, das wird. Die Fohlen kenne ich aus dem Effeff. Ich weiß, wie man die knackt. Versprochen, Willi, denen zeigen wir, wer im Rheinland die Hosen an hat.« Und so geschah es dann auch.

»Praline« Prestin machte das Spiel seines Lebens und er spielte nicht gegen irgendwen, er spielte gegen den Terrier, gegen einen der besten Abwehrspieler der Welt, gegen den Weltmeister Berti Vogts. Zwei Tore machte Prestin, zweimal stand er goldrichtig. Am Ende eines legendären Fußballnachmittags stand es 5:2 für Köln. Neben Prestin hatten Neumann, Konopka und Müller für die Geißbock-Elf getroffen, für Gladbach waren Bonhof und Simonsen erfolgreich.

Der Fußballprofessor Weisweiler hatte es mal wieder allen gezeigt, er hatte Prestin wie ein Ass aus dem Ärmel gezaubert. Erhobenen Hauptes verließ er seine ehemalige Wirkungsstätte, den Bökelberg – übrigens nicht im schnöden Trainingsanzug, wie damals viele Trainer an der Seitenlinie in Sportklamotten herumhüpften, als seien sie sofort bereit, sich selbst einzuwechseln. So ein Quatsch, was soll das? Weisweiler schüttelte den Kopf über diese Kleidungs-Marotte seiner Trainerkollegen. Auf dem Bökelberg stand er im dunklen Sakko am Spielfeldrand und dirigierte sein Team. Er war der Fußballprofessor, das sollte man ihm ansehen.

Das Spiel in Gladbach war für die Kölner ein Schlüsselspiel auf dem Weg zur Meisterschaft 1978. Nach drei weiteren Siegen in Folge übernahm

S. 146/147
1976: Hennes Weisweiler und Hennes IV.

die Geißbock-Elf am 13. Spieltag die Tabellenführung und gab sie bis zum dramatischen Finale am 29. April 1978 nicht mehr ab.

Der dramatische letzte Saisonspieltag ist in die Bundesligageschichte eingegangen. Köln und Gladbach lagen punktgleich an der Spitze der Tabelle. Köln war vorn, weil die Geißböcke ein um zehn Tore besseres Torverhältnis hatten. Sie mussten nur in Hamburg gegen den bereits feststehenden Absteiger St. Pauli gewinnen. Kein Problem, dachte man.

Doch dann passierte das Unglaubliche. Mönchengladbach schoss gegen Dortmund Tore im Minutentakt. Zwölf Mal klingelte es im Kasten der Dortmunder, deren Trainer Otto Rehhagel, danach auch Otto Torhagel genannt, nach dem Spiel gefeuert wurde. Und hätten die Kölner nicht 5:0 gegen die Kiezkicker von St. Pauli gewonnen, wäre die sicher geglaubte Meisterschaft futsch gewesen. Am Ende großes Aufatmen bei den Kölnern und ein historischer Triumph für Weisweiler, der mit seinem Verein kurz zuvor bereits den DFB-Pokal gegen Düsseldorf gewonnen hatte. In der Bundesliga hatte es das bisher nur einmal gegeben. 1969 hatten die Bayern das Double geschafft – und nun also die Geißbock-Elf.

Am Sonntag nach dem letzten entscheidenden Spieltag der Meistersaison war ganz Köln auf den Beinen. Die Mannschaft des FC wurde im Rathaus empfangen. »Karneval im Mai«, schrieben die Zeitungen. »Hi, ha, ho. Gladbach ist k.o.!« Zehntausende Kölner jubelten ihren Fußballern auf dem Rathausbalkon zu.

Danach ging die Party aber erst richtig los. Denn wenn die Kölner eines können, dann sind es Umzüge und Prozessionen. Ob an Fronleichnam oder im Karneval oder jetzt bei dem Triumphzug der Spieler in offenen Cabriolets durch die Stadt, die Kölner lassen alles stehen und liegen, um dabei zu sein, sie jubeln und winken, sie haben die Urerfahrung der Prozession im kölschen Blut, ein Umzug klappt immer.

Natürlich gab es einen Extrawagen für den Patron der Geißbock-Elf, das war so sicher wie das Amen in der Kirche: Hennes gehörte dazu – er stand auf dem Rücksitz eines offenen Cabriolets und schaute fröhlich und staunend in die jubelnde Menge. Hennes, der Trainer, sagte danach, so eine unglaubliche Fete habe er in Gladbach nach keiner der drei Meisterschaften erlebt. 300 000 Kölner an den Straßen waren außer Rand und Band. Köln feierte und jeder ältere Kölner weiß noch heute aus dem Stegreif zu erzählen, wie und wo er dieses große Fußballwochenende im Frühjahr 1978 erlebt hat.

Die Kölner Kult-Band Höhner veröffentlichte wenig später die Single-Schallplatte: »Unsre Bock eß Meister – er hätt se all jeputz«. Auf dem Cover der Platte ist Hennes zu sehen, wie er im Sprung den Ball elegant mit den Hörnern köpft und ihn mit unaufhaltsamem Schwung ins Spiel torpediert.

Es passt zur Kölner Mentalität und zur Divenhaftigkeit des launischen FC, dass auf der B-Seite der Platte der Titel »Kater Blues« zu hören ist. Später komponierten die Höhner auch das offizielle Vereinslied, »Mer stonn zu dir FC Kölle«, das vor jedem Spiel gesungen wird, während die Geißbock-Elf, angeführt von Hennes, ins Stadion einzieht.

Hennes und die Milka-Kuh

Fußball ist immer auch ein Schippern auf dem Meer der Erinnerung. Das aktuelle Spiel auf dem Radar haben, und zugleich dem nachhängen, was untergegangen ist.«
(Holger Gertz in der SZ am 6. Februar 2021)

Als Kind war Hennes für mich ein Star unter den Fantasiewesen. Jeder Fußballjunge, der in den 1970er-Jahren die Bundesligaspieltage in sich aufsog, kannte den berühmten Geißbock. Hennes stand für mich auf einer Stufe mit der lila Milka-Kuh, dem Bärenmarke-Bären und dem Kamel auf der Zigarettenpackung von Camel.

Auf dem Wappen des 1. FC Köln stützte sich der Geißbock – auf den Hinterhufen stehend – auf eine Art übergroße Fußballkugel, in deren Inneren der Kölner Dom abgebildet war. Hennes schien den Dom-Ball vor sich her zu rollen, als sei er damit auf dem Weg zum Fußballplatz ins Müngersdorfer Stadion.

Dieser ballspielende Bock war für mich eine Zeichentrickfigur, wie der Rosarote Panther oder Speedy Gonzales, wie Bambi, Balu oder Baghira. Natürlich wusste ich, dass Bambi ein Reh war, Balu ein Bär, Speedy Gonzales eine Maus und Baghira ein Panther. Aber das waren keine echten Bauernhoftiere, sondern eher Freunde, die sprechen konnten und mit denen man spielte. Fabelwesen, die einen nicht schrecken und beißen konnten.

Überhaupt war die Kindheit der 1970er-Jahre geprägt von Fernsehstars aus der Tierwelt: Flipper, Skippy, Clarence, Black Beauty, Bootsmann, Cheeta oder der Herr Nilsson, der auf der Schulter von Pippi Langstrumpf herumturnte. Das waren Geschöpfe aus einer anderen Welt, die mit den Kühen und Schweinen, den Schafen und Ziegen im Stall des benachbarten Bauernhofs nichts zu tun hatten.

Hennes war wie der tapsige Bärenmarke-Bär, der auf satten Almwiesen seine frisch gemolkene Milch in die Bärenmarke-Kanne goss und dabei so verrückt grinste, als hätte ihn kurz vorher die Sonne und der liebe Gott geküsst. Dass es den Bärenmarke-Bären wirklich geben könnte, war ausgeschlossen, wie ich auch nicht glaubte, dass das Christkind die Weihnachtsgeschenke brachte. Ich war doch nicht doof!

Als ich Hennes dann zum ersten Mal bei einem Heimspiel des 1. FC Köln im Müngersdorfer Stadion erlebte, rieb ich mir die Augen, als hätte ich im Schwimmbad den Delfin Flipper persönlich getroffen. Da stand er am Spielfeldrand, nicht etwa als Ziegenpuppe, als mannshohes Tierwesen aus Plüsch, wie man das aus anderen Stadien kennt. Nein, der Geißbock lebte, echt und einzig, mit Hörnern und Haaren und Hufen. Wie wunderbar, wie großartig war das denn! Besonders wenn ich an die albernen Maskottchen der anderen Fußballvereine dachte, die sich bis heute zu monströsen Plüschungetümen weiterentwickelt haben. Disney für Arme, schräg und peinlich. In Mönchengladbach zum Beispiel muss ein bedauernswerter Tagelöhner in das schwere Fohlenkostüm von Pferd Jünter schlüpfen, den übergroßen Pferdeschädel mit der langen Schnauze überstülpen und wahrscheinlich auch wiehern, lächerlich. In Duisburg ist es ein Zebrakostüm, in das sich jemand hineinquälen muss, in Leverkusen eiert ein »Brian

9. Mai 1964: Saisonfinale mit Hennes I.
Vor dem letzten Heimspiel gegen den
VfB Stuttgart stand der 1. FC Köln schon als
erster deutscher Bundesligameister fest.

the Lion« herum, in München bei den Bayern Plüschbär Berni oder in Dortmund die Biene Emma. Soll das lustig sein? Nicht einmal Kindergartenkinder können darüber lachen, sondern kriegen eher Angst, wenn sie diese trotteligen Zottelgeister sehen.

In Köln ist dieser alberne Schabernack unnötig, denn hier gibt es einen lebendigen Geißbock, der stellvertretend die Ehre und Sinnhaftigkeit aller Maskottchen rettet. Dass die Kölner ihren Hennes schätzen und verehren, merkt man auch an dem Kultstatus, den der jeweilige Hennes-Betreuer hat. Er ist der erste Diener im Haus des Königs, er verneigt sich vor dieser Ehre.

Hennes ins Stadion führen zu dürfen, ist eine hoheitsvolle Aufgabe. Ein Zwischenfall, der im Frühjahr 2020 in Köln die Gerichte beschäftigte, macht das deutlich. Auf der Tribüne gab es eine heftige Schlägerei, ein Rüpel verlor die Fassung und zertrümmerte einem Nebenmann, mit dem er in Streit geraten war, das Nasenbein. Diese Brutalität geschah genau in dem Augenblick, als ein Volunteer Hennes aus dem Stadion führte. Draußen hatte der offizielle Hennes-Betreuer Ingo Reipka, dem der Volunteer assistieren durfte, bereits das Hennes-Mobil zum Abtransport in den Zoo vorgefahren. Der Volunteer wurde Zeuge der Prügelei, in deren unmittelbarer Nähe er gerade mit Hennes an der Leine vorbeiging. Deshalb sollte er auch vor Gericht aussagen, was genau er gesehen habe, was denn auf der Tribüne passiert sei.

Als er auf den Gerichtsfluren wartete, zischte ihm ein Angehöriger des Angeklagten grob und unmissverständlich zu, dass er und seine Familie nicht mehr sicher seien, wenn er es wagen würde, hier eine für den Angeklagten ungünstige Aussage zu machen. Der Volunteer ließ sich zunächst nicht davon beeindrucken und schilderte genau, was er gesehen hatte – auch zu Ungunsten des Angeklagten.

Aber die Drohung auf dem Gerichtsflur ging ihm nicht aus dem Kopf. Er fühlte sich unsicher, ihm wurde angst und bange auch um seine Familie. Schweren Herzens kündigte er seine Tätigkeit als Hennes-Assistent beim 1. FC Köln. Dabei erzählte er dem Verein von dem Zwischenfall auf dem Gerichtsflur, er wolle einfach aus der Schusslinie dieser brutalen Kerle kommen, sagte er. Davon wiederum erfuhren die Richter, die mit den

Angaben des Angeklagten haderten, der jede Schuld abstritt und sich jetzt auch noch wegen Erpressung und Gewaltandrohung zu rechtfertigen hatte. Die Zeugenaussage des Volunteers gewann durch die Kündigung seiner Tätigkeit als Hennes-Assistenz erheblich an Gewicht. Denn in Köln war nicht nur den Richtern klar, eine so ehrenvolle Aufgabe, die wirft man nicht ohne Weiteres hin. Bei der Betreuung von Geißbock Hennes im Stadion zu helfen, ist ein Traumjob, ein Erlebnis, eine heilige Tätigkeit. Wer die aufgibt, der muss schwerwiegende Gründe haben.

Es ist eben ein Unterschied, unter dem Jubel von 50 000 FC-Fans Hennes ins Stadion führen zu dürfen oder in ein Plüschkostüm schlüpfen zu müssen, um als übergroße Biene Emma oder knollennasiger Erwin in der Arena herumzuhopsen. Da mögen die monströsen Stoffmaskottchen noch so sehr die fantastischen Vorbilder vergangener Jahrzehnte aufgreifen und Biene Maja, den Bärenmarke-Bären oder den König der Löwen zitieren, sie bleiben lächerlich und ein künstlicher Abklatsch, weit entfernt vom Original, von Hennes, dem Geißbock, der über all die Jahre authentisch geblieben ist.

Dein Verein sucht dich aus – Fantreue ist angeboren

Andrea wohnt im Kölner Westen, zum Stadion kann sie in wenigen Minuten mit dem Fahrrad radeln. Das tut sie auch. Bei jedem Heimspiel ist sie sowieso dabei. Blut ist dicker als Wasser, der 1. FC Köln gehört für sie zur Familie, das wird mir schnell klar.

Andrea ist Mitte vierzig und schon seit ihrer Kindheit FC-Fan. Ihr Vater kannte den WM-Helden von 1954 und FC-Kapitän Hans Schäfer. Die beiden waren gewissermaßen Arbeitskollegen, denn wie auch Schäfer arbeitete ihr Vater bei der GEW, der Kölner Gas-, Elektrizitäts- und Wasserwerke AG, heute bekannt als RheinEnergie. Da habe er öfter mit Schäfer gesprochen.

Als Kind sei sie häufiger auf dem Trainingsgelände der Kölner gewesen. »Das waren die Zeiten von Toni Schuhmacher und Pierre Littbarski«, schwärmt sie, »in Litti war ich verliebt. Der war ja nicht viel größer als ich damals, und als ich ihm gegenüberstand, da war ich hin und weg.«

Am Telefon habe ich ihr von meinem Plan erzählt, ein Buch über Hennes zu schreiben. Ich war mir nicht sicher, ob sie genau verstanden hat, was ich da vorhabe, aber Andrea war sehr freundlich und versprach mir, dass ich ihre Sammlung an Stadion-Zeitungen gern einsehen dürfte. »Da können wir einen Termin machen und dann kommen Sie vorbei, die liegen alle bei mir in Kartons.«

Es ist Samstagnachmittag, Sommerpause, kein Fußball, für jeden Fußballfan eine überflüssige, eine nutzlose Zeit. Er fühlt sich verloren, heimatlos, er weiß nicht, wie er sich die Stunden vertreiben soll. Das einzig Sinnvolle, was er tun kann, um nicht Löcher in die Luft zu starren, ist, über Fußball zu fachsimpeln.

Ich sitze mit Andrea in ihrem Garten vor einem ausrangierten Bauwagen, der als Gartenhäuschen dient. Ohne Räder, geerdet auf dem Boden und natürlich rot angestrichen – mit weißem Rahmen. Andrea spricht Kölsch, na klar und wir sind uns nach wenigen Sätzen einig, dass wir uns duzen müssen, Fußballfans und »Sie«, das passe irgendwie nicht. »Johannes« – »Andrea«, das macht uns schnell gleich alt, denn ein Fußballfan altert nicht, der bleibt in seinem Enthusiasmus immer ein Kind, wenn er für seinen Verein zittert, schreit, bebt, flucht und sich freut, vor Glück weint und vor Schmerz Tränen vergießt. Ein normaler Erwachsener macht so etwas nicht, der hat gelernt, seine Gefühle zu verbergen, weil sie ihn schutzlos machen, aber dieser Schutz ist beim Fußball nicht nötig, weil es ja nur Fußball ist, nur ein Spiel. Hier kann man sich über alles aufregen, was eigentlich nichts ist. Und gerade deshalb: alles.

Alle Fußballfans wissen, wovon ich hier schreibe, und nicken jetzt in verschwörerischer Eintracht. Und ihr anderen, glaubt das nur, auch wenn ihr ahnungslos seid, und beschützt uns weiter mit eurer Ahnungslosigkeit, so müssen wir keine Angst haben, Tränen für unsere Vereinsfarben zu vergießen, dem wir lebenslang verbunden sind.

Andrea sammelt alte und neue FC-Vereinsmagazine. Sie hat eine Garage voller *Geißbock-Echos*, so heißt die FC-Stadionzeitung. Ihre Sammlung ist lückenlos – seit über dreißig Jahren; dazu hat sie ausgewählte ältere Exemplare, soweit sie die auf Flohmärkten kaufen oder auf Ebay ersteigern konnte.

Gemeinsam blättern wir in den alten Stadionheften, schütteln den Kopf über die Frisuren der 1970er-Jahre. Friseure scheinen damals im Dauerstreik gewesen zu sein. Von wegen Undercut und Gel im Haar – ungebändigte Gammler-Mähnen waren das, danach verbreitete sich zunehmend »Vokuhila«, vorne kurz – hinten lang. Andrea lacht: »Die haben ja alle damals so ausgesehen.«

In den *Geißbock-Echos* der 1960er und auch 1970er-Jahre treten die Fans noch ganz anders in Erscheinung. Die sind im Anzug und mit Hut zu ihrem Verein gepilgert. »Das war noch etwas Besonderes und da hat man sich eben besonders angezogen«, stellt Andrea fest. »Sonntagskluft. Heute ist das ja nicht mehr so.«

»Ist das nicht Bruno Labbadia auf der Titelseite? Mein Gott sieht der jung aus.« Ich zeige ihr das Heft.

»Nee, das ist nicht Labbadia«, sagt Andrea, muss sich dann aber korrigieren, doch das ist er. Unglaublich! Da hat die Zeit einige Spuren in seinem Gesicht hinterlassen.

Weitere Namen fallen, Uwe Rahn, nicht zu verwechseln mit Helmut, Bernd Schuster, Christoph Daum, Ewald Lienen, Peter Neururer.

Andrea schüttelt den Kopf. Neururer sei ein Schwätzer gewesen, stellt sie nüchtern fest, der habe bis auf den einen Aufstieg nix für Köln gebracht. Überhaupt kann sie sehr kritisch mit ihren FC-Helden sein. Von Torwart Timo Horn hält sie gar nichts. Warum ein Weltstar wie Torwartlegende Toni Schumacher den so lobt, versteht sie nicht. »Der muss doch sehen, dass der Jung nix kann. Das muss der doch wissen. Der soll ihn doch selbst mal trainieren.« Und dass der Horn dem Verein auch nach dem Horrorabstieg 2018 treu geblieben sei, bedeutet für Andrea nichts. »Der hatte einfach keine guten Angebote.«

Andrea ist – wie viele Fußballfans – sehr meinungsstark, sie hat ihre Helden, Schumacher und Litti zum Beispiel und andere, die sie für Pfeifen hält, Horn und Neururer. Wenn Fans fachsimpeln, gehört es dazu, eine starke Meinung zu haben, das würzt das Gespräch. Das war schon in meiner Kindheit so, erkläre ich. Da gab es die Streber und Spießer in der Schule, die für die Bayern waren, und auf der anderen Seite die coolen Typen, die für Gladbach und den langhaarigen Netzer schwärmten. Dazwischen – null Spielraum.

Kaum habe ich darüber gesprochen, verfinstert sich Andreas Miene. Auweia, ich habe etwas getan, was in Gegenwart eines FC-Fans ein absolutes No-Go, ein strenges Tabu ist. Ich habe eine, wenn auch nur entfernt mögliche und inzwischen ja auch lang zurückliegende Sympathie für den Erzrivalen Gladbach geäußert. Den Verein vom Niederrhein nimmt ein FC-Fan nicht in den Mund.

»Ich will nicht sagen, dass wir die Gladbacher hassen. Hass ist ein großes Wort«, versucht Andrea, sich selbst milde zu stimmen, »aber wir hassen sie doch«, fügt sie nach einer kleinen Pause hinzu. Kompromisse sind hier nicht möglich. Ein heikler Punkt.

Andrea scheint sich unwohl zu fühlen, wenn sie davon spricht, sie sucht nach Rechtfertigungen und nach Möglichkeiten, ein gutes Haar an dem Intimfeind Gladbach zu entdecken. Vor der Vereinsführung habe sie Respekt: »Was die geleistet haben, alle Achtung«, gesteht sie. »Und Hass, na ja Hass – gehört das nicht auch zum Fußball dazu, dass da ein Verein ist, den man partout nicht leiden kann?«, fragt sie.

»Die Bayern, die mag doch keiner«, sage ich, um einen gemeinsamen Nenner in unser Gespräch zu bringen. Es klappt. Mit der Bayern-Antipathie habe ich alle Sympathien von Andrea zurückerobert.

»Bayern-Fans sind für mich keine Fans«, sagt sie mit großer Verachtung. Immerhin nimmt sie den Gladbacher-Fans ab, dass sie es mit der Liebe zu ihrem Verein ernst nehmen. Bei den Bayern sei das anders. In ihrem Büro gebe es Bayern-Fans. »Und dann frage ich die: Wann warst du denn schon mal bei deinem Verein im Stadion und hast ein Spiel gesehen? Dann drucksen die so herum und herauskommt, dass sie noch nicht ein einziges Mal in der Allianz Arena oder im Münchner Olympiastadion waren.« Wir sind uns einig und nicken uns zu. Bayern Fans sind keine Fans, fertig – eher Opportunisten, die ihren Fanschal so drehen, dass er immer im Erfolgswind weht.

24. Juli 2011: Hennes VIII. mit Betreuer Ingo Reipka und Lukas Podolski beim Saisonauftakt.

Natürlich sei sie auch im Besitz von allen Autogrammkarten des Geißbocks.

»Wie? Der Hennes hat Autogrammkarten?«, frage ich.

»Ja, klar, also nicht unterschrieben, aber als Sammelkarten oder Postkarten.«

Klaro, die Kölner Seele verstehe Spaß, und deswegen passe ein meckernder Ziegenbock auch als Maskottchen in die Stadt des Karnevals, erkläre ich Andrea. Sie winkt ab. Das glaubt sie nicht. Andrea ist selbst leidenschaftlicher FC-Fan und deshalb darf sie mit der Kölner Fan-Seele auch kritisch ins Gericht gehen.

»Die Kölner hätten auch einen Löwen, einen Bären oder einen Adler genommen«, sagt sie, »und dann hätten wir hier gesessen und du hättest mir erklärt, warum so ein Löwe oder Adler (Fohlen sagt sie nicht) so gut zu den Kölnern passt.« Die Fans hätten auch ein anderes Maskottchen schnell ins Herz geschlossen.

Mag sein, denke ich, Andreas nüchterne Analyse könnte stimmen. Die Geschichten werden immer von ihrem Ende aus erzählt, nachher weiß man, warum alles so kommen musste, wie es gekommen ist – und bindet es in ein schlüssig klingendes Bild der Weltgeschichte ein. Das gilt wahrscheinlich auch für Hennes. Trotzdem bleibe ich dabei, Hennes auf den kölschen Sockel zu stellen, auf ein Fundament, das kölsche Seele heißt, und auf dem Geißbock Hennes und nur Hennes, sonst kein anderer, herumtoben und herummeckern kann.

Gemeinsam holen wir die Stadionhefte aus den Kartons und Tüten. Je nach Spielzeit sorgfältig geordnet und wasserdicht archiviert. Wir entdecken einen oder mehrere Kolumnisten, die in die Rolle des Geißbocks geschlüpft sind und über mehrere Jahre die Spieltage und Saisonziele analysieren – immer gezeichnet mit »Euer Hennes«, was den Artikeln natürlich eine besondere Autorität verleiht. Allerdings wird nicht hundertprozentig aufgeklärt, ob damit der Geißbock oder der legendäre FC-Trainer Hennes Weisweiler gemeint ist. Diese Ungewissheit macht den Absender noch bedeutender, denn er ist der Hennes, der Geißbock und zugleich der Meistertrainer, er meckert und er dirigiert den FC, wer möchte dem widersprechen. Seitdem Hennes Weisweiler mit dem FC das Double, die Meisterschaft und den Pokal geholt hat, ist er aus der Heiligenriege der Kölner Götterwelt nicht mehr wegzudenken – ebenso wenig wie sein Namensvetter, der Geißbock Hennes.

»Genau das ist der Punkt«, versuche ich, Andrea zu erklären. »Warum hat es der Kölner Geißbock geschafft, so berühmt und legendär zu werden, während andere lebende Maskottchen in der reichen Geschichte der Bundesliga komplett vergessen sind?«

»Na ja, es gibt den Frankfurter Adler.«

»Aber ist Attila denn überhaupt über die Grenzen von Fußballfachkreisen hinaus bekannt?«

»Nö!«

Was also ist das Hennes-Geheimnis? Die Kölner Hennes-Formel? Das will ich herausfinden. Bis auf den Adler in Frankfurt sind alle anderen lebenden Tiere aus den Stadien verschwunden. Auf einmal war es vorbei mit dem Gemecker, Gewieher, Geknurre und Gekläffe am Spielfeldrand. Keine Ziegen, Hunde und Pferde mehr auf dem Fußballplatz. Man schien das Tiergetue für unnötiges Brimborium zu halten, ein überflüssiger und unvernünftiger Aberglauben. Vertraute man nicht den hochkarätigen Fähigkeiten der Spieler? Was brauchte man da Glücksziegen, das war doch Affentheater.

Als die Vereine später merkten, dass die Fans auf ein Maskottchen als Patron ihrer Mannschaft nicht verzichten wollten, ersetzten sie die lebenden Tiere durch Glücksbringer in Kostümen. Stoffmonster trotteln seither durch die Stadien. Nur einer überlebte und feierte erneut Triumphe. Hennes, die Kölner Fußballziege, war nicht unterzukriegen, sondern hatte sich stolz behauptet.

Andrea hörte mir geduldig zu. Sie freute sich über mein Interesse an Fußballgeschichten, über meine Begeisterung für ihren Geißbock.

Als wir über den Fahrstuhl-Hennes ins Gespräch kommen, Hennes VII., der vier Ab- und Aufstiege erlebte, bekennt Andrea unvermittelt: »Aufstiege feiere ich nicht mehr.« Für sie ist die Zweite Liga keine Realität, ihr Verein ist Teil der Bundesliga, alles andere scheint unsinnig zu sein.

Und wenn es dann wieder einmal schiefgeht und der Fahrstuhl nach unten saust? Wie kommt sie damit klar? Sie druckst herum, irgendetwas scheint ihr peinlich zu sein. »Ach, egal, das kann ich jetzt ruhig erzählen«, sagt sie und erinnert sich an ein Heimspiel in der Abstiegssaison 2017/18 gegen Freiburg, das die Kölner unbedingt hätten gewinnen müssen, um den Anschluss an die sicheren Tabellenplätze nicht zu verlieren. Die Kölner führten auch, waren überlegen, es stand 3:0 für den FC. Doch dann verspielten sie den Sieg fahrlässig und amateurhaft. Nicht genug damit, dass Freiburg zum 3:3 Unentschieden ausgleichen konnte, in der Nachspielzeit kassierten die Geißböcke einen weiteren unnötigen Gegentreffer, der zu einer schlimmen 3:4 Niederlage führte.

An dem Tag, es war ein Sonntag im Dezember, habe es geschneit und es sei saukalt gewesen, erinnert sich Andrea, sie habe auf der Tribüne hinter dem Kölner Tor geschlottert und gefroren und dann noch diese Niederlage. »Ich bin nach Hause, habe mich in der Küche an den Abwasch gemacht und habe dabei geheult, nur noch geheult, so wütend war ich.«

Ihre Tränen am Abend in der Küche waren echte Tränen, keine für das Publikum, denn Tränen, die man alleine weint, sind echt, das weiß jeder. Wenn aber ein Fußballspieler sich vor Zehntausenden Fans auf die Brust klopfe, dort wo das Herz schlage und das Vereinswappen aufgenäht sei, dann sei das heute nur noch Pose und nichts wert, sagt Andrea traurig.

Sie findet das schlimm und ich merke ihr an, dass sie, wenn sie könnte, durchaus über die Möglichkeit nachdenken würde, den Verein im Stich zu lassen um sich einem anderen Hobby zuzuwenden. Aber sie hat diese Wahl nicht. Sie ist in der FC-Köln-Haut auf die Welt gekommen und gar nicht in der Lage, das Trikot mit dem Geißbock abzustreifen. Unauflösbar und unkündbar ist diese lebenslange Leidenschaft und Beziehung, wie die katholische Ehe, wie ein Sakrament, von höheren Mächten gestiftet und von Menschenhand nicht zu trennen.

Menschen, die nichts von Fußball verstehen, mögen das belächeln, das sind ahnungslose Menschen, die sich ihr Hobby selbst ausgesucht haben, aber nicht hineingeboren wurden, die Trends und Moden folgen, exotische Kochkurse besuchen, in ihrer Freizeit Yogaseminare belegen, überdrehten

Youtubern folgen oder heute Skateboard fahren und morgen auf Elektro-Rollern durch die Straßen jagen.

Deshalb gibt es auch junge und alte FC-Fans aus allen Milieus und Stadtteilen, Akademiker und Handwerker, Angestellte und Selbstständige, Lehrer und Schüler, dicke und dünne, große und kleine. Die Welt, in die man geworfen wird, sucht man sich nicht aus, den Fußballverein auch nicht!

Andrea ist sogar eine Saison zu jedem Auswärtsspiel mitgefahren. »Das war in der Zweiten Liga«, erzählt sie. »Da waren wir in Sandhausen oder Fürth mit vielen anderen Fans. Das hat richtig Spaß gemacht.« Aber es kostet auch Zeit, viel Zeit und viel Geld, deshalb besucht Andrea jetzt fast nur noch die Heimspiele mit ihrer Dauerkarte für 320 Euro pro Spielzeit.

Mit einer gewissen Andacht schieben wir die alten *Geißbock-Echos* zurück in die wasserdicht verschließbaren Plastiktüten und tragen die Kartons in die Garage. Ich habe einiges mit dem Smartphone abfotografiert, einige Kolumnen, die »Hennes – ein Bock blickt durch« oder »Hennes erzählt« überschrieben sind und mal mit »Euer Hennes«, dann wieder mit »Dein Hennes« unterzeichnet wurden. Diese Zeugnisse des schreibenden Geißbocks werde ich zu Hause sorgfältig auswerten. Dazu immer wieder Bilder und Artikel über Präsident Franz Kremer, der sich häufig und stolz mit dem Wappentier zeigte, wie ein Vater sein Kind an der Hand hält, die beiden gehörten zusammen. Hennes ist das lebendige Symbol seiner Schöpfung, Kremer hat den 1. FC Köln erfunden und dem Verein den Geißbock vererbt, der wird bleiben, der Patron Hennes, der in guten wie in schlechten Zeiten dem FC die Treue hält. Und Geißbock Hennes hat sich sein Schicksal auch nicht ausgesucht – aber er macht das Beste daraus.

Andrea weiß das – und weiß auch, dass der Geißbock sich niemals mit der Pfote gegen die Brust schlagen wird, dass er gegen keine Ablösesumme der Welt den Verein wechseln würde, Geld ist ihm egal, wie die FC-Fans bleibt er im Stadion, für immer – bei jedem Heimspiel steht er an der Seitenlinie.

Als während der Coronapandemie im Jahr 2020 die dürre Zeit der Geisterspiele begann, durfte auch Hennes nicht mehr ins Stadion. Viele Fans vermuteten, dass die eklatante Heimschwäche während der Coronakrise

mit der Abwesenheit des Maskottchens zu tun gehabt haben könnte. Auch wenn man alles tat, um das Glückstier irgendwie dabei sein zu lassen. So wurde die Live-Cam aus dem Geißbockheim im Zoo hin und wieder auf die Stadionanzeige geschaltet, um die Spieler anzuspornen.

»Tooor in München!« – Ein Schicksalsspiel für Hennes IV.

Ich sitze Samstag nachmittags vor dem Radio, höre die Übertragung und höre, wie in den Jubel hinein ein Tor gemeldet wird, ich höre wie in den Jubel hinein der Torschütze gemeldet wird, ich erkenne den Namen nicht wieder und bete, es ist ein Tor für uns. Und es ist alles wie früher, und da frage ich mich, woran hänge ich denn da? Was ist das? (Burkhard Spinnen in Bewegliche Feiertage*)*

November 1982. Der 13. Bundesligaspieltag. An der Tabellenspitze war es eng. Köln hatte Ambitionen, ganz oben mitzumischen. Am 13. November trat die Geißbock-Elf bei den Bayern in München an. Ein schwerer Auswärtsbrocken.

Die Ausgangsposition: Köln war Vierter mit 16 Punkten, die Bayern Dritter mit 18 Zählern. Mit einem Sieg konnte der FC zu den Münchnern aufschließen und sich in der oberen Tabelle festsetzen. Aber wer glaubte schon an einen Auswärtssieg gegen die heimstarken Bayern – mit klangvollen Namen wie Paul Breitner, Karl-Heinz Rummenigge oder Dieter Hoeneß?

Bei Auswärtsspielen blieb Geißbock Hennes in seinem Stall bei Bauer Wilhelm Schäfer. Keine Frage, der knorrige Bauer war leidenschaftlicher FC-Fan. An diesem Samstagnachmittag im November verfolgte er das Spiel seiner Kölner in München live im Radio – in der WDR Bundesligakonferenz.

Damals hieß dieses Radio-Highlight noch nicht »Alle Spiele, alle Tore«, denn es wurden nur ausgewählte Partien übertragen, meist vier Spiele mit Beteiligung der West-Vereine. An diesem Samstag übertrug der WDR aus

Saison 2020/2021: Bei den Geisterspielen während der Corona-Pandemie darf Hennes nur als Stofftier ins leere Stadion.

dem »Oval Office«, wie die Sendezentrale in Köln unter den Insidern genannt wurde, die Spiele aus München, von der Bielefelder Alm, wo Schalke gastierte, aus dem Waldstadion, wo die Eintracht aus Frankfurt die Borussia aus Dortmund empfing, und vom Bökelberg, wo Gladbach gegen Stuttgart spielte.

Bauer Schäfer hatte sich für den Nachmittag vorgenommen, die Tür zum Hennes-Stall zu reparieren. Sie hing nur noch an einer Türangel fest und ließ sich auch nicht mehr ganz schließen, sodass der kalte Herbstwind in die Hütte des Geißbocks zog. Bis zum Winter musste der Stall dicht sein. Hennes war nicht mehr der Jüngste, er holte sich schnell eine Erkältung, die einen schweren Verlauf nehmen konnte. In diesen feuchten Novembertagen ging es der Ziege auch nicht gut. Sie schüttelte häufig den Kopf und schnaubte. Ein rasselndes Husten war dann zu hören. Bauer Schäfer wusste, dass dieses Geschniefe und Geschnaufe mehr als ein Niesen war. Auch hatte der Tierarzt bei der letzten Untersuchung Herzrhythmusstörungen diagnostiziert. Umso wichtiger war es, dass der Stall zum Winter wetterfest war.

Bauer Schäfer, oder einfach »Willi« wie ihn die Kölner Spieler und Fans nannten, wollte die Tür aus den Angeln heben und rundum erneuern. Er hatte sich schon Bretter zurechtgesägt, die er vorher mit roter wetterfester Farbe angestrichen hatte, daneben lagen die nötigen Scharniere und eine Verriegelung. Schäfer hatte sein Kofferradio mitgenommen, ein stabiles Nordmende Galaxy Transistorradio, das ihm schon viele Jahre gute Dienste geleistet hatte. Er stellte das Radio auf die Futterkiste und suchte auf UKW den Sender WDR 2, der die Bundesligakonferenz übertrug.

Wenn der FC auswärts spielte, war Bauer Schäfer zusammen mit Millionen anderer Zuhörer Stammgast bei der Fußballkonferenz. Diese Übertragung war für ihn heilig und läutete jedes zweite Wochenende ein – wenn er die Konferenzschaltung verpasste, was sehr selten vorkam, war für ihn das Wochenende verdorben und er war permanent schlechter Laune.

Bei dem Ausdruck Konferenz musste er schmunzeln, das klang nach Aktenordner und Büroklammer, das klang nach schläfrigem Bürogehocke und Langeweile und passte so gar nicht zur Dramatik, die der Samstag-

2004: Betreuer Wilhelm ›Willi‹ Schäfer mit Hennes VII. im Stall der Familie Schäfer.

nachmittag mit der Übertragung der furiosen Reportagen aus den Stadien bot.

Kulturhistoriker werden noch in Jahrhunderten ein immer gleiches Bild eines typischen Samstagnachmittags in den 1970er- und1980er-Jahren in West-Deutschland zeichnen. Da steht ein Kleinwagen vor oder neben einem Haus, ein Mann wienert mit einem Schwamm die Karosserie seines Autos und aus dem Autoradio dröhnen die Stimmen der Fußballreporter.

»Tooor auf Schalke«, »Elfmeter in Hamburg« oder »Rote Karte in Berlin« – oder auch nur »Einwurf in Duisburg«. Die Bundesligakonferenz war die Seele des deutschen Fußballs und Willi Schäfer war dabei, für ihn wie für Millionen anderer Fußballfans war der Samstagnachmittag mit der Konferenz eine Art Gottesdienst. Ob natürlich meistens beim Autowaschen, aber auch in der Küche oder in der Badewanne – man war ganz nah dran, wenn die Reporter aus den Stadien von Lattenknallern auf dem Bökelberg, einer Abwehrschlacht im Volksparkstadion oder einem müden Kick auf der Bielefelder Alm berichteten.

Hennes schnupperte an Willis Hose, steckte in Erwartung einiger Leckerlis seine Schnauze in die Tasche seines Herrchens. »Waat ens, jlich krisste jet.« Willi streichelte den Geißbock über den Kopf. »Für jedes FC-Tor gibt es einen Apfel. Abgemacht?« Fünf kleine Äpfel hatte er mit in den Stall gebracht – das war natürlich ein Scherz, denn mit fünf Toren der Geißböcke in München rechnete nicht einmal der größte FC-Optimist. Wenn es unentschieden ausgeht, sind wir zufrieden, dachte Schäfer, legte einen Kartoffelsack auf den Boden an der Stalltür, kniete sich darauf und machte sich daran, die undichte Tür zu erneuern.

In München war noch kein Tor gefallen. Die erste Halbzeit, so resümierte Gerd Rubenbauer aus dem Olympiastadion, sei ausgeglichen verlaufen. Die Kölner hätten sich keineswegs in der eigenen Hälfte eingeigelt, sondern munter mitgespielt.

Wenn sie das Unentschieden nach Hause schaukeln, dann iss gut, dachte Schäfer. Laut sagte er: »Für die erste Halbzeit kriegst du einen Apfel, hast du doch prima gemacht, Hennes, nun bring uns aber auch in den zweiten 45 Minuten das Quäntchen Dusel.« Er schaute Hennes an, der ihm zu-

zunicken schien. Willi ließ seine Arbeit für einen Augenblick ruhen, nahm einen der kleinen Äpfel von der Ablage, brach ihn mit bloßen Händen durch und verfütterte ihn an die Glücksziege.

Der Bundesligaspitzenreiter Hamburg lag zu Hause gegen die Hertha aus Berlin 0:1 hinten. Wenn der FC in München gewann, dann war am nächsten Samstag, wenn es zu Hause gegen die Hamburger ging, sogar die Tabellenführung drin. Ein Spitzenspiel würde es ohnehin werden. Schäfer freute sich auf das Gastspiel der Hanseaten in Köln – mit Horst Hrubesch, Manni Kaltz, Felix Magath und Uli Stein im Tor.

»Da simmer dabei«, Schäfer schaute Hennes an, »dat wör doch jet, noch en Meisterschaft. Und dat es dann jo allt ding zweite!«

Der Geißbock knabberte zufrieden an den Apfelstücken herum. Klar, das Maskottchen würde sein Möglichstes für die Kölner tun.

Die Scharniere der Stalltür waren jetzt ausgetauscht. Das sah gut aus. Die neue Tür hing passgenau in den Angeln und ließ sich ohne Qietschen und Knarren öffnen und schließen. Jetzt musste Bauer Schäfer nur noch die Schrauben anziehen – bis zum Schlusspfiff würde er fertig sein.

Jochen Hageleit aus der Sendezentrale in Köln kündigte bereits die Schlusskonferenz an. »Wir sind dabei – am Bökelberg in Gladbach, im Olympiastadion in München, auf der Bielefelder Alm und im Frankfurter Waldstadion. Zunächst schalten wir nach München. Gerd Rubenbauer. Wie schlagen sich die Geißböcke bei den heimstarken Bayern? Können sie aus dem Olympiastadion einen Punkt entführen oder ist sogar mehr drin?«

»Tja – hier brennt die Bude. Im Kölner Strafraum ist die Hölle los und die Kölner können sich bei ihrem Torwart Toni Schumacher bedanken, dass es hier noch 0:0 steht. Schumacher hält das Unentschieden mit beiden Händen fest. Zwei, drei eigentlich unhaltbare Bälle hat er schon von der Linie gefischt. Die haushoch überlegenen Münchner beißen sich an ihm die Zähne aus. Nach vorne geht bei den Kölnern fünfzehn Minuten vor Schluss gar nichts mehr. Und wieder stürmt Kalle Rummenigge auf den Kölner Kasten zu. Aber da sind auch schon vier, fünf Kölner um ihn herum, sodass er kläglich verzieht und Schumacher keine Mühe hat, den Ball aufzunehmen.«

»Toooor in Frankfurt. Tooooor im Waldstadion.«

»Was ist passiert? Ich gebe weiter nach Frankfurt – zu Heinz Eil.«

»2:1 für die Frankfurter Eintracht. Uwe Müller hat sich aus halblinker Position ein Herz gefasst und einfach mal abgezogen. Jetzt steht es 2:1 für Frankfurt. Trainer Branko Zebec ist aufgesprungen, er feuert seine Mannschaft an. Jetzt nicht aufhören, weiter angreifen. Und das Ergebnis ist hochverdient, denn die Dortmunder hatten hier in der zweiten Halbzeit gar nichts zu melden, während die Frankfurter mit einer geschlossenen Mannschaftsleistung das Spiel dominierten. Mein Gott, Dortmunder, was ist mit euch los, heute Nachmittag? Wieder haben die Frankfurter den Ball, sie treiben das runde Leder nach vorn. Der quirlige Bum-kun Cha ist nicht zu bremsen. Er holt sich die Kugel von ganz weit hinten, läuft über fünfzig Meter mit dem Ball, dann ein Doppelpass mit Ronny Borchers – jetzt vielleicht eine Tormöglichkeit. Schussmöglichkeit Cha. Schuss abgeblockt. Ball ist immer noch heiß – doch dann fängt Dortmunds Torwart Immel die Kugel und wirft sie weit ab. Ich höre, dass in Hamburg der Ausgleich für den HSV gefallen ist. Schnell weiter ins Volksparkstadion – zu Günter Maletzko.«

»Horst Hrubesch, wer sonst soll es gewesen sein, der baumlange Hrubesch hat in der 86. Minute den Ausgleich für den Tabellenführer erzielt: 1:1 gegen die Herthaner aus Berlin, die hier im Volksparkstadion in den ersten 45 Minuten so stark aufgespielt haben. Aber dann kamen die Hamburger, dann schraubte sich Hrubesch in die Höhe – und köpfte den verdienten Ausgleich. Da konnte sich Gregor Quasten im Hertha-Tor noch so lang machen und ins rechte Eck tauchen. Dieser Ball war unhaltbar. Und die Hamburger haben sich diesen Ausgleich erarbeitet, haben den Berlinern keinen Raum mehr gelassen. Von der Hertha war dann auch in den letzten zwanzig Minuten nichts mehr zu sehen. Der HSV mit Powerplay. Spiel auf ein Tor. Was für eine spannende Schlussphase. Hier klingelt es ja im Minutentakt.«

So ein Mist. Bauer Schäfer ärgerte sich. Zu schön wäre es gewesen, wenn die Hertha aus Berlin in Hamburg gewonnen hätte, die Kölner hätten dann den Abstand zum Tabellenführer HSV knapphalten können.

1960er: Bayern München zu Gast bei
Hennes II. im Müngersdorfer Stadion.

Hoffentlich blieb es wenigstens bei dem Unentschieden seiner Geißböcke in München.

»Weiter geht's auf den Bökelberg zu Werner Hansch. Ist das Spiel bei Euch gelaufen? Stuttgart führt in Gladbach. Wer hätte damit gerechnet?«

»Ja, welch eine Überraschung hier am Bökelberg. Der VfB aus Stuttgart führt haushoch und völlig verdient mit 4:1. Ratlos sitzt Gladbachs Trainer Jupp Heynckes auf seiner Bank. Was seine Fohlen hier heute abliefern, das grenzt schon an Arbeitsverweigerung. Und jetzt, jetzt kommt der VfB noch einmal über rechts – über den pfeilschnellen Ohlicher, der tanzt ein, zwei Gladbacher aus, aber dann verspringt ihm der Ball und geht weit neben das Tor. Abschlag also vom Tor der Fohlen. Sude drischt den Ball weit nach vorne. Also hier tut sich nicht mehr viel, hier ist der Drops gelutscht und Gladbach verliert und findet sich im grauen Mittelfeld wieder. Der Abschlag ist im Seitenaus gelandet, Einwurf Stuttgart …«

»Tooooor in Frankfurt.«

»Ich höre Tor in Frankfurt. Ist das der späte Ausgleich für die Borussia aus Dortmund? Ich gebe weiter ins Waldstadion zu Heinz Eil.«

»Nein, Werner Hansch, kein spätes Ausgleichstor für Dortmund. Es war die Eintracht aus Frankfurt, die getroffen hat. Damit ist auch hier die Entscheidung gefallen. In der 90. Minute schießt Bum-kun Cha das 3:1 für die Eintracht. Es kam, wie es kommen musste, Dortmund hat hinten aufgemacht, hat alles nach vorn geworfen und dann ein klassischer Konter. Weiter Ball von Charly Körbel nach vorn in die Mitte, Cha sprintet durch und steht allein vor Torwart Immel und schiebt die Kugel souverän ins linke untere Eck, keine Chance für den Torhüter.

Das ist nun doch eine klare Angelegenheit, ein deutlicher Sieg für die Eintracht. Und da pfeift Schiedsrichter Franz-Josef Hontheim auch schon ganz pünktlich ab. Hier ist Schluss. 3:1 für Frankfurt gegen Dortmund. Aber in München, da wird noch gespielt. Da ist noch alles offen. Gerd Rubenbauer – lang dürfte das bei euch auch nicht mehr sein. Die Bayern gegen die Geißböcke – fällt da noch ein spätes Tor?«

Leck mich en de Täsch, dachte Bauer Schäfer, Schiri, pief dat Spell aff, do Jeck em Rään.

Einen Punkt aus München mitnehmen. Passt. Mehr war bei den starken Bayern nicht zu holen.

Diese aufreibenden letzten Minuten eines Fußballspiels, wenn man mit seiner Mannschaft zittert. Die Nachspielzeit, die einem ein ganzes Spiel vermasseln kann.

»Kommt, Jungs, macht hinten dicht, stellt euch hinten rein«, rief Willi Schäfer und guckte Hennes an, auf den sich seine Aufregung zu übertragen schien. Die Glücksziege nickte heftig und meckerte dann krächzend – um danach noch einmal zu niesen. Plötzlich aber …: Ein Schrei wie Kanonendonner rauschte ins Konferenzgeschehen. Ein Vulkanausbruch. Eine Rakete. Ein Wahnsinnsgeschoss.

»Tooooor in München. Tooooor in München.«

Oh je, Bauer Schäfer klopfte das Herz bis zum Hals. Er fuhr sich durchs Haar, hielt inne, was war im Olympiastadion passiert? Geißbock Hennes scharrte mit den Hufen, hustete noch einmal und schnaubte, als hätte er sich verschluckt. Was hieß das nun: »Tooooor in München.«

Die Dramaturgie der Bundesligakonferenz lebt von diesen ganz besonderen Sekunden. Der Reporter ruft, schreit: »Tooor in München«, er benennt aber zunächst nicht die Mannschaft, die das Tor erzielt hat, sodass der Radiohörer bange Sekunden durchleiden muss, bis er Genaueres erfährt. Dramatischer geht es nicht. Niemals mit der Tür ins Haus fallen, das Spannungsmoment auskosten, so die Absprache unter den Kommentatoren. Immer heißt es: Tooor auf der Bielefelder Alm oder auf dem Gladbacher Bökelberg, im Hamburger Volkspark oder im Frankfurter Waldstadion. Meistens noch viel kürzer, noch viel direkter: Tooor in Hamburg – Tooor auf Schalke oder eben Tooor in München. Ebenso galt das für andere Schicksalsmomente in den neunzig aufregenden Minuten eines Fußballspiels. »Rote Karte in Hamburg«, hieß der Zwischenruf dann oder »Elfmeter in Frankfurt!«.

Doch für wen? Für oder gegen die eigene Mannschaft? Dieser ganz spezielle Tooor-Ruf lediglich mit einer Ortsangabe sollte die Fans auf die Folter spannen. Mehr Aufregung ging nicht, mehr Herzklopfen war unmöglich. Nun mach schon, rück raus mit der Info, wer hat das Tor gemacht?

Man hätte den Reporter schütteln mögen, um endlich zu erfahren, für wen denn das Tor gefallen war.

Die Dusel-Bayern, schoss es Willi Schäfer durch den Kopf, immer wieder die Dusel-Bayern. In der 90. Minute, su ene Dress ävver och.

»Mensch Hennes«, fuhr er den Geißbock an, »was machste für Sachen, das kann doch nicht sein. Neunzig Minuten bleibt der Kasten sauber und dann das!«

Bei der haushohen Überlegenheit der Bayern in der zweiten Halbzeit war es mehr als verständlich, dass Bauer Schäfer damit rechnete, dass seine Geißböcke das Gegentor in der letzten Minute kassiert hatten. Die tollen Paraden von Toni Schumacher waren also vergebens, das Spiel war verloren, die zwei Punkte blieben in München und setzten damit den FC beim kommenden Heimspiel gegen den HSV enorm unter Druck. Noch gab es ein winziges Quäntchen Hoffnung.

»Na, was iss denn nun. Hennes, du Glücksgeiß, rück schon mit der Wahrheit raus!«

Willi Schäfer war nicht besonders abergläubisch – oder doch? »Do kriss dä janze Sack Ääpele, wenn dat unsre Jungs wore«, versuchte er, das Maskottchen zu beschwören. »Tooooor in München.«

»Ja. Gerd Rubenbauer. Was ist los im Olympiastadion? Jubeln die Bayern?«, fragte Jochen Hageleit aus der Sendezentrale des WDR. »Ich gebe schnell weiter ins Olympiastadion.«

»Tooooor in München«, rief Gerd Rubenbauer erneut. Mannomann, der hatte Nerven, Bauer Schäfer war längst aufgestanden und fuchtelte ungeduldig mit dem Hammer durch die Luft.

Und dann, nach gefühlten Ewigkeiten, die Erlösung: »Littbarski, Litti war's. Er hat's gemacht dieses wichtige Tor für die Geißbock-Elf. 1 : 0 für den 1. FC Köln in der 90. Minute.«

Bauer Schäfer warf vor Freude den Hammer in die Ecke, »Halleluja«, rief er und: »Jot jemaat, Jeißböck, un jot jemaat, Litti. Hennes, mer han die Bayern injesack, und dat en München!«

»Zieht den Bayern die Lederhosen aus, Lederhosen aus, Lederhosen aus!« Im Radio hörte Willi die Gesänge der mitgereisten Kölner Fans im

2004: Hennes VII. im Stall von Wilhelm ›Willi‹ Schäfer mit seinem Spielkamerad, dem Kaninchen ›Willi II.‹.

ausverkauften Olympiastadion – und fast hätte er in den Refrain eingestimmt.

»Eine Spielertraube um Pierre Littbarski. Und auch Trainer Rinus Michels, der für seine Nüchternheit bekannt ist, ist aufgesprungen und hüpft an der Seitenlinie«, setzte Rubenbauer jetzt seine Reportage aus München fort. »Welch ein Schuss aus gut zwanzig Metern. Unhaltbar für Jean-Marie Pfaff, ein Schuss wie ein Strich, flach ins rechte Eck, der saß. Mein Gott, Litti, da nimmt der kleine Kölner sich ein Herz und zieht einfach mal ab. Welch eine Granate! Die Bayern stehen mit gesenkten Köpfen auf dem Spielfeld. Sie haben es sich selbst zuzuschreiben, dass sie das Spiel nicht früher für sich entschieden haben. Aber das Spiel ist noch nicht aus. Die Münchner haben noch einmal Anstoß, sie schlagen den Ball lang nach vorn. Kommt da noch was? Kalle Rummenigge ist in den Strafraum gesprintet, die Flanke fliegt hoch in den Sechzehner, aber Abseits. Rummenigge steht klar im Abseits. Toni Schumacher nimmt sich die Kugel und natürlich hat er jetzt gaaanz viel Zeit. Die Münchner bedrängen ihn – jetzt läuft auch noch Bayern Torwart Jean-Marie Pfaff nach vorn. Und jetzt ist Schluss, jetzt ist in München Schluss, Schiedsrichter Peter Gabor pfeift die Partie ab. Aus. Schluss. Vorbei. Die Geißbock-Elf gewinnt glücklich und dank eines Schumachers in Weltklasseform mit 1:0. Bei ihm und bei Litti können sich die Kölner bedanken, hier zwei glückliche Punkte mitgenommen zu haben. Das war's aus München. Ich gebe zurück in die angeschlossenen Funkhäuser.«

Bauer Schäfer musste erst einmal durchatmen. Er setzte sich auf den Werkzeugkasten, nicht ohne vorher die drei Äpfel vom Regal geangelt zu haben, um den Glücksbringer Hennes zu belohnen. Und Glück hatten die Kölner heute gehabt – verdammt viel Dusel. Geißbock Hennes hob den Kopf und schaute seinen Herbergsvater Willi Schäfer müde an, er knabberte lustlos an den Apfelschnitzen, die Willi vorher zerteilt hatte, hustete dann aber so sehr, dass sein Herrchen sich Sorgen machte.

Bauer Schäfer beschloss, Montag noch einmal den Tierarzt kommen zu lassen. Mit Hennes stimmte etwas nicht und bis zum Heimspiel gegen den HSV musste der vierbeinige Glücksbringer unbedingt wieder fit sein. Aus dem Nachbarschuppen holte Schäfer frisches Stroh. Als er zurück in den Stall kam, lehnte Hennes mit gesenktem Kopf gegen eine Wand. »Maach ens en Paus. Dat wor ene hadde Daach. Mensch Hennes, die Bayern in München besiegt, damit hätte keiner gerechnet.« Schäfer tätschelte dem Geißbock den Hals und Rücken. Am Abend würde er noch einmal vorbeischauen. Das Tier wirkte auf ihn nicht nur erschöpft, sondern auf eine seltsame Art unruhig. Es schnappte immer wieder nach Luft und röchelte jetzt auch beständig, das Maul leicht geöffnet, schien ihm das Atmen schwerzufallen.

Vielleicht hatte es den letzten Apfel zu schnell geschluckt. Hennes hatte sich jetzt in die Ecke gekauert und beruhigte sich. »Dat wor ene echte Krimi, do bes noch immer total ussem Hüüsje. Ruh dich uss, do muss ens e Päusje maache. Und Ruhe, viel Ruhe.« Schäfer strich dem Maskottchen über den Kopf und setzte sich noch fünf Minuten auf den kleinen Schemel, der am Fenster stand. Dann packte er das Werkzeug zusammen, füllte den Napf mit frischem Wasser, klemmte das Kofferradio unter den Arm und verließ den Stall mit einem ungutem Gefühl. Vielleicht sollte er doch heute schon beim Tierarzt anrufen?

Er ging ins Haus und wählte die bekannte Nummer. Doch es meldete sich niemand. Mit einer Decke kehrte Bauer Schäfer zurück in den Stall. Er war kaum zehn Minuten fort gewesen. Doch als er zurückkam, sah er, wie Hennes leblos in der Ecke lag. Zunächst dachte Bauer Schäfer, der Geißbock sei tief und fest eingeschlafen, doch dann begriff er, was passiert war. Hennes war tot. Gestorben an Herzversagen. Eine Stunde nachdem Littbarski das entscheidende Tor für die Geißböcke in München geschossen hatte.

Köln hatte auswärts gegen die Bayern gewonnen. Hennes IV. war kurz nach dem Spiel gestorben. Das ist überliefert. Sicher hatte der Geißbock gespürt, wie aufregend es war, in München, ausgerechnet bei den Bayern zu gewinnen, denn Deutschland war ein geteiltes Land (und ist es eigentlich immer noch), geteilt zwischen Ost und West, zwischen Gut und Böse, zwischen Bayern München und seinen Fans und dem Rest der deutschen Fußballwelt. Väter impfen ihren Töchtern ein, sich niemals in einen Bayern-Fan zu verlieben – da konnten sie Wer-weiß-Wen nach Hause bringen, alles gut, aber ein Bayern-Fan ist ein No-Go. Gestandene Intellektuelle betrachten die Erziehung ihrer fußballbegeisterten Jungs als gescheitert, wenn die den Bayern zujubeln.

Aber wer damals schon – vor über vierzig Jahren – als Jugendlicher cool und angesagt sein wollte, der hatte mit den Bayern ohnehin nichts am Hut. Warum war das so? Weil die Bayern Spielverderber waren, weil sie, warum auch immer, ein Füllhorn an Geld hatten und jedem Verein die besten Spieler, ohne mit der Wimper zu zucken, wegkauften. Jupp Kapellmann war dafür in Köln ein frühes Bespiel, später Lukas Podolski. Die fetten Münchner zückten mit ihren verschwitzten Händen ihre dicken Portemonnaies und kauften alles auf, was in anderen Vereinen nach Erfolg roch.

Zurück in die frühen 1980er-Jahre. Ziehen wir ein Resümee dieses für die Kölner legendären 13. Spieltags am 13. November 1982. Das war kein Spiel für schwache Nerven, das die 55 000 Zuschauer im Münchner Olympiastadion erlebt hatten. Nach dem knappen und gewiss auch glücklichen 1:0 hatte die Geißbock-Elf punktgleich zu den Bayern aufgeschlossen, beide Vereine hatten nun 18 Punkte, lediglich die schlechtere Tordifferenz der Kölner sorgte dafür, dass die Rheinländer hinter den Münchnern auf Platz vier standen. Nur Dortmund und Hamburg standen vor den beiden Vereinen. Aber das konnte sich schon am kommenden Spieltag ändern.

Wieder einmal hatte sich eine dieser ewigen und viel zitierten Fußballweisheiten bewahrheitet: Wenn du bei drückender Überlegenheit das Tor nicht triffst, wird das bestraft.

Die Geißbock-Elf war damit dran an der Tabellenspitze, mit den Kölnern musste man rechnen, wenn es um die Meisterschaft ging, wer mit so viel Fortune in München gewann, der hatte aussichtsreiche Chancen, den Titel zu holen, und am kommenden Wochenende, da kam der Spitzenreiter aus Hamburg. Ganz Köln freute sich auf den Fußballkrimi.

Beim Heimspiel gegen den HSV war dann schon Hennes V. im Stadion. Natürlich, denn der Tod ist nicht das Ende des Lebens, da sind die Kölner sehr katholisch. Denn: wat wellste maache, et küt wie et küt und et hätt noch immer jot jejange. Und jeder Jeck in Köln weiß, dass Hennes neben seinem sterblichen natürlichen Körper auch noch einen unsterblichen Glücksbringer- und Maskottchen-Körper hat, durch den er die Würde und Macht seiner Existenz als Wappentier des FC verkörpert. Der Nachfolger übernimmt diese Würde des Wappentiers ganz automatisch.

Hennes V. hatte zunächst Anlaufschwierigkeiten, ein Unentschieden zu Hause gegen Hamburg, dabei hatten alle auf einen Sieg der Geißbock-Elf gehofft. Am Ende schafften es weder die Bayern noch die Kölner ganz nach oben. Hamburg wurde 1983 Meister, knapp vor Bremen – die Kölner landeten auf Platz fünf. Aber der FC holte den DFB-Pokal, im Stadtderby gegen Fortuna Köln, auch ein legendäres Ereignis. Übrigens erzielte Littbarski in diesem Spiel erneut den Siegtreffer – mit dabei war Hennes V., der sich inzwischen als Glücksbringer warmgelaufen hatte und sicher mitverantwortlich war für einen historischen Rekord in der Geschichte des DFB-Pokals, den Köln in der Saison 1982/83 aufstellte: Die Geißbock-Elf ist bis heute die einzige Mannschaft, die alle sechs DFB-Pokalspiele, von Runde eins bis zum Finalspiel, im heimischen Stadion ausgetragen hat. So viel Losglück kann es nur geben, wenn man auf das richtige Maskottchen setzt. Patron Hennes sei Dank.

HENNES V. | HENNES VI.
(Amtszeiten: 20. November 1982 bis Juli 1989 /
August 1989 bis 13. März 1996)

»Mach et, Otze!«

Hennes V. wäre mit dem 1. FC Köln 1986 fast abgestiegen. Aber immerhin – und da machten die Kölner Fußballer ihrem Ruf als Diven des Sports alle Ehre – erreichten sie in der gleichen bedrohlichen Spielzeit das UEFA-Pokalendspiel gegen Real Madrid. Sie besiegten die Königlichen sogar zu Hause mit 2 : 0. Dieser Erfolg hatte jedoch nur noch statistische Bedeutung, da die Kölner das Hinspiel in Spanien 1 : 5 verloren hatten. 1989 schrammte die Geißbock-Elf nur haarscharf an der Meisterschaft vorbei. Das war ganz knapp, Christoph Daum hatte die Kölner erneut an die Ligaspitze herangeführt.

Aber in der Amtszeit des fünften Hennes gab es doch noch etwas zu feiern. Das DFB-Pokalendspiel am 11. Juni 1983 war das große Thema in Köln und spaltete die Stadt. Denn der FC spielte gegen die kleine Fortuna, dem Underdog aus der Kölner Südstadt, und gewann knapp mit 1 : 0 durch einen Littbarski-Treffer. Hennes V. ist bis heute der letzte Geißbock, unter dem die Kölner einen Titel einfahren konnten. Pierre Littbarski, Thomas »Icke« Häßler, Sunday Oliseh, Toni Polster, Paul Steiner, Klaus und Thomas Allofs, Toni Schumacher, Bodo Illgner, Horst Heldt – Hennes V. und Hennes VI. durften während ihrer Amtszeiten große Fußballzauberer im Müngersdorfer Stadion bestaunen.

Hennes VI. bekam Konkurrenz in Gestalt eines lebensgroßen Plüschmaskottchens. Die Kölner Fans waren massiv unzufrieden. Einige sogar so sehr, dass sie mit ihren leeren Zigarettenschachteln nach dem Mann im Geißbock-Kostüm warfen, der im Stadion etwas verloren herumtapste. »Buuuuuh«, »Pfuiii««, »Son Driss«, »Verzieh dich«. Dann sangen sie: »Es gibt nur einen Geißbock Hennes. Es gibt nur einen Geißbock Hennnnes.« Einen als Geißbock kostümierten Menschen hielten die Fans für einen schlechten Aprilscherz. Immerhin – es war der 1. April 1995, als das FC-Maskottchen als übergroßes verkleidetes Püschtier auf den Rasen lief. Das Müngersdorfer Stadion war ausverkauft, die Bayern aus München waren zu Gast und die Verantwortlichen im Verein hatten sich überlegt, das wäre ein guter Anlass, um dem lebenden Geißbock so ein Plüschmaskottchen zur Seite zu stellen.

Das Drumherum eines Fußballspiels wurde in den 1990er-Jahren immer mehr zu einem inszenierten Showact. In den Jahren zuvor reichten die neunzig Minuten auf dem Rasen als alleinige Unterhaltung aus. Fußball und nur Fußball, darum ging es, da sollte nichts ablenken, da war man streng. Alles andere war doch Quatsch, unnötig, dämliches Getue. In der Pause gab es Bratwurst und Bier, dazu Fachgespräche über die erste Halbzeit, allenfalls fand nebenher noch ein recht lieblos organisiertes und wenig beachtetes Elfmeterschießen statt, das in der Regel von einem lokalen Baumarkt gesponsert wurde.

Der Trend, die Zeit vor dem Spiel und die Pause mit buntem Spektakel zu füllen, kam aus den Profiligen der USA. Auf einmal sah man auch auf deutschen Fußballplätzen Cheerleaderinnen, die die Teams beim Einzug ins Stadion begrüßten. Das Repertoire der über die Stadionlautsprecher eingespielten Melodien wurde aufgemotzt. Nach den Toren der Heimmannschaften erklang plötzlich eine individuelle, auf den jeweiligen Verein und seine Stadt zugeschnittene Jubelmelodie. In Köln war das natürlich ein Karnevalsklassiker. »Denn wenn et Trömmelche jeht« von der Band Räuber. Und ebenfalls aus den amerikanischen Profiligen, der NBA und der Football League importiert, tauchten in allen Stadien auf einmal die Maskottchen als übergroße quietschbunte Tierpuppen auf. In Köln wollte man diesem Trend nicht nachstehen, man warb Cheerleaderinnen an und beschloss, neben dem lebendigen Geißbock einen zweiten Hennes als Plüschtier auf das Spielfeld zu schicken.

Welch eine Zumutung und Beleidigung musste das für Hennes VI. gewesen sein. Da hatte jemand aber auch so gar nichts von der kölschen Fan-Seele verstanden. Die FC-Anhänger im Stadion waren empört.

Fortan blieb es bei dem einen und einzigen Maskottchen, dem lebendigen Hennes am Spielfeldrand. Nachher konnte der Verein dieses Intermezzo mit dem Geißbock aus Plüsch als Aprilscherz hinstellen. Obwohl: die Kölner gewannen das Spiel gegen die Bayern mit 3:1. Pablo Thiam und zweimal Toni Polster schossen die Tore für den FC. Von daher hätte der neue Geißbock als tapsiger Stoffriese durchaus einen gelungenen Einstand feiern können, wäre er doch als Zweitmaskottchen mit dafür verantwortlich gewesen, den stolzen Bayern die Lederhosen ausgezogen zu haben. Aber diese Ehre taten ihm die Kölner Fans nicht an. Er war einfach zu lächerlich, zu peinlich, zu dumm. Hennes VI. hatte sein Monopol als lebendiges Maskottchen verteidigt. Jetzt wird das Geißbock-Kostüm dann und wann noch für Feierlichkeiten mit Kindern rausgekramt, dafür reicht es gerade noch.

Ohne Frage war die Verteidigung seines Monopols als Glücksbringer eines der wenigen glorreichen Erlebnisse der Amtszeit von Hennes VI. Er musste ertragen, wie die Leistungen seines Vereins immer erbärmlicher wurden. Und das obwohl der Verein 1990 mit Littbarski, Illgner und Steiner drei Weltmeister in seinen Reihen hatte. Schlimm war die Saison 1991/92, vier Trainer sah Hennes kommen und gehen, so etwas hatte es in der Liga noch nie gegeben. Der nette, vielleicht zu nette Erich Rutemöller wurde gefeuert, es folgte ein sehr kurzes Intermezzo mit Trainerlegende Udo Lattek, dem Hannes Linßen folgte, der dann wiederum das Ruder an Jörg Berger übergeben musste. Berger führte den Verein immerhin aus dem Tabellenkeller und am Ende einer turbulenten Saison stand der FC auf Platz vier.

In den folgenden Jahren ging allerdings nach oben in der Tabelle nichts mehr. Hennes VI. konnte gerade noch verhindern, dass der FC in seiner letzten Saison als amtierender Glücksbringer zum ersten Mal in der glorreichen Vereinsgeschichte in die Zweite Liga abstieg. Im Mai 1996 retteten sich die Kölner dramatisch am letzten Spieltag der Saison in Rostock. Holger Gaißmayer erzielte das erlösende 1:0 für die Geißböcke in der 73. Minute. Hennes VI. scheint diese miserable Bundesligasaison den letzten Nerv gekostet zu haben. Er starb mitten im Abstiegskampf, am 13. März 1996.

Die legendärste Geschichte aber erlebte Hennes VI. im DFB-Halbfinale gegen den MSV Duisburg am 7. Mai 1991. Es war das Halbfinal-Rückspiel,

1976: Hennes IV. mit Betreuer Wilhelm Schäfer.

Köln führte zu Hause 3 : 0, der Einzug ins Finale war der Geißbock-Elf nicht mehr zu nehmen. Frank »Otze« Ordenewitz hatte während der Partie die zweite Gelbe Karte des laufenden Wettbewerbs gesehen und wäre damit im Endspiel gesperrt gewesen. Bei einer weiteren Gelben Karte würde Otze zwar im Halbfinale mit Gelb-Rot vom Platz fliegen, könnte aber im Endspiel dabei sein, weil die Gelb-Rot-Sperre sich nur auf ein Pflichtspiel in der Bundesliga auswirken würde, für den DFB-Pokal jedoch belanglos war. Otze und Trainer Erich Rutemöller wussten das natürlich. Sollte der Spieler jetzt eine Gelbe Karte provozieren, um dann im Endspiel dabei zu sein? Diese Entscheidung wollte Otze nicht allein treffen. Als ihn das Spielgeschehen in die Nähe der Trainerbank führte, rief er Rutemöller zu: »Soll ich?« Daraufhin antwortete der Trainer jenen Satz, der in die Fußballgeschichte eingegangen ist: »Mach et, Otze.« Und Otze drosch den Ball in der 84. Minute bei einer Spielunterbrechung absichtlich und mit Wucht vom Platz und bekam wegen vorsätzlichem Ballwegschlagens die gewünschte Gelb-Rote Karte.

Hennes VI., so ist überliefert, soll mit diesem Satz sehr einverstanden gewesen sein und kräftig genickt haben. Richtig so! Wer solch bescheuerte Fußballregeln aufstellt, muss mit diesen Pointen rechnen. Der DFB allerdings verstand da keinen Spaß und sperrte Ordenewitz trotzdem für das Endspiel, das die Kölner 4 : 5 nach Elfmeterschießen gegen Werder Bremen verloren.

Ponys, Äffchen und Löwen – Lebendige Maskottchen in der Bundesliga

Viele Vereine schickten bis in die späten 1970er-Jahre lebendige Tiere als Glücksbringer aufs Spielfeld. In Bremen war es die zottelige Heidschnucke Pico, in Hannover gab es den Schäferhund Etzel, dem das Kapuzineräffchen Popo folgte. Ziegenböcke gab es damals übrigens auch – in Wolfsburg und Hamburg. Jockeli hieß der St.-Pauli-Bock, Onkel Willi der Bock der Wölfe. Und so könnte man die Liste der ausgestorbenen lebendigen

Maskottchen endlos fortsetzen, vom Rot-Weiß-Essener Shetlandpony erzählen, vom Zwergpony Schöppchen in Frankfurt oder vom Esel Max der Münchner Löwen, der dann sogar von einem echten Löwenbaby namens Radieschen, benannt nach Torwartlegende Petar »Radi« Radenković, abgelöst wurde. Das Experiment mit dem echten Löwen der Sechziger dauerte allerdings nicht lang. Als das Löwenkind größer wurde, fauchte es bei einem Auswärtsspiel in Frankfurt den Trainer der Gegner so bedrohlich an, dass man Radieschen danach besser im Zoo ließ. Heidschnucken, Pferde, Äffchen, Ziegen und Hunde hielten sich dagegen länger.

Eine Geschichte mit einem tierisch lebendigen Talisman gibt es, die viele Parallelen mit der Entstehungsgeschichte von Hennes aufweist. In der Braunschweiger Stadthalle überreichte der TV-Moderator Peter Frankenfeld am 1. Juni 1967 während der damals populären Quizshow »Vergißmeinnicht« der Vereinsführung von Eintracht Braunschweig einen Hund, einen Chow-Chow, als Glücksbringer. Die Eintracht hat einen Löwen im Wappen und da ein Chow-Chow ebenfalls über eine stattliche Löwenmähne verfügt, hielt Frankenfeld den Hund für ein geeignetes lebendiges Maskottchen. Der TV-Gag war als Gag gemeint, gefiel der Vereinsführung von Eintracht Braunschweig aber so gut, dass man sich an den Züchter des ausgeliehenen Fernseh-Hündchens wandte und dort einen eigenen Chow-Chow erwarb, den man am 6. März 1968 feierlich den Fans präsentierte. Das löwenähnliche Tierchen hörte auf den exotischen Namen »El-Jo Buddha-Wu«. Der Hund mit der Löwenmähne begleitete die Eintracht dann auch eine Weile bei den Heimspielen, verschwand aber irgendwann sang- und klanglos von der Bildfläche. Heute erinnert noch eine Facebook-Seite unter dem Namen »El-Jo Buddha-Wu« an den Chow-Chow der Braunschweiger.

In den späten 1970er-Jahren fand die Freude an tierischen Talismanen auf dem Fußballplatz ein jähes Ende. Woran das lag? Vielleicht weil nach dem heißen Herbst 1977, der aufkommenden Ölkrise und der Eiszeit des Kalten Krieges die Stimmung allgemein ernster wurde. Humorlos und eher trocken ging es auch beim Fußball zu. »Entscheidend ist auf'm Platz«, diese uralte Fußballweisheit von Alfred »Adi« Preißler wurde zur zentralen Botschaft. Ab sofort galt, was neunzig Minuten lang heiliger Ernst auf dem

S. 184/185
19. März 1966: Hennes I. beim Spiel des
1. FC Köln gegen Eintracht Braunschweig.

heiligen Rasen war. Spökes und Tierchen, Tanz und Brimborium verschwanden aus der Fußballliturgie – übrigens auch das legendäre ARD-Fußballballett, das zur WM 1974 erfunden worden war und lange für viel Heiterkeit gesorgt hatte. Vorbei war es damit auch mit Ponys, Äffchen, Hammel und Hündchen. Eine überraschende Pointe erlebte ein Glücksschweinchen in Kaiserslautern. Schausteller überreichten 1977 auf dem Lauterer Maimarkt den Roten Teufeln vom Betzenberg ein Glücksferkel, das der Verein aber aus gutem Grund schnell verschenkte. Ein Schweinchen hatte den Lauterern 1970 schwer im Magen gelegen. Damals hatte die Stadt dem Verein das Borstenvieh geschenkt. Es wurde vor dem Pokalfinale 1972 gegen Schalke geschlachtet und zur Stärkung den Spielern serviert. Lautern ging 0:5 gegen Schalke unter.

Wer kommt auch schon auf die verwegene Idee, den eigenen Talisman aufzuessen?

Auf der Comedy-Bühne – Filmstar Hennes

Hennes ist prominent, im Lauf der Jahrzehnte ist er eine internationale Größe geworden. 1979 hatte ihn sogar ein englischer TV-Sender eingeladen, den 1. FC Köln zum Europapokalspiel bei Nottingham Forest zu begleiten. Die Transportkisten standen schon bereit, die Tickets waren gebucht. Doch dann verweigerten die englischen Behörden dem Geißbock das Einreisevisum. Man muss hier nicht erwähnen, dass der FC im Pokal der Landesmeister am Ende gegen die Engländer knapp ausgeschieden ist. Die Verantwortung der englischen Behörden gilt es hier zumindest zu hinterfragen.

Ein anderes Beispiel für die globale Bedeutung der kölschen Fußballziege: Im brasilianischen Rio gibt es einen FC-Fanclub, der sich »Hennes Redentor/Hennes der Erlöser« nennt. Auf dem Club-Logo stemmt der Geißbock zwar die Hufen auf das Vereinswappen, doch der Dom im Originalwappen ist verbannt worden und durch die berühmte Christusstatue von Rio ersetzt, die »Christo Redentor« heißt. Mitglieder des brasiliani-

23. August 2019: Erstes Heimspiel für Hennes IX. gegen Borussia Dortmund.

schen Fanclubs sind übrigens nicht nur Rheinländer, die es nach Rio verschlagen hat, sondern auch Brasilianer.

Die Liste der Beispiele für die globale Prominenz der Kölner Fußballziege ließe sich noch endlos erweitern. So berichtete im August 2019, als Hennes VIII. in den Ruhestand ging, die US-Amerikanische Zeitung *Washington Post* unter der Überschrift »Hennes the goat, Cologne's long serving club mascot retires« ausführlich über das Wappentier, das in Pension geschickt wurde, über seine altersbedingte »osteoarthritis« und über den neuen »incumbent«, also Amtsinhaber Hennes IX. »The ninth Hennes is a one year old goat of a traditional but endangered breed.« (Der neunte Hennes ist eine einjährige Ziege einer traditionellen, aber gefährdeten Rasse.)

Als Weltstar ist Hennes fürs Fernsehen und Showbiz interessant und wird immer wieder für Auftritte in Filmen und im TV gebucht. Man muss nicht lange wühlen, um im Internet Aufnahmen mit bewegten Hennes-Bildern aus Fernseharchiven zu finden, die aus vergangenen Jahrzehnten stammen. Die ersten Filme noch in Schwarz-Weiß. Zu sehen ist etwa, wie Betreuer Günter Neumann Hennes II. in den späten 1960er-Jahren in einen selbst gebauten Anhänger seiner Vespa bugsiert und mit ihm ins Stadion einfährt.

Noch länger zurück liegt ein Auftritt von Hennes I. als Model bei Bildhauer Hein Derichsweiler 1961. In einem historischen Kurzfilm wird erzählt, wie Hennes als Bronzeskulptur verewigt wird. Auf dem Weg zum Atelier des Künstlers zieht der stolze Geißbock seinen Betreuer forsch voran, so beginnt der Film. Dort wird er vom Bildhauer begrüßt, muss allerdings eine schmale Treppe erklimmen, was ihm überhaupt nicht gefällt. Im Atelier trifft er auf sein fast fertiges Ebenbild in Bronze, stolz auf den Hinterpfoten aufgebockt. Während Derichsweiler letzte Feinarbeiten am Backenbart seiner Skulptur vornimmt, ist Hennes mehr an den Leckereien in den Taschen seines Betreuers Günter Neumann interessiert. Die Kamera scheint Hennes überhaupt nicht zu stören. Hennes soll auf zwei Beinen posieren, aber er denkt gar nicht daran – er macht, was er will, und wird seinem Ruf als sturer Bock gerecht. Schnitt. Neues Setting.

Die glänzende Bronzeskulptur wird im Geißbockheim eingeweiht. Hennes ist mit seiner schönsten FC-Satteldecke Ehrengast. Der Film ist hier mit Fanfaren- und Manegenmusik unterlegt. Im Saal wartet schon die Geißbock-Elf, die ihr Maskottchen empfängt. Ordentliche junge Männer in grauen Anzügen und mit gescheitelten Haaren treten auf. Als Obermessdiener wären sie auch durchgegangen. Mannsbilder im Heintje-Look. Picobello, da ist kein Haar zu lang. Die glatt rasierten Jungs mit Unschuldsmiene sind 1961 noch ewig weit entfernt vom neuen coolen Look der 1968er-Zeit. Sie stehen stramm, ganz brav, kein rebellierender Langhaar-Netzer in Sicht, kein Breitner-Revoluzzer mit Mao-Bibel in der Hand, keine Porsche-Draufgänger und Weiberhelden in Lederjacken.

Viel Prominenz ist unter den jungen Fußballhelden zu sehen. Der geschniegelte Karl-Heinz Schnellinger sieht aus wie ein Priesteramtskandidat. Natürlich ist auch Hans Schäfer dabei, mit schüchtern angedeuteter Elvis-Tolle und der gesetzte mild lächelnde Trainerstar Sepp Herberger. Sie plaudern mit einem Glas Limo in der Hand.

Diese alten Hennes-Filmschnipsel sind zu großen Teilen mit Musik unterlegt, wie wir sie aus Stummfilmen kennen – ein fleißiger WDR-Mitarbeiter hat die historischen Aufnahmen aus den Archiven gekramt, zusammengeschnitten und ins Netz gestellt.

In den letzten Sekunden dieses Potpourris wechselt Hennes noch einmal die Bühne. Wir sehen Bilder aus dem Müngersdorfer Stadion. Ein Sprecher mischt sich unvermittelt ein. Er kommentiert den ersten Auftritt von Hennes II. im November 1966. Das frisch gekürte Wappentier muss sich, so scheint es, an die Stadionatmosphäre noch gewöhnen. Der Geißbock zerrt unwillig an der Leine, meckert und stellt sich störrisch auf die Hinterpfoten. O-Ton des Kommentators im Originalfilm: »Der neue Hennes darf den Freudensprung wagen.«

Dabei, das soll nicht unerwähnt bleiben, hat Hennes II. seine Premiere als Glücksziege ordentlich versemmelt. Die Geißbock-Elf verlor bei seinem ersten Auftritt am 26. November 1966 gegen Gladbach 1:2, ausgerechnet gegen Gladbach! Die Niederlage tat seiner schnell wachsenden Beliebtheit aber keinen Abbruch. Hennes II., das fällt sofort in dem Film auf, war viel kleiner als sein Vorgänger, eine muntere Zwergziege, die mit den Kölnern 1968 immerhin den DFB-Pokal holte.

Mit der Etablierung des Privatfernsehens in der Medienlandschaft häuften sich auch die TV-Auftritte des Kölner Geißbocks. Besonders Comedians wie Stefan Raab oder Bastian Pastewka entdeckten das Kölner Wappentier als Zielscheibe für ihren Klamauk.

Zwei Beispiele: »Heute ist für mich ein großer Tag, denn ich befinde mich hier an der Residenz seiner Eminenz dem Geißbock Hennes«, begrüßte Stefan Raab 2014 die Fernsehzuschauer in seiner Show »TV total«. Er war zu Gast bei Willi Schäfer, dem Urgestein unter den Hennes-Betreuern. Schäfer empfing Raab in seiner Knickerbocker-Lederhose, sein Markenzeichen. Die Schiebermütze trug Willi tief ins Gesicht gezogen, sodass seine Knollennase noch mehr auffiel. Er sah aus, als sei er dem Skizzenblock von Loriot entsprungen.

»Darf ich den Bock mal streicheln?«, fragt Raab in seiner Show und streckt Hennes VIII. sein Mikro entgegen. Hennes zögert keine Sekunde und scheucht den Komiker mit einem kräftigen Stoß seiner Hörner zurück. Es folgen einige zotige Doppelbödigkeiten von Entertainer Raab über Sprichwörter wie »keinen Bock haben«, oder ein »geiler Bock sein«. Dann bittet der Fernsehkasper darum, die Ziege doch aus dem Stall zu holen. Willi Schäfer hat nichts dagegen. Hennes kommt zunächst ganz brav an der Leine aus seiner Hütte, dann aber stürmt er plötzlich auf Raab zu, schwingt sich auf die Hinterpfoten und attackiert den Comedian wie ein boxendes Känguru. Er scheint den überdrehten Raab vom Hof jagen zu wollen. »Was quasselst du hier dumm rum, verschwinde, hau ab, mit deinem doofen Mikro«, so könnte man diesen Angriff deuten, »Mach dich mit deinen billigen Scherzen nicht über mich lustig.«

Als Raab dann aber eine Ukulele auspackt und anstimmt: »Unser Hätz schlät för dr 1. FC Kölle, för dr 1. Klub am Ring«, beruhigt sich Hennes und hört zu. Dieses Lied gefällt ihm, damit lässt er sich gern bestechen.

»Kann er auch lachen«, fragt Raab am Ende.

»Natürlich!«, sagt Willi und Hennes greift das Stichwort auf und keckert los. Hennes lacht, ein stotterndes Lachen, ein Lachen, das Meckern und

2003: Hennes VII. mit Betreuer Wilhelm ›Willi‹ Schäfer.

Amüsement vereint, das tausendmal besser klingt als das Lachen vom Band, das während des Raab-Besuchs bei Willi Schäfer ständig eingespielt wird.

Etwas einfallsreicher war da der Auftritt des Geißbocks beim Comedian Bastian Pastewka. In einer inszenierten Talkshow bekennt der Spaßmacher, dass er sich nicht für Fußball interessiert. Als er dann von der Moderatorin einen Hennes als kleines Kuscheltier geschenkt bekommt, nimmt er das zum Anlass, abfällig über den Kölner FC zu reden.

»Der einzige Charakterkopf, den die in der Mannschaft haben, ist der Geißbock«, sagt er, zudem werde Lisa Fitz eher Germany's next Topmodel, als dass es den Kölnern gelingen würde, in der Ersten Liga zu bleiben, höhnt Pastewka weiter. Auch hier könnte alles echt sein. Die Talkshow mit der echten Moderatorin könnte so stattgefunden haben. Wer weiß das schon?

Doch dann muss Pastewka, das ist der zweite Teil und die Pointe des Sketches, seine Schmähungen teuer bezahlen. In der ausverkauften FC-Arena sitzt der Komiker gemeinsam mit seinem Vater auf der Ehrentribüne und freut sich auf einen launigen Fußballnachmittag. Er ist stolz, seinem Papa dieses Erlebnis bieten zu können. Ehrentribüne – das ist schon was. Über den Stadionbildschirm wird Pastewka eingeblendet und begrüßt – und dann geht das Theater los. 50 000 Fans pfeifen ihn gnadenlos aus. Sein Vater schaut ihn streng an. Was hast du bloß angestellt, Junge, sein Blick spricht Bände. Es ist gut möglich, dass die Fans sauer auf ihn sind, bei dem, was der Komiker in der Talkshow losgelassen hat. Wer den FC und die Seele des Vereins, den heiligen Geißbock Hennes beleidigt, der ist in Köln nah dran an der Gotteslästerung. Die Quittung sind Pfiffe von 50 000 Fans.

Aber die Kölner sind katholisch genug, um die Funktion von Beichte und Buße zu kennen, wenn jemand »Scheiße gebaut hat« – wie es der Kölner salopp ausdrückt. Am Ende muss Pastewka zur »Strafe« das FC-Lied singen, was er brav tut, und alle liegen sich in den Armen – das ist kölsche Barmherzigkeit und rheinländische Versöhnung, die jeden Streit und jede kleine oder große Unstimmigkeit vorher wert ist.

HENNES VII.
(Amtszeit: 15. März 1996 bis 23. Juli 2008)

SK Kölsch ermittelt

2001 war ein gutes Jahr für den 1. FC Köln. In der Bundesligasaison sorgte die Geißbock-Elf für viel Furore. Das Team von Trainer Ewald Lienen kletterte in der Hinrunde bis auf den 6. Platz. Es lief für die Rheinländer rund, Köln konnte als bester Aufsteiger aus Liga 2 allen Mannschaften Paroli bieten. Bei den Bayern in München führten die Geißböcke in der Rückrunde sogar bis zur 65. Minute, ehe der Ex-Kölner Carsten Jancker den Ausgleich markierte. Bei dem Unentschieden blieb es dann.

Geprägt war die Saison zur Jahrtausendwende aber auch von der Kokainaffäre um Christoph Daum. Daum wurde nicht wie geplant Bundestrainer und verlor seinen Posten als erfolgreicher Coach bei Bayer Leverkusen. Das Theater um Christoph Daum mit seinem Gegenspieler Uli Hoeneß hatte etwas von einer schlecht inszenierten Boulevardkomödie. Kaum zu glauben, was da gesagt und geschrieben wurde. Hoeneß wollte um alles in der Welt den »verschnupften« Daum, wie er ihn nannte, verhindern. Daraufhin wurde jeder Stadionbesuch von Hoeneß zum Spießrutenlauf. Die Fußballfans pfiffen ihn aus, er bekam sogar Bombendrohungen.

Christoph Daum trug seinen Teil zur Eskalation der Affäre bei. Er fuhr schwere Geschütze auf und beteuerte seine Unschuld. Als Daum im Oktober 2000 von der positiven Haarprobe erfuhr, soll er laut gelacht haben. »Sag, dass das kein Film ist. Sag, dass das nicht wahr ist«, hatte er dem Leverkusener Manager Reiner Calmund zugerufen.

»Das ist kein Film. Das ist die Realität«, antwortete Calmund.

»Um ein Haar Bundestrainer« titelte eine große Boulevardzeitung. Diese Ereignisse sind wichtig und müssen hier erzählt werden, weil sie die reale Kulisse bilden für die Filmepisode »Bock geschossen«, in dem der Geißbock Hennes als Hauptdarsteller auftrat.

Am 10. Februar 2001, der Monat also, in dem der Film mit Hennes im Fernsehen lief, musste die Geißbock-Elf beim Rivalen in Leverkusen antreten. Bei Bayer saß nach dem geschassten Christoph Daum der ehemalige Bundestrainer Berti Vogts auf der Bank. Sein Team war gespickt mit Weltklassefußballern wie Michael Ballack, Zé Roberto, Ulf Kirsten, Lúcio oder Oliver Neuville. Die Kölner konnten die Partie lange offen gestalten, sie führten sogar durch ein Tor von Dirk Lottner 1:0 bis zur 57. Minute, dann drehte Leverkusen auf. Zunächst glich Lúcio aus, Ballak und Neuville machten die Tore zwei und drei, bis dann wiederum Lúcio in der 90. Minute für den 4:1 Endstand sorgte. Und nun zu den Ereignissen, die Hennes betrafen – die Sache mit dem Film, der die Kölner Fans ganz durcheinanderbrachte.

»Fußball ist keine Flucht oder Unterhaltung, sondern eine andere Version der Welt«, schreibt Nick Hornby in seinem Kultroman *Fever Pitch. Ballfieber – Die Geschichte eines Fans*. Hornby ist davon überzeugt, dass der Fangemeinschaft eines Vereins die Geschicke ihres Clubs wichtiger sein können als alles andere. Ihre Emotionen spiegeln sich in Sieg und Niederlage, in Aufstieg und Abstieg ihrer Fußballmannschaft. Gut sichtbar wird das an den Schnittstellen des Lebens eines Fußballfans. Für ihn ist es nicht ungewöhnlich, zum Beispiel in der Kapelle des Schalke Stadions zu heiraten, dort sein Kind taufen zu lassen – und seine letzte Ruhestätte auf dem eigens für Fans eingerichteten Vereins-Friedhof zu finden. Die Identifikation geht so weit, dass sie Teil des eigenen Daseins wird. Der Fan stülpt sich mit dem Trikot seines Vereins nicht nur ein Kleidungsstück über, sondern wird durch die Kutte zum Verein selbst. Seine Welt ist die Fußballwelt, eine Parallelwelt. Das geht weit darüber hinaus, ein simples Hobby zu haben. Fußball ist für den Fan viel mehr als ein Steckenpferd, das in der ursprünglichen englischen Bedeutung des Wortes Hobby, abgeleitet von »hobby horse«, mitschwingt. Hobby bezeichnet dabei ursprünglich ein kleines Pferd oder Pony, das eben auch ein Kinderspielzeug oder Steckenpferd sein kann.

Oft wird dabei die Realität oder das, was wir landläufig als Realität bezeichnen, der jeweiligen Fanwelt angepasst. In Köln ist die Zugehörigkeit zum 1. FC Köln eine Weltanschauung oder besser ausgedrückt ein Glaubensbekenntnis. Der Fan ist seiner FC-Religiosität ausgeliefert, ohne sie rational anbinden zu können. Gewinnt die Geißbock-Elf drei Spiele hintereinander, träumt der Anhänger des FC schon von der Meisterschaft und dem Europapokal, was mit Vernunft nun wahrlich nichts zu tun hat. Diese Leidenschaft ist filmreif, das Drama um den FC findet in jeder Saison neu im Stadion statt. In Köln zumeist mit dem Cliffhanger Ab- oder Aufstieg. In dieses Drama eingesponnen ist der Fan, er ist Teil des Thrillers, des Krimis, des Blockbusters, er gehört zum Mobiliar des Geschehens.

Was passiert nun, wenn ein erfundener Fernsehfilm diese Realität wie in einer Doku-Fiction spiegelt, aber etwas Entscheidendes hinzuerfindet, was mit dem, was im Stadion real geschieht, nichts zu tun hat. Natürlich muss das den Kölner Fan schwindelig machen, er reagiert verwirrt und weiß nicht mehr, was um ihn herum geschieht.

Hennes ist Hennes ist Hennes, das Maskottchen, der Geißbock, das Wappentier einmalig und unverwechselbar. Hennes war aber auch Hauptdarsteller in einem Krimi. Er übernahm die Rolle eines tierischen Schauspielers, wurde aber als solcher nicht erkannt, sondern blieb für den Fan DER Hennes, der am Spielfeldrand dem Verein Glück bringen sollte. Das Filmgeschehen um den erfundenen Hennes wurde zwangsläufig für bare Münze genommen, das Mordopfer Hennes im Film wurde in der Realität betrauert, großes Durcheinander, viel Aufregung um den Geißbock – aber eins nach dem anderen.

In einem Interview erzählte Joachim Luger, der dreißig Jahre lang den Vater Beimer in der TV-Serie Lindenstraße spielte, dass er auf dem Wochenmarkt in Bochum übel beschimpft worden sei, weil er als Vater Beimer in der Serie fremdgegangen war, weil er Mutter Beimer mit einer anderen Frau betrogen hatte. Die Besucher eines Wochenmarktes, auf dem er einzukaufen pflegte, beschimpften den Schauspieler, unmöglich und unanständig sei er. Auch wenn die Fernsehzuschauer wissen mussten, dass Luger nur der Darsteller der Serienfigur war, waren sie so benommen von seinem Schritt, Mutter Beimer zu verlassen, dass sie ihn spontan mit ihrem Ärger konfrontierten. Luger nahm es den Menschen nicht übel, sondern betrachtete es als Kompliment für seine schauspielerische Leistung. Das hatte also echt gewirkt, so echt wie das wirkliche Leben. Ich erzähle diese Episode, um deutlich zu machen, wie sehr ein Fernseh- und Filmgeschehen in die Wirklichkeit des TV-Zuschauers eingreifen kann. Genau das geschah auch in Köln nach der Ausstrahlung der Fernsehfolge »Bock geschossen« in der Krimiserie »SK Kölsch«.

Der Film war schon von seiner Versuchsanordnung ganz nah dran an der kölschen Wirklichkeit. Ewald Lienen spielte mit – und zwar als Trainer Ewald Lienen (2001, als der Film im TV gesendet wurde, war Lienen Trainer der Geißbock-Elf). Weiter hatte Sepp Maier eine Rolle als Sepp Maier, Werner Hansch, der Fußballreporter verkörperte den Fußballreporter Werner Hansch und die kölsche Musikband Brings sang Lieder der Kultband Brings. Hennes trat als einer der Hauptdarsteller auf, natürlich in der tragenden Rolle des Kölner Geißbocks. Das waren also alles keine echten Schauspieler, sondern reale Prominenz, die zum großen Teil sich selbst spielte. Muss einem da nicht schwindelig werden?

Kein Wunder, dass der FC-Fan nervös wurde. »Was ist da los?«, fragte er sich, als der Film am 5. Februar 2001 ausgestrahlt wurde.

In dem Krimi wird Hennes ermordet. Das ist zweifelsohne der Worst Case für jeden FC-Fan. Der Geißbock wird erschossen. Ein Attentat auf Hennes ist ein Attentat nicht nur auf den Fußballverein, sondern auf die ganze Stadt Köln, heißt es im Film. »Denn Hennes ist mehr als ein Tier«, sagt der ermittelnde Kommissar Jupp Schatz. Hennes umzulegen, sei wie den Kölner Dom in die Luft zu jagen. Und der Vereinsmanager des FC pflichtet ihm bei. Hennes sei ein Symbol für den sturen Siegeswillen der Mannschaft und für die unbeugsame Treue der Fans. »Isso«, würde der FC-Fan ihm ohne zu zögern beipflichten.

Was genau ist in dem Film passiert? Während eines DFB-Pokalspiels gegen Fortuna Düsseldorf nimmt ein Scharfschütze Hennes ins Visier und trifft, Blattschuss, Hennes kippt um. Das Spiel wird sofort abgebrochen. Das alles ist mit schnellen Schnitten dramatisiert, mit echter Fankulisse im voll besetzten Stadion gedreht.

Die Möglichkeit, dass dieser Krimi von einem wahren Ereignis inspiriert worden sein könnte, machte die Kölner nervös. Verunsichert riefen

FC-Fans im Geißbockheim und beim Hennes-Betreuer Bauer Schäfer an. Sie wollten wissen: Lebt Hennes noch oder ist er erschossen worden? War der Hennes, den sie noch am Samstag, im Spiel zu Hause gegen Freiburg, am Spielfeldrand Grasbüschel hatten zupfen sehen, der echte Hennes, das Original oder schon ein Ersatz, ein Zootier, vielleicht ein Double? Zur Beruhigung der Fans von der Vereinsführung unbemerkt ausgetauscht? Dazu passte diese blöde 0:1 Heimniederlage am 3. Februar 2001 gegen Freiburg. Vielleicht hatten die Spieler Lunte gerochen und hatten erfahren, dass der Geißbock ermordet worden war. Deshalb konnten sie sich nicht auf das Spiel konzentrieren? Denn es war nicht viel, was sie da fußballerisch zustande brachten.

Zumal im Film deutlich zu sehen war, wie das unschuldig am Spielfeldrand grasende Original von der Kugel des Scharfschützen getroffen wurde und dickes rotes Blut durch ein Loch seiner FC-Satteldecke aus seinem Rücken quoll.

Die Nachricht verbreitete sich in der Stadt wie ein Lauffeuer. In Kneipen und auf Wochenmärkten gab es nur ein Thema: Hennes VII. sei von einem Scharfschützen erschossen worden. Ein Erpresser habe den Verein bedroht, es werde Schlimmeres geschehen, wenn der FC nicht eine Million Euro zahlen würde, eine Verschwörung gegen die Geißböcke.

»Das ist doch dieser kölsche Krimi. ›SK Kölsch‹. Ein Film. Nur ein Film«, sagten die einen.

»Aber der soll auf einer wahren Begebenheit beruhen. So was erfährt man in der Öffentlichkeit nicht«, antworteten die anderen, »die wären doch bescheuert, wenn das an die Presse käme. Ein Scharfschütze im Stadion. Da kommt doch keiner mehr.«

In der Geschäftsstelle im Geißbockheim und auch bei Betreuer Willi Schäfer, und das ist mehrfach überliefert, klingelten die Telefone. »Was ist dran an der Geschichte?«, wollten besorgte FC-Fans wissen. »Ist das noch unser Hennes? Oder schon ein neuer Bock? Wird der FC erpresst?«

Geduldig erklärten die Mitarbeiter des FC Köln, dass es keinen Grund zur Sorge gebe. Hennes gehe es gut. Er sei lediglich in einem Film gestorben, im Fernsehen.

»Aber müssen die das nicht sagen, um die Situation zu beruhigen – vielleicht ist doch etwas dran?«, fragte ein aufgebrachter Anrufer. Man hatte ihm erzählt, es wäre genau zu sehen gewesen, wie das Blut aus der Satteldecke gespritzt sei, und dann sei der Geißbock wirklich tot umgefallen.

Man kann die Aufregung vieler Kölner verstehen, denn vieles in dem Film könnte bedrohliche Wahrheit sein, natürlich überspitzt und mit allen kölschen Klischees überladen. Aber was ist in Köln schon Klischee? Ein Thema des Films ist die Feindschaft zwischen Köln und Düsseldorf, die verbotene Stadt, wie sie in Köln genannt wird. Diese Rivalität kann alle Grenzen des guten Geschmacks überschreiten. In der Nacht vor dem Derby der Fortuna aus Düsseldorf gegen Köln, Anfang November 2019, warfen Düsseldorfer Fans drei abgetrennte Ziegenköpfe über die Zäune ins Kölner Stadion. Offenbar als Einschüchterung unmittelbar vor dem rheinischen Derby. Die Ekel-Aktion mit den Tierkadavern erregte bundesweites Aufsehen. Dass Hennes es heutzutage nicht immer leicht hat, zeigen auch manche Morddrohungen, die den 1. FC Köln erreichen und sich auf das Maskottchen beziehen. Schon mehrmals ordnete die Kölner Staatsanwaltschaft Polizeischutz für das bedrohte Tier an. So weit kann es also wirklich kommen.

Zurück zum Krimi »Bock geschossen«. Der Film beginnt auf dem Trainingsplatz der Kölner. Trainer Ewald Lienen lässt sich zu einem Spieler befragen, dem er fachmännisch eine große Zukunft vorhersagt. Auf die Frage, ob jener Spieler am Samstag eingesetzt werde, antwortet Lienen mit dem Beckenbauer-Zitat: »Schaun mer mal.«

Die nächste Filmszene spielt im Stadion. Die FC-Arena ist bis zum letzten Platz ausverkauft. Köln liegt gegen Düsseldorf 0:2 hinten, eine Schande für die Fans. Schnitt. Man sieht einen vermummten Scharfschützen, der auf dem Stadiondach liegt. Im Visier seines Gewehrs – zunächst einige Spieler, dann Hennes.

Tor, Tor für Köln. Die Geißbock-Elf erzielt den 1:2 Anschlusstreffer, großer Jubel im Stadion, alles wirkt echt. Im Getöse geht unter, dass ein Schuss fällt. Nahaufnahme auf Hennes, Blut quillt aus der FC-Satteldecke, Blattschuss, das Tier fällt um. Sofort sammelt sich eine Traube von Betreuern und Spielern um den Ziegenbock. Sanitäter mit einer Trage eilen herbei, doch sie können nichts tun. Hennes ist tot. Der Schiedsrichter bricht das Spiel sofort ab.

Die Kommissare Klaus Taube und Jupp Schatz beginnen mit den Ermittlungen. Das ist ein Krimi, das ist nicht real, das ist Fernsehen, sollte spätestens jetzt jedem Zuschauer klar werden. Doch dann mischen die Regisseure immer wieder kölsche Persönlichkeiten in die Handlung ein, die dem Ganzen eine gewisse, natürlich lustig gemeinte Wirklichkeitsnähe verschaffen. Wie in einem Film der Fahndungsserie »Aktenzeichen XY … ungelöst« wirkt alles, was tatsächlich so geschehen sein könnte, nachgestellt – in echter Kulisse, der Film spielt in großen Teilen im Stadion, im Geißbockheim, auf einem Rheinschiff.

Höhepunkt ist sicher die katholische Beerdigung des erschossenen Geißbocks. Eine Trauerprozession zieht durch die Kölner Altstadt. Dabei sind ein Bischof und viel Prominenz: das Dreigestirn in vollem Ornat, der Schlagersänger Jürgen Drews, der Musiker Helmut Zerlett, die Karnevalsband Brings.

Vorneweg schreitet Torwartlegende Sepp Maier, er trägt die Urne mit der Asche von Hennes. Die Urne sieht aus wie ein Pokal. Sepp Maier, der Weltmeistertorwart aus München, hält dann auch auf einem Rheinschiff die Trauerrede. »Servus Hennes«, sagt er am Ende. Die Hennes-Asche soll mit dem Pokal in den Fluss geworfen werden. »In dieser Urne ruht das Vereinsvermögen«, kommentiert Sportreporter Werner Hansch die Bestattung. Köln sei um ein Wahrzeichen ärmer geworden, sagt er. Die Anspielung auf das Vereinsvermögen ist eine pointierte Doppeldeutigkeit – natürlich ist der Geißbock der Geißbock-Elf gemeint, aber auch das millionenschwere Lösegeld, das die Erpresser in dem Krimi verlangen, das auf dem Rhein übergeben werden soll und deswegen neben der Asche von Hennes in der Pokalurne versteckt ist.

Sepp Maier tritt bei der Beerdigung des Geißbocks nicht zufällig als Trauerredner auf. Sein Einsatz ist mehr als nur ein Gag, seine Besetzung ist bewusst gewählt, das wissen alle Geißbockfans, die den Sepp und den

Hennes kennen. Denn der Münchner Torwart hat in seiner aktiven Zeit bei all seinen Besuchen im Kölner Stadion nie einen Hehl daraus gemacht, dass er ein großer Anhänger und Freund von Hennes ist. Bei jedem Spiel in Köln hat Maier dem lebenden Maskottchen der Geißbock-Elf viel Aufmerksamkeit geschenkt, hat ihn gestreichelt, an der Leine herumgeführt und einmal fast den Anpfiff eines Bundesligaspiels verpasst, weil er hinter seinem Tor noch mit Freund Hennes herumgealbert hat. So kann es für den Münchner Torhüter nur selbstverständlich sein, zur Beerdigung des erschossenen Glückstiers nach Köln zu reisen, um die ehrenvolle Aufgabe des Trauerredners zu übernehmen.

Die Beerdigung auf dem Rheinschiff endet typisch kölsch mit einem üppigen Leichenschmaus und einer Party, Brings spielt auf, Kölsch fließt in Strömen, der Bischof schwoft mit einer Blondine und bleischwere Traurigkeit wechselt schnell in rheinischen Frohsinn.

Genau genommen ist die Kriminalhandlung für den Film zweitrangig. Es geht vielmehr um die Frage, was passiert, wenn jemand den kölschen Hennes angreift und erschießt, wie würden die Kölner darauf reagieren, wie würde seine Beerdigung aussehen? Das wird hier nachgespielt und das könnte in Köln alles auch wahr sein.

Als der Leichnam des erschossenen Hennes auf dem Obduktionstisch liegt und alle Untersuchungen zur Todesursache abgeschlossen sind, kommt der Kantinenwirt des Krankenhauses in den Raum und will Hennes abholen, um Gulasch aus ihm zu machen. Da rastet der kölsche Kommissar Jupp Schatz total aus. »Das gibt es doch nicht«, ruft er, »der Hennes gehört dem Verein!« Und so geht der Leichnam ins Krematorium und seine Asche wird feierlich beerdigt.

Am Ende des Films landen seine Überreste dann doch nicht im Rhein. Die Urne würde ja womöglich in Düsseldorf angeschwemmt, beim verhassten Rivalen, undenkbar also. Es folgt eine typisch kölsche Karnevalspointe. Geißbock Hennes findet seine letzte Ruhe in der Keksdose des langjährigen Hennes-Betreuers.

Und: auch hier kein Hennes-Tod ohne eine Hennes-Auferstehung. Kurz vor dem Abspann kommt ein junges Zicklein um die Ecke ins Stadion. Kein

Bock allerdings, sondern eine Ziege, wie Kommissar Taube lachend feststellt. Auf ihrem Rücken trägt sie eine schusssichere Satteldecke.

All das ist ausgedacht. Es gibt kein Attentat auf den Kölner Geißbock – es hat nie eines gegeben. Genauso wenig wie der Kölner Dom in die Luft gejagt worden ist. Weder Gladbacher Fans haben Hennes 1970 im Stall am Geißbockheim ermordet, noch ist er von einem Scharfschützen erledigt worden.

Um alle FC-Mitarbeiter im Geißbockheim aufzuklären, was genau den Anrufern Sorgen machte, hatte die Geschäftsstelle des 1. FC Köln einen Mitschnitt des TV-Krimis besorgt. Und auch Hennes-Betreuer Bauer Schäfer soll sich den Film angeschaut haben. Im Krimi heißt er nicht Schäfer, sondern Stümpe. Er wird von den Erpressern gezwungen, bei dem Verbrechen mitzumachen, dabei ist er eigentlich ein guter Kerl mit einem guten Kern. Bauer Willi Schäfer soll diese Darstellung mit Humor genommen haben. Was ihn allerdings doch sehr bewegte, dass unter den Anrufern, die sich bei ihm nach dem Wohlbefinden von Hennes erkundigten, viele Kinder waren. Sie seien den Tränen nah gewesen, sagte Schäfer, ihrem Geißbock dürfe doch nichts passieren. Angst um Hennes erschüttert die kölsche Seele zutiefst, das spiegelte sich auch in den Anrufen der verunsicherten Kinder wider. Bauer Schäfer soll dann einige der um Hennes besorgten Kinder sogar zu sich nach Hause eingeladen haben, wo sie sich vom quicklebendigen Zustand des Geißbocks überzeugen konnten. Das Wappentier und Wahrzeichen Hennes lebte und wird ewig leben.

Mehr Sorge um Hennes VII. hatte Bauer Schäfer gut einen Monat später. Wegen der sich verbreitenden Maul- und Klauenseuche musste der Geißbock im Stall bleiben, aus Vorsicht durfte er nicht zu den Heimspielen des FC fahren. Im Stadion wurde er von einem Pappmodell auf seinem angestammten Platz am grünen Rasen vertreten und kurzzeitig über die Großbildleinwand live zugeschaltet. Dass er dennoch fehlte, merkten die Fans schnell. Beide Heimspiele gegen Wolfsburg und Unterhaching endeten mit einem müden Unentschieden.

Nachtrag: Am Ende der Saison 2000/01 landeten die Kölner als bester Aufsteiger auf einem respektablen zehnten Tabellenplatz. Meister wurde nach einem sensationellen Finish Bayern München, die erst in der Nachspielzeit in Hamburg das entscheidende Tor zum notwendigen Unentschieden erzielten. Meister der Herzen wurde Schalke 04. Die Gelsenkirchener hatten schon gefeiert, für vier Minuten waren sie Meister, bis die Dinge in Hamburg ihren Lauf nahmen und die Schale wieder einmal an die Isar ging.

Hennes VII. erlebte in seiner Amtszeit vier Abstiege aus der Bundesliga. Aber niemals wären der Verein und die Fans darauf gekommen, ihren Glücksbringer anzuzweifeln oder sich gar von ihm zu trennen. Der Geißbock steht für den FC-Fan, der sich seinem Verein verschrieben hat – da spielt es schlicht keine Rolle, wie tief der Absturz ist. Nehmen wir an, der FC-Anhänger könnte seinen Verein so betrachten wie sein Stammrestaurant – wenn das Essen auf längere Sicht nicht mehr schmeckt, kann er einfach wegbleiben, weil man ihm schlecht zubereitete Speisen auftischt. Aber der 1. FC Köln ist kein Stammrestaurant, und auch wenn dem Fan im Stadion über viele Spiele äußerst magere FC-Fußballkost aufgetischt wird, spielt das für seine Treue zur Geißbock-Elf keine Rolle. Der Fan verzehrt, was ihm angeboten wird.

Hennes im Herzen – Ein Gespräch mit Manuel Andrack und Guy Helminger

Der Fernsehmoderator und Buchautor Manuel Andrack ist ein eingefleischter 1.-FC-Köln-Fan. *Lebenslänglich Fußball. Vom Wahnsinn Fan zu sein* heißt eins seiner Bücher. Guy Helminger ist ebenfalls Schriftsteller. Er ist in Luxemburg geboren und aufgewachsen, lebt aber schon seit Langem in Köln. Was bedeutet den beiden Autoren der FC und welche Funktion hat Hennes für den Verein und die Fans?

Manuel Andrack, Sie sind Kölner, leben aber schon seit Jahrzehnten in Saarbrücken. Welchen Stellenwert hat der 1. FC Köln für Sie?

7. April 2001: Hennes VII. darf wegen
Maul- und Klauenseuche nicht ins Stadion.
Ein Pappaufsteller vertritt ihn.

MA: Mir ist das richtig bewusst geworden, als ich vor dreizehn Jahren ins Exil ins Saarland gezogen bin. Da hat mich tatsächlich ein saarländischer Journalist gefragt, ob ich denn jetzt Fan vom FC Saarbrücken würde. Da habe ich ihm gesagt, nur weil ich jetzt ins Saarland ziehe, habe ich doch keine andere Mutter. Das ist völlig absurd. Natürlich schaffe ich es jetzt nicht mehr, zu jedem Heimspiel des 1. FC Köln zu fahren, umso mehr freue ich mich aber, wenn ich im Saarland FC-Fans treffe. Als Köln in Belgrad gespielt hat, auswärts im Europapokal, war ich mit zwei saarländischen Kumpels da, und die waren sehr beeindruckt, wie viele Kölner da waren.

Hat Ihre Leidenschaft für den 1. FC Köln auch religiöse Dimensionen? Glauben Sie an den 1. FC Köln?

MA: Klar, das hat auch einen religiösen Aspekt. Köln ist katholisch und im Katholischen hängt ja auch der Aberglauben drin, sonst hätten die Katholiken ja nicht für jedes Gebetsanliegen einen anderen Heiligen – der Monotheismus würde dann ganz schnell abgeschafft, wenn das nicht so wäre, und natürlich glaubt man genauso auch an den FC wie an eine höhere Macht.

Herr Helminger, wie ist das bei Ihnen mit der Liebe zum FC? Hat das auch religiöse Aspekte?

GH: Ich finde den Begriff Glauben sehr, sehr wichtig, weil es eben eine große emotionale Verbundenheit mit dem Verein gibt. Und man geht jedes Mal mit sehr viel Hoffnung ins Stadion. Man möchte dort nicht weniger als das Paradies erleben, und dann geht man während des Spiels durchs Fegefeuer und kommt erschüttert wieder zurück. Ich habe eine Dauerkarte, und wenn ich nach einer Kölner Niederlage nach Hause komme, dann ziehe ich mich immer erst einmal kurz zurück, so sehr wurmt mich das.

Sie kommen aus Luxemburg, fühlen sich aber als Kölner. Wie sind Sie denn Fan vom 1. FC Köln geworden?

GH: Ganz richtig, Köln ist meine Heimat. Als Kind bin ich von meinem Vater an den Fußball herangeführt worden. Ich habe die großen Zeiten von Jeunesse Esch in Luxemburg erlebt. Da war ich ein großer Fan, als der Verein damals ja noch international mitgespielt hat. Ich war als Knirps dabei, als es gegen Liverpool oder Bayern München ging. Aber komischerweise, wenn wir Bundesliga geguckt habe, warum, kann ich gar nicht sagen, gab es zwei Vereine, den 1. FC Köln und Wuppertal, auf die ich abgefahren bin. Warum auch immer? Als der Zufall mich dann nach Köln geschwemmt hat, bin ich in den 1980ern öfter ins Stadion gegangen. Aber dann hat das auch wieder aufgehört. Das war dann irgendwie vorbei. Da gab es andere Prioritäten. Erst mit der Geburt meines Sohnes bin ich wieder richtig zum FC katapultiert worden. Als mein Sohn größer wurde, habe ich ihn auch immer mitgenommen, und der ist jetzt ein noch größerer Fan als ich.

Herr Andrack, wie würden Sie das Verhältnis der Stadt Köln zum Fußballverein 1. FC Köln beschreiben? Was zeichnet dieses Verhältnis aus?
MA: Es gibt keine deutsche Stadt, wo der Verein die Stadt ist und die Stadt der Verein. Und deswegen wird es in Köln, auch im Unterschied zu Hamburg, wo es Pauli gibt, im Unterschied zu München, wo es 1860 München gibt, hier nie einen zweiten Verein geben, der dem FC das Wasser reichen kann. Fortuna Köln hatte deswegen auch nie eine Chance, auch nicht als die sportlich mal quasi gleichwertig waren. Aber man sollte sich auch nicht täuschen: Die Leute, die wirklich ins Stadion gehen, das sind nicht in der Mehrheit Kölner. Die kommen vom Mittelrhein. Die kommen aus Koblenz, von der Mosel. Die kommen natürlich aus dem Oberbergischen, aus Ost-Berlin, kommen aus Belgien, sehr viele aus Belgien und die kommen auch nicht zuletzt aus Luxemburg.

Wie ist das, wenn vor den Spielen der Geißbock auf den heiligen Rasen geführt wird? Der Geißbock läuft voran – vor allen Spielern auf das Spielfeld. Zeugt das nicht auch von Humor? Das erste Lebewesen, das bei Heimspielen des FC Köln den Rasen betritt, ist eine meckernde Ziege?

S. 206/207
23. August 2019: Hennes IX. bei seiner Premiere im Stadion zum Heimspiel gegen Borussia Dortmund.

GH: Ich finde gerade den Aspekt des Humorvollen hier richtig. Ich liebe den 1.FC Köln unter anderem auch für seine Fans. Wenn wir auf dem letzten Tabellenplatz sind und ein Spiel beginnt, und wir schießen als Erstes ein Tor, kann man sicher sein, dass irgendjemand die Meisterschale hebt. Und genau das ist es, was ich so wunderbar finde.

MA (unterbricht Helminger): Das ist Realismus.

GH: Ja, das liebe ich. Und so ist es auch mit dem Geißbock. Hennes IX., allein ihn so zu nennen, ist doch grandios – das hat doch Stil.

MA: Diesen hässlichen Schal, den ich hier trage: Das ist ein Mitgliederwerbe-Schal von Anfang der Nullerjahre. (Er nimmt den Schal vom Hals und zeigt ihn.) Da steht: Ich bin ein Geißbock. Ich kann nur sagen, mir geht das Herz auf, wenn ich den Geißbock sehe, und mir geht das Herz auf, wenn ich bei einem Auswärtsspiel in Hoffenheim bin, und dann sehe ich ein Auto mit einem Geißbock-Aufkleber und da steht GS auf dem Nummernschild – das ist Goslar. Da fährt jemand aus Goslar nach Hoffenheim, um den FC anzugucken. Das ist doch großartig.

Wofür steht denn der Geißbock? Herr Helminger, Sie sind Schriftsteller und kennen sich sicher mit den Geißböcken in der Literatur aus. Was bedeutet er?
GH: Geißböcke tauchen natürlich in der Mythologie und auch in der Religion immer wieder auf. Das Bocksbein, der Teufel mit dem Ziegenfuß oder Pan zum Beispiel, der immer mit Bocksbeinen dargestellt wird. Und der Bock steht natürlich auch für Lüsternheit. Alle Lüsternheit zum Sieg sozusagen. Außerdem waren Ziegen mit den Schafen früher die beliebtesten Opfertiere,

MA (unterbricht ihn lachend): Gutes Stichwort: Opfertiere. Das gibt es dann aber in Kölner Kneipen doch nicht im Angebot: Ein Geißbockschnitzel. Also für mich ist der Geißbock beim FC kein Tier, sondern eher ein Symbol. Und das Geilste in den letzten Jahren war doch, als der Spieler Ujah ein Tor geschossen hatte und dann den Geißbock bei den Hörnern gepackt hat, da hat er den Bock umgestoßen, wie man so in Fußballfachkreisen sagt.

(Anmerkung: Nach einem Tor gegen Frankfurt im März 2015 packte der Kölner Stürmer Anthony Ujah im Überschwang seines Jubels Hennes bei den Hörnern. Später entschuldigte sich Ujah für seine Ausgelassenheit beim Geißbock.)

Aber der Geißbock ist mehr als ein Tier. Er ist eine Ikone. 1950, kurz nachdem der Geißbock als Maskottchen sein Debut gefeiert hatte, waren es die FC-Fans, die gemeckert haben. Da gab es viele Briefe, in denen gefordert wurde, dass man dieses peinliche Ziegenmaskottchen wieder abschafft. Wir machen uns lächerlich, hieß es da, mit einer Ziege aufzulaufen, das wollen wir nicht. Das kann man auch verstehen?

MA: Kann man absolut verstehen. Damals war aber auch noch so eine Ernsthaftigkeit dabei, die wir heute nicht mehr kennen. Man muss sich doch nur die Fans von damals angucken. Piekfein gekleidet, mit ernsten Mienen, sehr seriös. Da hatte so ein Geißbock nicht so viel Platz. Ich vermute dann aber auch, dass der erste deutsche Meistertitel einfach so eine gewisse Gelassenheit in den Verein gebracht hat. Da hatte man es geschafft. Danach gehörte der Geißbock dazu.

GH: Was für mich rätselhaft ist: Als der Geißbock damals übergeben wurde, war das ja eigentlich als Gag gedacht. Aber dann haben die Vereinsverantwortlichen diesen Gag ernst genommen und haben dann auch wirklich etwas daraus gemacht. Und das in einer Zeit, wo man moderne Marketing-Strategien und Werbeabteilungen noch nicht gekannt hat: Heute ist das ja ein Marketingartikel sondergleichen, von der Biermarke bis, was weiß ich, überall ist der Geißbock abgebildet. Aber damals war das ja noch gar nicht so, dass man mit Marketing-Maßnahmen den Verein nach außen getragen hat. Was diese Leute sich damals dabei gedacht haben, diesen Geißbock als Maskottchen auszuwählen? Genial.

MA: Alles, was das zweite Mal in Köln stattfindet, hat in der Stadt Tradition und ist Brauchtum. Das ist typisch kölsch. Man muss sich ja schon ein bisschen an die Sachen gewöhnen, dann ist es eben Brauchtum und dann kann es doch nicht mehr weg, klar.

Das Maskottchen Hennes wurde immer wichtiger – und stand bald schon für die großen Emotionen. Als Hennes II. 1970 zum Beispiel eines Morgens leblos im Stall nahe des Geißbockheims gefunden wurde, da hieß es schnell, die verfeindeten Gladbacher Fans hätten ihn umgebracht.
    MA (entrüstet): Was soll der Konjunktiv hier? Woran ich mich noch gut erinnern kann, dass der Geißbock bei einem 1:0 in der 90. Minute von Pierre Littbarski im Münchner Olympiastadion tot umgefallen ist. Und eines meiner schönsten FC-Spiele all time, das war der Aufstieg in Aue 2005. (Anmerkung: 2. Mai 2005. Der 1. FC Köln gewann 2:1 bei Erzgebirge Aue und machte mit diesem Sieg den Aufstieg in die Erste Liga perfekt.) *Da gab es tatsächlich ostdeutsche FC-Fußballfans, die hatten eine Ziege ins Stadion gebracht. Das war nicht der originale Hennes. Das war ein Geißbock aus Aue. Ich fand das klasse. Ich meine, mein Gott, man zieht einem Geißbock ein FC-Hemdchen an und schon ist es der Hennes.*

Wie sehr spielt denn da das Katholische auch eine Rolle? Hennes hat sogar im Zoo ein eigenes Gehege, ein Geißbockheim, das zu einer Art Pilgerstätte für Fans geworden ist. Das ist schon eine Verehrung, die ihn fast in den Heiligenstand hebt. Ist das nur im katholischen Köln möglich?
    MA: Es gibt natürlich Parallelen zur Heiligenverehrung. Der Heilige ist ja auch eine konkrete Person mit einer konkreten Geschichte, meistens einer Märtyrer-Geschichte. So ist das auch bei Hennes. Es gibt viele Geschichten, die sich um ihn ranken. Der Geißbock als Wappentier ist etwas ganz Besonderes. Vergleichen wir das mal mit anderen Vereinen und de-

ren Vereinswappen. Der HSV zum Beispiel, der hat diese Raute, das ist eindeutig protestantisch, so ein geometrisches, karges, unsexy Ding. Und dann sagen die Fans tatsächlich, ich habe die Raute im Herzen, aber das tut doch im Herzen weh – so eine Raute im Herzen, so ein Quatsch.

Herr Helminger, gehört Hennes in Köln in eine Reihe mit den Heiligen Drei Königen?
GH: Da ich beim Hennes diesen Aspekt der Selbstironie sehr stark sehe, würde ich dann doch auf Distanz zur Heiligenverehrung gehen, weil bei der Heiligenverehrung keine Ironie mitschwingt. Das ist halt wie mit allen Symbolen. Wir erinnern uns noch, als die FC-Fahnen geklaut wurden im Stadion, welch ein Skandal das war und wie das die Fans aufgewühlt hat. Das war ja auch so ein Symbol. Nun ist es einfacher, Fahnen zu klauen als den Geißbock. Also ich bin mir da nicht sicher, ob ich Hennes heilig nennen würde, ob ich so weit gehen könnte. Für mich ist der Witz, der da drinsteckt, sehr elementar.

Herr Andrack, wenn Sie irgendwo in der Welt unterwegs sind und sehen in Kreta oder USA oder sonst wo den Aufkleber mit dem Geißbock. Fühlen Sie sich da besonders angesprochen?
MA: Ja klar, da geht mir das Herz auf. Die schönste Geißbockgeschichte hat mir ein Kumpel erzählt. Da ist in Rio in Brasilien einem Jungen aus einer Kölner Gruppe 2014 in der U-Bahn auf dem Weg zum WM-Endspiel im Gedränge die Eintrittskarte geklaut worden. Diese Sechsergruppe hat nun versucht, das dem Ordner am Eingang klarzumachen. Der Ordner ruft daraufhin den Oberordner. Die verständigen sich mit Händen und Füßen, weil die Ordner kein Englisch oder Deutsch sprechen. Und dann erkennt der Oberordner auf einem Schal der Kölner den Geißbock und erzählt, dass sein Neffe in Köln-Rodenkirchen wohnt – und lässt den Jungen ins Stadion. Das kriegst du doch nur mit dem Geißbock hin – und nicht mit einer blöden Raute.

Vielen Dank, Manuel Andrack und Guy Helminger!

Trainer kommen und gehen – Hennes bleibt

1948 Karl Flink
1948–1952 Hennes Weisweiler   1950–1966 Hennes I.
1952–1953 Helmut Schneider
1953–1954 Karl Winkler
1954–1955 Kurt Baluses
1955–1958 Hennes Weisweiler
1958–1959 Péter Szabó
1959–1961 Oswald Pfau
1961–1963 Zlatko »Tschik« Ćajkovski
1963–1966 Georg Knöpfle
1966–1968 Willi Multhaup   1966–1970 Hennes II.
1968–1970 Hans Merkle
1970–1971 Ernst Ocwirk   1970–1975 Hennes III.
1971–1972 Gyula Lorant
1972 Rolf Herings / Rudolf Schlott /
    Volker Kottmann
1972–1973 Rudolf Schlott
1973–1975 Zlatko »Tschik« Ćajkovski
1975–1976 Georg Stollenwerk   1975–1982 Hennes IV.
1976–1980 Hennes Weisweiler
1980 Karl-Heinz Heddergott / Rolf Herings
1980–1983 Rinus Michels   1982–1989 Hennes V.
1983–1986 Hannes Löhr
1986 Georg Keßler
1986–1990 Christoph Daum   1989–1996 Hennes VI.
1990–1991 Erich Rutemöller
1991 Udo Lattek / Hannes Linßen
1991–1993 Jörg Berger
1993 Wolfgang Jerat
1993–1995 Morten Olsen
1995–1996 Stephan Engels

1996–1997 Peter Neururer
1997–1998 Lorenz-Günther Köstner
1998–1999 Bernd Schuster
1999–2002 Ewald Lienen
2002 Christoph John
2002–2003 Friedhelm Funkel
2003 Jos Luhukay
2003–2004 Marcel Koller
2004–2005 Huub Stevens
2005 Uwe Rapolder
2006 Hanspeter Latour
2006 Holger Gehrke
2006–2009 Christoph Daum
2009–2010 Zvonimir Soldo
2010–2011 Frank Schaefer
2011 Volker Finke
2011–2012 Ståle Solbakken
2012 Frank Schaefer
2012–2013 Holger Stanislawski
2013–2017 Peter Stöger
2018 Stefan Ruthenbeck
2018–2019 Markus Anfang
2019 André Pawlak
2019 Achim Beierlorzer
2019–2021 Markus Gisdol
2021 Friedhelm Funkel

1996–2008 Hennes VII.

2008–2019 Hennes VIII.

2019– Hennes IX.

S. 214/215
28. April 2003: Kölner Fans feiern den Aufstieg in die 1. Bundesliga.

HENNES VIII. | HENNES IX.
(Amtszeiten: 24. August 2008 bis 4. August 2019 /
seit 5. August 2019)

Blut ist dicker als Wasser

Über fünfzig Trainer und Interimstrainer sind beim 1. FC Köln seit der Vereinsgründung 1948 gekommen und wieder gegangen. Jeder mit einem Heilsversprechen, das den Fußballfan dazu bringt, großen Träumen nachzuhängen.

Beim 1. FC Köln war das früher die deutsche Meisterschaft, die die Trainer dem Verein versprachen – heute ist es zunächst der Klassenerhalt und dann eine stabile Position in der Bundesliga. Über allen Trainern schweben aber die großen Namen aus dem internationalen Geschäft. Arsenal London, Real Madrid, Barcelona oder Juventus Turin. Endlich wieder in Europas Spitze mitmischen, davon träumen die Kölner, wie damals 1986, als man im UEFA-Cup-Finale gegen Real Madrid spielte, oder noch weiter zurückliegend, 1965, die legendären Spiele im Finale des Europapokals der Landesmeister gegen Liverpool. Nach zwei torlosen Unentschieden im Hin- und Rückspiel, hieß es auch im dritten Entscheidungsspiel in Rotterdam Remis. Ein Münzwurf entschied dann die Partie zugunsten von Liverpool. »Das weiße Ballett« wurde die Geißbock-Elf damals euphorisch genannt.

Die Beziehung zwischen dem Fan und dem Trainer, das wissen alle Fußballkenner, ist von besonderer Bedeutung. Wenn ein Trainer gefeuert wird, ist das so, als ob ein Monarch gestürzt wird, nicht selten lautstark von der Tribüne gefordert. Der Trainer gehört auch zur erweiterten Verwandtschaft des Fußballfans. In Köln ist das eine große Herausforderung – bis auf wenige Ausnahmen wie Weisweiler, vielleicht noch Ewald Lienen, Christoph Daum oder Peter Stöger, waren Trainer in Köln meist wie auf der Durchreise, vom Heilsbringer zum Sündenbock, das geht in der Domstadt schneller, als eine Karnevalsliebschaft dauert.

Wobei wir wieder bei Hennes und seiner Beständigkeit wären. Man fragt sich, warum das Glückstier in Köln nie die Rolle eines Sündenbocks übernehmen musste. Ganz im Gegenteil, er durfte meckern, so viel er wollte, er durfte als Glücksbringer Niederlage für Niederlage stur vom Spielfeldrand verfolgen, verantwortlich wurde er für die Miseren nie gemacht, und keiner käme in Köln auf die Idee, den Geißbock infrage zu stellen oder sogar zu verjagen. Von den Tribünen ist immer wieder zu hören: Trainer raus oder Vorstand raus – aber nie: Hennes raus. Dabei hat er viele Abstiege auf dem Buckel und viele Trainer kommen und gehen sehen. Mit Hennes würden die Fans gewissermaßen ihren eigenen Rauswurf fordern – der Geißbock ist ihr Symbol, steht für die Identität des Vereins, steht für die Fans.

Als Werder-Bremen-Fan hat man die langjährigen Trainer Otto Rehhagel und Thomas Schaaf in die eigene Verwandtschaft adoptiert, beim Freiburger FC Volker Finke und Christian Streich, beim Karlsruher SC Winfried Schäfer, bei Schalke 04 Huub Stevens oder bei den Bayern Jupp Heynckes. Trainerheroen findet man in Köln hingegen kaum.

Bis auf eine Ausnahme: Hennes Weisweiler. Er ist der Namenspatron des Maskottchens Hennes. Zweifelsohne genießt das Wappentier auch deswegen uneingeschränkte Solidarität, weil Hennes Weisweiler in Köln das Double geholt hat, und gemeinsam mit dem Geißbock bleibt dieser Traum vom Double lebendig.

Hennes ist wie ein Verwandter, wie ein Sohn, Onkel, Bruder, Vater und Großvater zugleich. Und weil Blut dicker als Wasser ist, gehört Hennes zur Kölner Fanfamilie ohne Rücksicht auf Leistung, Erfolge und Geschick. Wahrscheinlich ist er sogar der Anführer der Fans, ihr Totemtier. Viele Fanclubs haben sich nach ihm benannt, die bunte deutsche Edelziege hat eine eigene Facebook-Seite, einen Wikipedia-Eintrag und es gibt eine Briefmarke mit dem Kölner Wappentier.

Bei der Saisoneröffnung 2019 wurde augenscheinlich, welche Rolle Hennes für den Fan spielt. Als der neue Hennes IX. zum ersten Mal den Fans gezeigt wurde, jubelten ihm 50 000 FC-Anhänger auf den Wiesen vor dem Stadion zu. Der Applaus für den damals ebenfalls neuen Trainer Achim Beierlorzer wirkte dagegen bescheiden, schal und zögerlich. Allen war klar, dass Hennes IX. länger am Spielfeldrand stehen würde als Beierlorzer. So kam es dann auch. Beierlorzer wurde noch in der Hinrunde der Saison gefeuert. Hennes IX. ist natürlich geblieben und schaut, wenn es eine Pandemie wie die Coronakrise nicht verbietet, bei jedem Heimspiel zu.

Der erste Auftritt des neuen Maskottchens Hennes IX. am 4. August 2019 war auch ein historisches Ereignis. Vor dem Saisonstart wurden bei strahlendem Sonnenschein auf den Wiesen vor dem Kölner Stadion die neue Mannschaft und der neue Trainer vorgestellt. Nach der langen Sommerpause ist die traditionelle Saisoneröffnung ein Highlight für Fans. Bereits Tage vorher berichteten die Medien in ganzseitigen Artikeln, in Zeitungs-, Fernseh- und Internetbeiträgen über den Beginn einer neuen Geißbock-Dynastie. Die Amtsübergabe vom VIII. auf den IX. Hennes fand bundesweites, ja globales Interesse. Sogar die US-amerikanische Zeitung *Washington Post* schrieb über »the incumbent of Hennes ninth« (der Amtsinhaber des neunten Hennes).

Sein Vorgänger, und das hatte es in der Geschichte des Kölner Wappentiers noch nicht gegeben, wurde in Rente geschickt. Bislang galt für den amtierenden Geißbock lebenslange Regentschaft. Erst der Tod beendete, wie bei Monarchen und Päpsten, die Amtszeit.

Hennes VIII. hatte starke Arthrose und Wirbelprobleme, übliche und schmerzhafte Beschwerden für einen Geißbock im Alter von zwölf Jahren. Der betagte Bock legte sich immer häufiger nieder und man war sich nicht sicher, ob er die gesamte Spielzeit, also 17-mal neunzig Minuten plus Pokalspiele, am Spielfeldrand durchhalten würde. In seinem hohen Alter mit all den Gebrechlichkeiten wollte man ihm die anstrengende Zeit auf seinem Stehplatz im Stadion ersparen. Im Kölner Zoo sollte er nun sein Gnadenbrot bekommen.

Wie es mit Benedikt und Franziskus zwei Päpste im Vatikan gibt, sollte es fortan auch in Köln zwei Geißböcke geben, die auf den Namen Hennes hörten. Viel hatte Hennes VIII. mit dem 1. FC Köln leiden müssen, zwei Abstiege musste er verkraften, konnte mit dem Verein aber auch Erfolge feiern, so die Qualifikation für die UEFA-Europa-League 2018. Nach 25 Jahren der Abstinenz mischte die Geißbock-Elf wieder im internationalen

7. April 2018: Hennes VIII. beim Heimspiel gegen Mainz 05.

Geschäft mit. Die Teilnahme musste der Verein allerdings teuer bezahlen. In die Bundesligasaison startete die Geißbock-Elf mit dem schwächsten Start in der Bundesligahistorie des Vereins und stieg auch prompt aus der Ersten Liga ab. Der Schaden konnte zum Glück, und hier war sicher auch Hennes VIII. beteiligt, postwendend repariert werden. In der darauffolgenden Saison wurde der FC in der Zweiten Liga Meister und stieg gleich wieder auf.

Zurück zur historischen Amtsübertragung auf den neunten Geißbock im Sommer 2019. Historisch war die Inthronisierung des neunten Hennes auch deswegen, weil mit dem neuen Wappentier zum ersten Mal in der Geschichte des Maskottchens eine Dynastie ausgerufen wurde. Ab sofort gab es eine Erbfolge, das heißt, wenn Hennes IX. einst aus Altersgründen zurücktreten muss oder sterben sollte, übernimmt eines seiner Geißbockkinder das Amt. Bislang wurde Hennes entweder vom Verein ausgesucht und bestimmt oder – wie bei Hennes VIII. – 2008 in einer öffentlichen Online-Wahl ermittelt, bei der eine Kölner Boulevardzeitung assistierte. Dabei konnte sich der Nachfolger vom siebten Hennes als »Bock ohne Namen« gegen die Mitbewerber Jimmy, Elvis und Rocky durchsetzen.

Neu war im Sommer 2019 auch, dass Hennes IX. der erste FC-Geißbock war, der auf unabsehbare Zeit nicht kastriert werden sollte, was für die Gründung einer Hennes-Dynastie ja nicht ganz unwichtig ist. Bislang mussten die Glückstiere ihr Dasein als »Mönch«, so der Fachbegriff in der Zoologie, fristen.

Hennes VIII. soll das übrigens nicht groß gekümmert haben. Im Kölner Zoo soll er sich in die Ziege Anneliese verliebt haben. Als seine Frau dann von einem anderen Bock schwanger wurde, blieb Hennes ihr treu und sorgte sich als Stiefvater liebevoll um die Zwillinge, die Anneliese zur Welt brachte. »Wahrscheinlich ahnte er, dass er dem vitalen Thor im Nachbargehege körperlich unterlegen war«, vermuteten die Tierpfleger. Thor war der leibliche Vater der beiden Ziegenkinder.

Die Amtsübergabe auf den neuen Geißbock zur Saisoneröffnung sollte würdevoll begangen werden. Natürlich war Hennes VIII. dabei. Er fuhr in der Königskutsche vor – zum letzten Mal in seinem rot-weißen Hennes-

Mobil, einem für diese Zwecke extra umgebauten Pick-up mit geräumigem Ziegenstall auf der Ladefläche. Gleich dahinter bog ein zweites Fahrzeug auf das FC-Gelände ein. In dem Transporter des Kölner Zoos befand sich der Nachfolger, Hennes IX.

Auch für Ingo Reipka war der 4. August 2019 ein historischer Tag. Reipka ist der Hennes-Betreuer und gehört zum Wappentier wie der Prinz zum Karneval. Seit 2006 trägt der Mann aus Oedekoven bei Bonn für den Geißbock am Spielfeldrand die Verantwortung. Bei jedem Heimspiel holt Reipka ihn mit dem Hennes-Mobil aus dem Zoo ab und fährt ihn ins Stadion. Während des Spiels sitzt er auf einem rot-weißen Klappstuhl am Spielfeldrand und kümmert sich um den Geißbock.

Angefangen hat Reipka zunächst als Hennes-Chauffeur. Reipka arbeitete 2002 bei einer Firma, die vom Verein den Auftrag bekam, Hennes und seinen Betreuer Willi Schäfer an den Heimspieltagen vom Hof in Widdersdorf zum Stadion zu fahren. Reipka verstand sich gut mit Willi – und vor allem verstand er sich gut mit Hennes. So war es naheliegend, dass der FC ihn nach dem Tod von Betreuer Willi 2006 fragte, ob er nicht die Zuständigkeit für den Geißbock übernehmen wolle. Reipka, der ein großes Herz für Tiere und für den 1. FC Köln hat, zögerte nicht lange und sagte sofort zu.

Wie sein Vorgänger, das FC-Original Willi, der meistens in Knickerbocker-Lederhosen und mit Schiebermütze oder Pepitahut unterwegs war, hat auch Reipka ein Markenzeichen. Er trägt eine Mütze, wie Willi, eine Schiebermütze, aber er trägt sie verkehrt herum, den Mützenschirm im Nacken. Sportlicher sieht das aus, dynamischer und Reipka würde auch niemals Schiebermütze zu seiner Kopfbedeckung sagen, sondern Basecap. Dazu läuft er in blauen Adidas-Sportschuhen, blauer Jeans und FC-Trikot auf. Er ist die Nummer 19, so steht es hinten auf dem Trikot – dazu sein Name, Ingo.

Für Reipka war die offizielle Amtsübergabe 2019 vom alten zum neuen Hennes und die öffentliche Präsentation bei der Saisoneröffnung ein aufregender Tag. Zum letzten Mal führte Reipka Hennes VIII. aus dem Hennes-Mobil hinaus ins Freie. Als würde er die Bedeutung dieses Augenblicks spüren, ging der betagte Geißbock nur sehr zögerlich voran, tastete sich nur langsam auf die Treppe vor, die vom Aufleger des Hennes-Mobils auf den Parkplatz am Stadion führte. Das Tier schaute sich zunächst um – dann setzte es die Hufe Schritt für Schritt auf die hölzernen Stufen der kleinen Rampe und stieg bedächtig und würdevoll nickend aus.

Auf ungezählten Handys wurde dieser Augenblick festgehalten. Immer wieder blieb Hochwürden Hennes stehen, nickte und schnaufte. »Es ist vorbei – ich werde nicht mehr aus dem Wagen klettern müssen, die Knie tun weh, der Rücken schmerzt, ich werde die Ruhe genießen. Aber heute, heute will ich noch einmal dankbar sein, heute will ich noch einmal euer Geißbock sein!« Das könnten seine vornehmen Ziegengedanken in diesem Moment gewesen sein, wenn es denn Ziegengedanken gibt, seine Haltung ließ das aber vermuten.

Drei Meter entfernt wartete schon sein Nachfolger. Schlank, aufrecht, mit glänzendem Fell, stolz seine Hörner zeigend und den imposanten Zickbart, dicht und schwarz und schön. Sein Fell war karamellbraun, schwarz die elegant gestiefelten Beine und um den Hals trug er wie eine Bürgermeisterkette einen dunklen Fellkranz.

Zahlreiche Reporter umlagerten Ingo Reipka. Mit ihren altertümlich wirkenden Notizblöcken standen sie um ihn herum. Noch einmal sollte der Hennes-Betreuer die Jahre mit dem scheidenden Geißbock Revue passieren lassen, noch einmal sollte er erzählen, wie das denn gewesen sei – mit Hennes VIII. am Spielfeldrand. Reipka erzählte gern.

»Beim Einlaufen zwischen den Cheerleaderinnen steuert er die Leckereien an. Und dann wird pausenlos gefuttert.« Das klang jetzt nicht so, als ob sich der noch amtierende Hennes sonderlich für Fußball interessieren würde.

»Nein, so könne man das auch nicht sagen«, widersprach Reipka. Ab und zu schaue der Geißbock schon auf und nehme die Spieler ins Visier, und wenn ein Tor für den FC falle und das ganze Stadion tobe, dann habe Hennes VIII. begeistert mit den Ohren gewackelt. Überhaupt meinte Reipka beobachtet zu haben, dass das Wappentier länger dem Spielgeschehen zuschaue, wenn es gut für die Kölner laufe, und wenn die Spieler Bockmist bauten, dann zeige er seinen Hintern in Richtung Spielfeld.

Und dann griff der Geißbock-Betreuer – nicht ohne Rührung – ins Anekdotenkästchen und erzählte von den Höhepunkten seines Lebens mit Hennes VIII. Einmal sei er ausgebüxt, weil er vermutlich dem Grottengekicke der Kölner vom Spielfeldrand nicht mehr habe zuschauen wollen. Wie einst Günter Netzer habe er sich wahrscheinlich selbst einwechseln und das Spiel gestalten wollen. 2014 sei das gewesen. Im Heimspiel gegen den VfR Aalen. In der Halbzeitpause stand es 0:0. Lahm und leidenschaftslos hätten die FC-Spieler den Ball hin- und hergeschoben.

Vor diesem Spiel war Hennes VIII. gefeiert worden. Anlass war damals sein siebter Geburtstag. Applaus für Hennes, dreimal Kölle alaaf auf das Maskottchen – und eine extra Portion Futter habe es gegeben. Die Geburtstagsfeier schien ihn dann so sehr beflügelt zu haben, dass er es schaffte, indem er sich mit seinen Hörnern am Hals kratzte, den Karabinerhaken an der Leine zu lösen und Ingo Reipka zu entwischen.

Minutenlang tollte er in der Halbzeitpause unter dem Jubel der Südkurve auf dem Rasen herum. Nur mit vereinten Kräften gelang es, den stürmischen Geißbock einzufangen und noch vor Wiederanpfiff an seinen angestammten Platz an der Seitenlinie zurückzubringen. Es blieb beim freudlosen 0:0 im Zweitligaspiel gegen Aalen. Wer weiß – wenn Hennes den Ball erwischt hätte, hätte er wie einst Günter Netzer abgezogen und die Kugel ins Tornetz gedroschen.

Aber Vorsicht mit diesem Günter-Netzer-Vergleich, der unter FC-Fans tabu ist. Schließlich geschah diese Selbsteinwechslung Netzers beim Pokalendspiel gegen Köln 1973. Das Enfant terrible, das damals ohne Zustimmung des Gladbacher Trainers Weisweiler in der Verlängerung aufs Spielfeld stürmte, schoss prompt das 2:1, das Siegtor gegen die Kölner. Auf der anderen Seite gehört diese Anekdote in das Schatzkästchen der legendärsten Fußballgeschichten – wie das Wembley-Tor, das »Mach et, Otze« von Erich Rutemöller oder der aufgeschlitzte Oberschenkel von Ewald Lienen – und darf deshalb als Vergleichsmetapher sogar in Köln angeführt werden.

Eine andere ebenfalls schon legendäre Geschichte ist der Hennes-Zwischenfall mit dem FC-Stürmer Anthony Ujah vom 8. März 2015. Auch davon erzählt Ingo Reipka den Journalisten. Schließlich war hier der scheidende Hennes VIII. einer der Hauptdarsteller. Ujah hatte das 4:1 gegen Eintracht Frankfurt geschossen. Im Jubelrausch war der Nigerianer an die Seitenlinie gestürmt und hatte Hennes bei den Hörnern gepackt und ihn einige Sekunden festgehalten.

Reipka musste eingreifen und ordentlich an der Leine zerren, um das erschrockene Tier zu beruhigen. Europaweit berichteten die Zeitungen darüber. Auch weil die Geschichte ein Nachspiel hatte: In den sozialen Netzwerken gingen Tierschützer mit dem Fußballer hart ins Gericht.

Die Tierschutzorganisation Peta reichte sogar eine Klage wegen Tierquälerei bei der Staatsanwaltschaft ein. FC-Manager Jörg Schmadtke bemerkte darauf lakonisch, Hennes sei bei dem Jubelzwischenfall nichts passiert. Er habe allenfalls leichte Nackenschmerzen. Der Verein werde ihm ein ABC-Pflaster spendieren und Ujah sei angehalten worden, sich beim Geißbock zu entschuldigen. Auch der FC-Torschütze versuchte, die Gemüter zu beschwichtigen. Hennes sei doch sein bester Freund. Schon vor einiger Zeit hätte er gemeinsam mit ihm jubeln wollen, doch da sei der Geißbock vor ihm in die Katakomben geflohen.

Einige Tage nach dem Zwischenfall besuchte der Fußballer gemeinsam mit dem damaligen FC-Vizepräsidenten Toni Schumacher Hennes im Zoo. Zum achten Geburtstag überreichte er ihm eine Acht, geflochten aus frischem Gras, und eine Kratzbürste. »Sorry Hennes«, entschuldigte sich Ujah beim Geißbock. Dazu gab es unter großem Hallo zahlreicher Pressevertreter und Zoobesucher ein Ständchen. Bis heute hat der Fußballer Anthony Ujah den Spitznamen »Hennes-Freund« behalten.

Während er vor den dankbaren Reportern aus dem Geißbock-Nähkästchen plauderte, schaute Hennes-Betreuer Reipka immer wieder in Richtung des neuen Hennes, den es gleich als Hennes IX. zu inthronisieren galt.

»Wir wissen noch gar nicht, ob das klappt«, sagte Reipka, »ob der neue unerfahrene Hennes überhaupt auf die Bühne geht, müssen wir gleich ausprobieren. Mal sehen. Echt spannend.« Und dann drehte Reipka sich um und wandte sich dem Neuzugang des 1. FC Köln zu. Schließlich war das seine Hauptaufgabe – und nicht die Bespaßung der neugierigen Journaille.

8. März 2015: Anthony Ujah bejubelt sein Tor gegen Eintracht Frankfurt, indem er Hennes VIII. an den Hörnern zieht.

Es sollte klappen. Hennes ließ sich gern auf die Bühne führen. Stolz stieg der Thronfolger die Treppe ins Rampenlicht empor. Auch als die 50 000 Fans ihm zujubelten, blieb er ruhig und schaute sich gelassen um, den Kopf majestätisch nach rechts und links drehend. »Dreimal Hennes IX. alaaf«, rief der Moderator. »Hennes IX.« – »Alaaf.« »Hennes IX.« – »Alaaf.« »Hennes IX.« – »Alaaf.«

Dann wurde das frisch gekürte Wappentier von Reipka in ein eigens für ihn aufgebautes Audienz-Zelt geführt. Weiß auf Rot stand »Audienz bei Hennes VIII.« über dem weißen Zeltdach, in dem nun der neunte FC-Geißbock bestaunt werden konnte.

Die Entscheidung der Amtsübergabe auf den neunten Hennes war recht kurzfristig vor der Saisoneröffnung gefallen, sodass schon alles für das achte Maskottchen vorbereitet war. Die Aufschrift auf dem Audienzzelt konnte nicht mehr geändert werden, auch gab es noch keine auf den neuen Hennes zugeschnittenen Devotionalien. Was es aber gab, waren frisch gedruckte Autogrammkarten mit seinem Porträt. Gerade noch rechtzeitig waren die Postkarten fertig geworden. Rot unterlegt schaute der Geißbock den Betrachter an, hellwach die Augen, die langen Backenhaare zottelig und ungekämmt, das stand ihm gut. Seine Satteldecke, als Insignie seines Amtes, fehlte noch, die war noch beim Schneider, so schnell ging es dann doch nicht. Auf der Karte stand alles, was man über das Maskottchen wissen musste. »Geißbock Hennes IX.«, in papstgewandweißen Buchstaben. Sein Geburtsdatum: 24. Februar 2018, der Geburtsort: Petershagen-Ilse, seine Größe: 80 cm Schulterhöhe – und in Anspielung auf den starken rechten oder linken Fuß eines Fußballspielers – Starker Huf: Alle viere.

Nach der Präsentation der Mannschaft auf der Bühne und nachdem alle 50 000 FC-Anhänger gemeinsam die FC-Hymne geschmettert hatten, setzten sich die Fußballprofis jeweils zu dritt unter eine der vielen Party-Zeltüberdachungen und gaben dort geduldig Autogramme. Dabei war das Audienz-Zelt von Hennes eines der meist umlagerten Anlaufpunkte.

Während der Geißbock, von einem Zoomitarbeiter liebevoll betreut, im Hintergrund an einem Heuballen herumknabberte und dazu munter

Möhren mampfte, hatte Ingo Reipka alle Hände voll zu tun. Er verteilte die Autogrammkarten und gab stellvertretend für Hennes IX. sogar Autogramme. Reipka wirkte dabei eher schüchtern. Man sah ihm an, dass das Bad in der Menge seine Sache nicht war.

Die Samstage mit Hennes im Stadion mag der Betreuer des Geißbocks lieber. Das ist sein reservierter Platz, der gehört ihm. Dann genießt Reipka jede Sekunde in der FC-Arena, auch die Zeit vor dem Spiel, wenn er gemeinsam mit Hennes darauf wartet, ins Stadion einzulaufen. Schon zwei Stunden vor dem Anpfiff kommt er gemeinsam mit dem Geißbock im Stadion an, alles braucht Zeit, keine Hektik, Hennes mag es überhaupt nicht, gescheucht zu werden. Eine Stunde vor Spielbeginn sitzt Reipka mit dem Geißbock in den Katakomben und streift dort Hennes sein »Leibchen«, die rot-weiße FC-Satteldecke über. Dieses Warten vor dem Spiel, diese Ruhe, bevor es losgeht, sei etwas ganz Besonderes, sagt er. Es bleibe genug Zeit in der frischen Vereinszeitung, dem *Geißbock-Echo*, zu blättern und sich auch mental auf das Spiel vorzubereiten. Immer wieder spannend sei, was dann auf dem Platz alles passieren könne.

Und dann schwärmt Reipka von dem großen Augenblick, vom Einzug der Gladiatoren, der von Hennes bei jedem Heimspiel angeführt wird. Wie eine Hollywood-Inszenierung laufe das ab – pompöses Ausstattungskino, mehr geht nicht. Die 50 000 Fans in Hochstimmung, soeben haben alle gemeinsam im fast immer ausverkauften Stadion die Vereins-Hymne gesungen. »Mer stonn zu dir FC Kölle«. Das kribbelt in jeder Zelle des Körpers. Eine wohlige Geborgenheit im Fußballuniversum 1. FC Köln.

Hennes und Reipka laufen als Erste in den Fußballtempel ein, sie bahnen den Weg für die Spieler, flankiert von den Cheerleaderinnen, die ihre silbrig-glänzenden Pompons schütteln. Tosender Applaus. Hennes, Ingo Reipka und die Mannschaft werden euphorisch begrüßt. Ein wogendes Meer schwingender Fahnen und rot-weißer Schals empfängt sie. Das sei unbezahlbar, dieser Gänsehaut-Augenblick, der seinen Job so »super-cool« mache, schwärmt Reipka. Die Messe kann beginnen, der Schiedsrichter bittet die Kapitäne zur Platzwahl – und Hennes wartet gemeinsam mit seinem Betreuer am Spielfeldrand auf den ersten Kölner Torschuss.

Hennes IX. ist der erste FC-Geißbock, der inzwischen Vater geworden ist. Damit ist die neue Hennes-Dynastie eingeläutet. Im März 2020 brachte seine Frau Ilse im Gehege des »Kleinen Geißbockheims« zwei Zicklein zur Welt, zwei Ziegen, womit in Köln die Diskussion entbrannte, ob auch, sollte Hennes IX. sterben oder zurücktreten müssen, eine weibliche Ziege das Amt des Maskottchens übernehmen könne. Das letzte Wort ist da noch nicht gesprochen. Die Tierpfleger im Zoo winken aber ab, so ein junger Ziegenbock könne einige Ziegenkinder zeugen, da sei die Wahrscheinlichkeit sehr groß, dass es irgendwann männlichen Nachwuchs gebe.

Nach der im gleichen Jahr verstorbenen Kölner Karnevalslegende Marie-Luise Nikuta wurden die beiden Hennes-Töchter Marie und Luise genannt. Der Verein hatte über seine sozialen Netzwerke im Internet Namen vorgeschlagen und die Fans gebeten, darüber abzustimmen. 7500 Rheinländer und Rheinländerinnen beteiligten sich an der Namenssuche des Geißbock-Nachwuchses. Am Ende setzten sich die Namen Marie und Luise gegen den Vorschlag Hope und Faith durch. Inzwischen hat Ilse weitere Nachkommen von Hennes zur Welt gebracht. Wieder eine Tochter. Geboren im März 2021.

Die Hennes-Dynastie hat damit begonnen. Bei der Präsentation von Stammvater Hennes IX., an jenem legendären 4. August 2019, waren auch die Züchter des prominenten Maskottchens eingeladen. Das Ehepaar Dörmann aus Petershagen in Ostwestfalen verriet, dass Hennes ursprünglich Johannes geheißen habe, welch eine Fügung. Sie schwärmen von der reinrassigen bunten deutschen Edelziege, die man vor einem Jahr nur schweren Herzens an den Kölner Zoo abgegeben habe.

Der Bioland-Ziegenhof der Dörmanns arbeitet schon länger mit dem Kölner Tierpark zusammen. Als dann der Anruf kam, dass ausgerechnet ein Ziegenbock vom Hof der Dörmanns die Nachfolge des weltberühmten FC-Maskottchens antreten solle, hielt Friedrich Dörmann das, wie er erzählt, für einen Scherz und dachte er sei Opfer eines Radioklamauks geworden. Als sich dann herausstellte, dass die Anfrage ernst gemeint sei, freuten sich die Dörmanns riesig. Ihr Johannes, das wurde den stolzen Ziegeneltern sofort klar, würde der berühmteste Bock Deutschlands, wenn nicht sogar weltweit. Ein klein bisschen Glanz seiner strahlenden Prominenz würde auch auf sie abfallen.

Das Züchterehepaar stand am 4. August hinter der Bühne. Beide schauten gerührt auf »ihren« Ziegenbock, der sich im Zoo, wo er schon seit einem Jahr lebte, prächtig entwickelt hatte. Wunderschön sei der Geißbock, sagte Frau Dörmann und das Ehepaar war sich sicher, dass Hennes IX. den FC dauerhaft in der Ersten Liga halte. »Wie soll das anders sein«, ergänzte der Züchter, Vater Dörmann: »Hennes IX. – da ist doch schon der Name Programm, denn die Nummer 9 auf dem Platz ist doch die traditionelle Rückennummer des Mittelstürmers, Bomber Müller, oder noch besser, Kölns Jahrhundertstürmer Dieter Müller, der hat doch die Tore geschossen. Also …«

Der neunte Hennes war unumstritten der wichtigste Neuzugang der Saison 2019/20. Ein einmaliges Mitbringsel gab es deswegen auch am gelben Stand der Deutschen Bundespost. Die hatte eine legendäre Sondermarke aus dem Jahr 2009 neu aufgelegt, eine Zehn-Cent-Briefmarke, die damals sofort ausverkauft war und die es nur bei der Saisoneröffnung und Inthronisation von Hennes IX. am 4. August 2019 noch einmal gab – inclusive Sonderstempel zur neuen Bundesligasaison. Auf der Briefmarke stemmt Hennes seine Vorderhufe auf das Vereinslogo mit dem Kölner Dom. Er ist der Patron, er gehört zum FC, zu Köln und wird ewig leben.

EPILOG
Die Mutter Gottes, die Kirche, der Karneval und mein Weg
zur Geißbock-Elf

»Gegrüßet seist du, Maria, voll der Gnade, der Herr ist mit dir. Du bist gebenedeit unter den Frauen, und gebenedeit ist die Frucht deines Leibes, Jesus.« Als Messdiener habe ich in der Kirche frühmorgens im bitterkalten Februar am Altar gekniet, auf einer Stufe aus Marmor, und den Rosenkranz gebetet. Von Weiberfastnacht bis Aschermittwoch. Fünf Tage lang. Im katholischen Oldenburger Münsterland, wo ich aufgewachsen bin, hatte diese außerordentliche Gebetswoche in der Karnevalszeit eine lange Tradition.

Für mich hieß diese Tradition: Rosenkranzandacht, um sechs Uhr morgens, vor der Schule. Es war dunkel, es war kalt, häufig feucht und dunstig. Frierend und müde schleppten wir uns in die Kirche und streiften uns die Messdienergewänder über. Vor dem Priester schwankten wir von der Sakristei zum Altar und knieten uns auf die harte Marmorstufe. Dass wir in der Karnevalszeit den Rosenkranz beten mussten, hatte einen althergebrachten Grund. Im Karneval drehen die Katholiken in Köln durch, erklärte uns der Pfarrer. Dann würde die Stadt zu einem Sündenpfuhl, zu einer Lasterhöhle. Pfarrer Nieberding zitierte die Bibel, um uns zu beweisen, wie groß die Sünde war, der die Menschen in Köln an Karneval verfielen. »Der Narr spricht in seinem Herzen: Es gibt keinen Gott. Er handelt verderbt und tut furchtbares Unrecht«, wetterte der Priester, »so steht es im Alten Testament der Bibel geschrieben.«

Wir wussten nicht genau, wo dieses Köln lag, und wir wussten auch nicht, was ein Sündenpfuhl oder eine Lasterhöhle ist, aber aus den Beschreibungen des Pfarrers wurde klar, dass das, was an Karneval in Köln passierte, eine höllische Gefahr für das Seelenheil der Menschen dort darstellte. Deshalb mussten wir in der Karnevalszeit für die bedrohten Seelen in Köln beten, die sich so unanständig benahmen, dass es für sie nur eine Rettung geben konnte: unser Gebet, unser Ave Maria.

Als wir älter wurden und zu ahnen begannen, was ein Sündenpfuhl sein könnte, wurde Köln für uns zu einem Sehnsuchtsort. Dort machten

August 2001: Hennes VII. und Betreuer
Wilhelm ›Willi‹ Schäfer.

die Menschen, was uns Jungs streng verboten war. Unsittliche Spiele. Sexuelle Dinge. Donner und Blitz kamen aus Köln – wir waren mitten im Pubertätsgewitter und sehnten uns nach den Feuerzungen der Paradieshölle, die wir in der rheinischen Karnevalshochburg vermuteten.

Köln, das wussten wir Fußballjungs damals auch, war die Stadt der Geißbock-Elf. Zwei Ballzauberer spielten dort Fußball, die das runde Leder magisch durch die Luft fliegen ließen. Es mag vielleicht auch mit meinem ambivalenten Verhältnis zum Kölner Karneval zu tun haben, dass Wolfgang Overath und Heinz Flohe, genannt Flocke, meine Helden wurden. Die beiden Fußballstars machten die diffuse und exotische Anziehungskraft, die Köln auf mich ausübte, konkret. Ich himmelte sie an. Es ist kaum nötig zu erwähnen, dass der 1. FC Köln mein Herzensverein wurde.

Overath und Flohe hatten etwas Anarchisches, etwas Exotisch-Brasilianisches, wie sie ihren Gegnern Knoten in die Beine dribbelten, mit Doppelpässen stabilste Abwehrketten auseinandersprengten. Und dann hatten sie auch noch lange Haare, wo wir auf dem Dorf um jeden Zentimeter Haarlänge mit unseren Eltern weltanschauliche Kämpfe ausfechten mussten. Flocke Flohe war mein Vorbild, seine Nummer 8 malte ich mir mit Filzstift auf ein altes weißes T-Shirt, ich wollte so werden wie er, ich wollte nach Köln, an der Seite von Wolfgang Overath spielen, die Bayern besiegen und dann mit den beiden Fußballern in den Karneval ziehen.

In meiner Schulklasse gab es klare Standpunkte; Bayern oder Gladbach, jeder Junge musste sich entscheiden – Beckenbauer oder Netzer. Wer cool sein wollte, hielt zu Mönchengladbach, zu den Fohlen, zum langhaarigen Netzer. Ich fand das öde, ich war für die Geißbock-Elf mit Overath und Flohe. Das war etwas anderes, etwas Besonderes. Mit meinem Faible für den FC Köln war ich auf dem Land, weit weg von Köln, ein krasser Außenseiter und hatte mich häufig zu rechtfertigen.

»Ihr müsst euch ansehen, wie Flocke Flohe das macht«, erklärte ich für meine Überzeugung missionierend, »Körpertäuschung, Übersteiger, mit dem Ball tanzen, ihn streicheln, nicht schlagen.«

Und dann wurde auch noch Hennes Weisweiler Trainer beim 1. FC Köln. Weisweiler, der Meistertrainer, der die Provinzstadt Mönchengladbach aus dem Niemandsland zur deutschen Meisterschaft geführt hatte, der Barcelona trainiert hatte, Hennes Weisweiler kehrte zum FC zurück. Als Spielertrainer hatte er hier 1948 seine Karriere begonnen.

Wie Weisweiler nun im Bundeswehr-Parka an der Seitenlinie stand, wie er leidenschaftlich seinen Superstar Flohe anspornte, »Flocke«, schrie er, nur dieses eine Wort, und Flocke wusste auf dem Spielfeld sofort, was er zu tun hatte. Natürlich trug ich auch einen Bundeswehr-Parka, aber das taten wir alle. Diese Parka-Uniform war damals Pflicht. Selbstverständlich hatten wir die aufgenähte deutsche Fahne an der Schulter abgetrennt und durch einen anderen, unserem jeweiligen Bekenntnis entsprechenden Aufnäher ersetzt. Ich trug das FC-Wappen an der Schulter, den Geißbock Hennes, der sich mit den Vorderläufen auf den Dom stützt.

Der Gewinn der Meisterschaft und des DFB-Pokals durch den FC Köln, war für mich wie eine Erlösung. Jawohl, ich hatte aufs richtige Pferd gesetzt. Die Dominanz von Gladbach und Bayern war durchbrochen. Unvorstellbare zehn Jahre lang hatten die beiden Vereine die deutsche Meisterschaft unter sich ausgemacht. Das war jetzt vorbei. Ich fühlte mich wie ein Sieger.

So wurde ich endgültig und bis heute Fan des Kölner FC – und nach langen Jahren mit vielen Zwischenstationen zog ich auch in die Karnevals- und Domstadt, um hier ein Zuhause zu finden. Endlich habe ich den Sehnsuchtsort meiner Kindheit erreicht. Und als Zeichen meiner Begeisterung für den Bundesligaverein sammele ich alles, was mit dem lebenden Maskottchen des Vereins, dem Geißbock Hennes, zu tun hat. Schon als Kind besaß ich einen Schlüsselanhänger, einen Hennes aus Plüsch, ein Geißbock-Poster hing vor meiner Zimmertür und über meinem Bett die Starschnitte von Flocke Flohe und Wolfgang Overath.

Inzwischen bin ich in Köln angekommen und fühle mich bei meinem Verein, dem 1. FC Köln zu Hause. Ich arbeite als Redakteur für das Domradio und im Kölner Dom fasste ich auch den Entschluss, mich an das Abenteuer zu wagen, ein Buch über Hennes zu schreiben. Das geschah während eines besonderen Gottesdienstes zur Saisoneröffnung der Bundesligaspielzeit im August 2019. Tausende Fans waren in die Kathedrale

S. 234/235
August 2019: Hennes-Luftballons bei der Saisoneröffnung 2019/2020.

gekommen, der Dom war brechend voll und in Rot-Weiß getaucht. Und über allem schwebte der Geißbock, auf Fahnen, auf Schals, auf Kappen, auf Shirts und Jacken.

Die Fans beteten gemeinsam das Vaterunser, das funktioniert in Köln noch. Alle – auch die, die sonst nie in die Kirche gehen – kennen dieses Gebet in- und auswendig, es gehört zur DNA der Heiligen Stadt. Ein rührender Augenblick, ein Gemeinschaftserlebnis, religiös grundiert, geborgen in Versen, die Jahrtausende alt sind und auf tiefes Gottvertrauen aufbauen.

Fußballfans sind nicht dafür bekannt, dass sie in stiller Spiritualität fromme Gebete sprechen. Aber hier funktionierte das, hier wurden Brücken gebaut – die lärmende Südtribüne machte einen Ausflug in die Kirche, und statt zu fluchen und zu grölen oder gar Pyrotechnik auszupacken, beteten alle das Vaterunser.

Der katholische Pastor las eine Geißbockgeschichte aus dem Alten Testament der Bibel vor, 4000 Jahre alt, eine Vision des Propheten Daniel (Daniel 8,3–14). Da besiegt ein Geißbock einen übermächtigen Widder, er ringt ihn zu Boden. Der Geißbock wird dadurch groß und stark, doch als er stärker als alle anderen ist, bricht ihm sein Horn ab. Er erkennt, dass seine Macht nicht grenzenlos ist, und wird bescheiden. Daraufhin lässt Gott an der Stelle des abgebrochenen Horns vier neue Hörner wachsen, die in alle vier Himmelsrichtungen zeigen. Mit göttlicher Hilfe besiegt der Geißbock alle bösen Mächte und Gewalten.

»Ob der Prophet Daniel den Hennes vom 1. FC Köln dabei vor Augen hatte, weiß ich nicht«, scherzte der Prediger.

»Aber sicher doch. Isso!«, rief ein Fan laut dazwischen.

Der Pfarrer schmunzelte und relativierte den Zwischenruf. »Vielleicht hatte Daniel ihn vor Augen«, sagte er und beteuerte, dass er an die Stärke des 1. FC Köln fest glaube. Die Fans klatschten begeistert, diesen Glauben teilten sie bedingungslos.

Im Hohen Dom zu Köln, wo die Heiligen Drei Könige begraben liegen und seit Hunderten von Jahren verehrt werden, wo es um die letzten Wahrheiten, um Gott und das Geheimnis des Glaubens geht, da schwebt der FC-Geißbock über den Köpfen der FC-gläubigen Fans.

Ich staunte und fragte mich, wie ist das möglich? Und dann spielte der Organist die ersten Töne der FC-Hymne und sofort ging ein leidenschaftliches Brausen durch den Dom, alle Tore der Leidenschaft wurden geöffnet und erfüllten mit voller Wucht die Kathedrale. »Mer schwöre dir he op Treu un op Iehr / Mer stonn zo dir FC Kölle / Un mer jon met dir wenn et sin muß durch et Füer / Halde immer nur zo dir, FC Kölle.« Dabei wirbelten Tausende rot-weiße Schals durch die Luft, drehten sich kreiselnd an den hochgereckten Armen, wie zahllose Windräder oder kleine Propeller in einem wogenden Meer aus Rot und Weiß.

Doch bevor hier größere Missverständnisse auftauchen, Fußballfans sind keine Theologen, in Köln saugen sie ihr tiefes Gottvertrauen mit der rheinländischen Muttermilch ein – und zum Gottvertrauen gehört eben auch das Vertrauen in ihr Maskottchen Hennes. Tanja, die in FC-Kluft zur Fußballmesse gekommen war (Trikot, Schal und Fahne mit Wappentier), fasste diese tiefe Verwurzelung im Glauben in vier Worte zusammen: »Ja, mer sin so«, sagte sie nach dem FC-Gottesdienst. Mehr musste sie nicht sagen. Das gebe es nur in Köln, in der Domstadt, ergänzte ihre Freundin Gerti – und dann schwenkte die frohe FC-Frauenrunde ihre Fahnen und sang auf der Domplatte: »Come on FC! Allez FC!«

Vor einiger Zeit war ich als Domradio-Redakteur zum Jubiläumsfest der katholischen Gemeinde St. Vitalis in Köln Müngersdorf eingeladen. Die Kirche liegt nur einen Steinwurf vom FC-Stadion entfernt. Als Geschenk zum 125-jährigen Geburtstag der Kirche wurde der Gemeinde die Skulptur einer Schutzmantelmadonna überreicht. Ich traute meinen Augen nicht, als ich sah, wer da unter dem weiten Marienmantel alles Schutz suchte. Natürlich das kölsche Volk Gottes, das hier ein behütendes Obdach fand – und dann, mitten unter den Christkindern, lag Hennes, der Geißbock, das Maskottchen des 1. FC Köln, Mensch und Tier unter einem Schutz und Schirm. Hennes auf gleicher Stufe mit den kölschen Fans, sich gemeinsam mit ihnen auf das Heil der Mutter Gottes verlassend und darauf angewiesen.

Diese Erhöhung eines Geißbocks in den Marienhimmel war für mich ein weiterer Anstoß, das Leben von Hennes in Köln genauer zu erforschen und zu fragen, was es mit der ganz besonderen kölschen Verehrung des Ziegenbocks auf sich hat. Ich wurde immer neugieriger, und je mehr ich nachfragte, je mehr ich über Hennes auskundschaftete, desto größer und spannender wurde die Geschichte des Geißbocks – als würde er wie ein Stern über dem 1. FC und der Stadt Köln schweben und den Weg des legendären Fußballvereins von der Vergangenheit bis in die Gegenwart leuchtend markieren.

Eines ist mir während der Recherche klar geworden: Das lebende Maskottchen Hennes ist mehr als ein Glücksbringer des Fußballvereins. In seiner Geschichte steckt viel von der Kölschen Seele.

Ich empfinde es als große Ehre, seine Geschichte erzählen zu dürfen, sein legendäres Leben. Natürlich ranken sich wie um jeden Heiligen auch um Hennes viele Begebenheiten, die historisch verbürgt sind, aber auch Anekdoten und Mythen, die ich zu seiner Biografie zusammengefügt und ergänzt habe. Denn er gehört zur Legenda Colonia aurea, zur goldenen Legende der Stadt Köln.

29. Februar 2020: Geißbock-Eckfahne beim Heimspiel gegen den FC Schalke 04.

Bildnachweis

Umschlag: Foto: Thomas Fähnrich;
Umschlag-Klappe, 8, 72/73, 234/235: Foto: Johannes Schröer;
13, 129, 157, 186: IMAGO/Foto: Eduard Bopp;
16, 122, 191, 202, 206/207, 214/215, 219, 230, 239: Firo Sportfoto;
27: Archiv Reinold Louis/Foto: Jeanette Williams;
35: Picture Alliance/Foto: Klaus-Dieter Heirler;
44, 88: Walter Dick Archiv/Foto: Walter Dick;
54/55: Archiv Reinold Louis/Foto: J. Thelen;
62: IMAGO/Foto: Ferdi Hartung;
67: Deutsches Sport & Olympia Museum/Foto: Alfred Koch;
76, 80, 93, 181, 184/185: Horstmüller Pressebilderdienst GmbH/Foto: Horst Müller;
79: FC Archiv/Dirk Unschuld;
85: FC Archiv/Dirk Unschuld/Foto: Karl Lambertin;
98/99: Picture Alliance/Foto: Oliver Berg/© Gerhard Richter 2021 (19042021);
113: IMAGO/WEREK Pressebildagentur;
146/147: Picture Alliance/Foto: Sven Simon;
150: Picture Alliance/Foto: Wolfgang Hub;
162: Firo Sportfoto/Foto: Sebastian El Saqqa;
165, 173: IMAGO/Foto: Chai von der Laage;
168: Greven Archiv Digital/Kölnische Rundschau;
225: Picture Alliance/Foto: Thilo Schmülgen

Es konnten nicht alle Inhaber der Bildrechte ermittelt werden. Wir bitten, sich gegebenenfalls mit dem Verlag in Verbindung zu setzen.